PPP项目合作治理及其互动机制研究

任志涛　著

化学工业出版社

·北　京·

本书针对公私伙伴关系合作治理及其互动机制研究，基于自然垄断产业的城镇基础设施项目，建立以PPP模式为核心，对网络利益主体组织和PPP项目投融资、建设和运营的整体研究。运用前沿相关理论，对PPP项目网络组织管理和运行系统研究，构建新概念框架，运用技术手段和分析工具，揭示PPP项目建设、运营的内在规律和具体内涵，围绕PPP模式项目合作治理运行方式、互动机制和合作绩效等核心内容，对关系契约、信任机制、激励机制等相关前沿问题展开研究。

本书可用作工程管理专业、工程造价专业、工商管理专业、城市管理与投融资专业的本科高年级学生和研究生的教材或者参考书，以及投融资部门、企业经理、职能部门经理和项目经理的企业专业人士的专业指导书。

图书在版编目（CIP）数据

PPP项目合作治理及其互动机制研究/任志涛著. —北京：化学工业出版社，2015.8
ISBN 978-7-122-24328-7

Ⅰ.①P… Ⅱ.①任… Ⅲ.①政府投资-合作-社会资本-研究 Ⅳ.①F830.59②F014.39

中国版本图书馆CIP数据核字（2015）第129888号

责任编辑：董 琳　　装帧设计：刘剑宁
责任校对：宋 玮

出版发行：化学工业出版社（北京市东城区青年湖南街13号 邮政编码100011）
印　　装：北京科印技术咨询服务公司海淀数码印刷分部
710mm×1000mm 1/16 印张12¼ 字数250千字 2015年9月北京第1版第1次印刷

购书咨询：010-64518888（传真：010-64519686） 售后服务：010-64518899
网　　址：http://www.cip.com.cn
凡购买本书，如有缺损质量问题，本社销售中心负责调换。

定　　价：85.00元

前 言

随着经济全球化进程的加快，中国各个区域开始大规模的城镇化建设，城镇化伴随着基础设施投资需求迅速扩张。但是目前我国基础设施建设资金缺口巨大，运行效率低下，运营服务水平较低，基础设施公共产品服务价格较高，直接影响经济发展和社会进步，尤其城镇化建设的发展水平，在基础设施投融资领域寻求突破是一个关键问题，在此背景下出现了政府和社会资本合作的投资热潮。

2014 年国务院发布关于创新重点领域投融资机制鼓励社会投资的指导意见（国发［2014］60 号），指出要在公共服务、资源环境、生态建设、基础设施等重点领域进一步创新投融资机制，充分发挥社会资本特别是民间资本的积极作用。要创新投资运营机制，扩大社会资本投资途径，创新生态环境、农业和水利、市政基础设施、交通、能源设施、信息和民用空间基础设施投融资体制，鼓励社会资本对社会事业投资，建立健全政府和社会资本合作（PPP）机制。同时国务院关于加强地方政府性债务管理的意见（国发［2014］43 号），明确指出政府与社会资本合作，需按约定规则依法承担相关重任，鼓励社会资本通过特许经营等方式，参与城市基础设施等有一定收益的公益性事业投资和运营。政府通过特许经营权、合理定价、财政补贴等事先公开的收益约定规则，使投资者有长期稳定收益。国家发展改革委发布关于展开政府和社会资本合作的指导意见（发改投资［2014］2724 号），指出包括政府和社会资本合作项目通用合作指南（2014）和 PPP 项目按月进展报告，自 2015 年 1 月起，于每月 5 日前将 PPP 项目进展情况，通过全国发展改革系统纵向网按月报送至国家发展改革委。2014 年底财政部先后成立了 PPP 工作领导小组和 PPP 中心，发布关于推广运用政府和社会资本合作模式有关问题的通知（财金［2014］76 号），推出 30 个 PPP 示范项目。财政部并于 2014 年 11 月 29 日发布政府和社会资本合作模式操作指南，明确社会资本为已建立现代企业制度的境内外企业法人，不包括本级政府所属融资平台公司及其他控股国有企业。适用于规范政府、社会资本和其他参与方开展政府和社会资本合作项目的识别、准备、采购、执行和移交等活动。

PPP 项目界定为公私伙伴关系（合伙、合作、协作）、民间参与，即政企合作、合伙关系，企业覆盖国企、民企和外商。PPP 项目涉及道路、桥梁、机场、铁路、供水系统、垃圾处理系统、通信基站网络和其他通信服务技术、学校、宾馆、医院、监狱，甚至一些军事设施等公共项目和基础设施，集中体现提供公共利益和公共服务。政府和企业长期合作，通过政府在项目公司占有股份等商业方式来干预项目运作，以保证公众的利益，同时体现契约和商业精神。

对工程项目建设而言，PPP 项目的一个显著特征就是多方参与，作为不同的目标载体，其动机和利益要求有着显著差异。从研究内容看，与 PPP 相关的研究基本上可以归纳为四个方面，即各个主体、各个行业、各个阶段、各类要点的决策问题研究。主体包括 PPP 项目的各个参与方或干系人，包括政府、投资者、金融财团、咨询机构等；PPP 在不同行业有共性，同时还要考虑各行业特点；PPP 项目的过程以契约为纽带包括前期的立项招标谈判，后期的设计建设运营移交，每个阶段都有非常多的具体问题，以工程背景研究方面较多；对利益主体，PPP 项目运行涉及多角度、多行业决策要点。

PPP 是政府与企业之间的长期合同和契约关系，政府选择合适的企业，通过授权企业实现项目的融资、建设和运营的一体化，企业的能力对项目的成败有很大影响。在 PPP 项目中最重要的是企业与政府的合作治理能力，通过两者的合理互动，实现对 PPP 项目的科学管理。

本书首先进行概念研究阶段分析，系统性分析 PPP 发展，对 PPP 项目管理如何引入组织理论以及如何运用合作治理进行互动机制问题进行系统研究。首先利用物有所值（VFM）分析项目利用 PPP 模式的可行性，在可行性的基础上，对网络利益主体组织及关系治理进行相关分析。运用前沿相关理论，对 PPP 项目的合作治理，合作绩效，互动机制进行系统研究，构建互动机制的新概念框架。运用博弈论、信息经济学，以及委托代理理论和激励机制理论，揭示 PPP 项目建设、运营的内在规律和具体内涵，围绕 PPP 模式项目合作治理运行方式、互动机制和合作绩效等核心内容，对 PPP 项目中的关系契约、信任机制、激励机制等相关前沿问题展开研究。

本书出版得到了教育部人文社会规划基金项目：“公私伙伴关系合作治理及其互动机制研究”（11YJA630090）的资助。作者查阅了大量相关学术专著和资料，依据多年的研究成果写作而成。在此要感谢高素侠、王宇飞、于昕等硕士为本书所做的工作和付出的辛劳，感谢天津海澜德投资集团、天津五建公司提供实证帮助，感谢为此书出版提供帮助的朋友们，谢谢你们！

由于作者水平有限，书中难免有不妥之处，敬请广大读者不吝指正！

任志涛
2015 年 3 月

目 录 CONTENTS

第1章 绪论

1.1 PPP项目研究背景和意义

1.1.1 PPP项目研究背景

PPP模式（Public-Private Partnerships，简称PPP或者PPPs）指公共部门和私营部门为提供公共服务而建立起来的长期合作伙伴关系。PPP既能弥补公共资金的不足，又能充分发挥私营部门高效率、低成本的优势。PPP能弥补传统公共采购缺乏活力的相当普遍的制度安排。

公私合作关系泛指政府部门与民营部门之间的契约关系，即经济学中的委托-代理关系。公私合作关系的方式是政府采购机制的选择，是公共部门和民营部门以产出效益和以可持续的发展方向确立的伙伴关系，二者是互补关系而不是替代关系。

近几年来，全球化的各国政府在自然垄断产业领域减少资金投入，发展中国家政府的财政短缺，国有企业的低效率和资源的低利用率，在城市公用事业、文教卫生、农业、工业、环境等领域中，面对社会对公共物品需求的迅速增长和资源相对短缺的问题，致使政府寻求民营部门共同来解决问题，这样新的经济运行方式应运而生，公私合作关系迅速发展。公私合作关系涉及政治和经济的各个领域，特别是在自然垄断产业领域得到广泛的应用。在中国，PPP在基础产业、基础设施、公用事业和公共服务等领域的应用具有巨大的潜力和广阔的前景。我国20世纪90年代后期，乡镇企业的改制基本完成，尤其是2002年至今，《关于加快市政公用行业市场化进程的意见》等政策相继出台，城市公用事业的市场化拉开了序幕，公用基础设施建设和运营引入民营部门成为必然，所以研究自然垄断产业的公私合作关系是十分必要的，对城市经济发展和政治体制改革具有重要意义，已汇入主流经济学研究中。

由于历史形成的原因，目前我国城市基础设施为国有资产。从国家产业投资政策上看，对于城市公用设施，包括管网资产，已允许民间资本进行投资，进行建设和运营。如何促进自然垄断产业的竞争，选择怎样的市场结构方式，一直是一个世界性的难题，不论是西方工业发达国家，还是发展中国家以及经济转型期国家，对此都在不断地探索和研究。

1.1.2 PPP项目研究意义

Abuyual认为，社会发展需要三个不同的部门，即公共部门、民营部门和非营利部门。在传统经济中，存在消费者、供应者和竞争者，伙伴关系很少或在很小的范围内存在，大家不希望存在潜在的竞争对手，组织间不选择联盟。而在现代经济中，人们意识到营利的同时，还有相应的损失，由于资源的有限性和复杂性，社会各方认识到合作的优势，从赢输到双赢，合作是战略的需要。公私合作框架提供了新的组织形式，通常一个有着独特生产技术的补充者，为寻求彼此间的优势互补进行合作，在组织形式上进行整合，一旦形成联盟，合作的利益就会明确，新进入者就不是补充者而是威胁者。作为公共部门并不愿意主动撤出，但会将部分业务转给民营部门并进行必要的干预，这种需要与社会和经济紧密相连。合作使民营部门间的竞争产生机会，通过共同参与，而使问题和困难减小。

Parkeretal 提出，公私合作关系是私营市场竞争机制进入国家公共领域，运用私有资本为基础设施融资和运营。近年来，由于政府减少投入，允许民营部门以更低的成本和更高的效率提供公共服务。公私合作关系基于民营化更宽的政策，民营部门公共服务比公共部门公共服务具有更高的效率和效益；公私合作关系是基于基础设施供应的扩展，解决国家财政短缺和项目管理技术匮乏问题的有效方式。Akintolaetal 指出，公私合作关系的关键问题是各市场主体的承包商、投融资者和中介部门的关系，产品需求的全面分析。

自然垄断产业的公私伙伴关系的建立，已是世界发展的趋势，许多国家的都在这种浪潮中，基础设施领域和公用事业向民营化转移。我国随着经济的快速发展，城市化建设急需迅速发展，政府部门必须在领域引入具有高投融资能力、创新技术和高效率的民营部门进行合作。

环视现有文献，多是探讨民营化后，经营绩效是否提升？或者比较国有和民营部门的经营绩效。在自然垄断产业领域的公私伙伴关系基本处于定性的研究，通常是以大量的且已完成的公私合营项目的个案为例，就其结果予以定性的分析，并为事后的特性进行归纳，没有站在事前的角度和整个产业发展的立场，从而进行全面的、系统的理论分析。

作为自然垄断产业的市场化改革，是一个系统工程。基础设施行业特别是城市水处理领域的产业投资机会正在出现，正在形成“谁投资，谁收益”的产业发展格局。本书研究为自然垄断产业市场化改革提供了一定的理论依据。

1.2 国内外相关文献和理论研究

1.2.1 国外相关文献和理论研究

公私合作关系是政府政策的选择，是社会、经济和政治结合的统一组织体，理论研究是建立在多学科交织的基础上，涉及新产业组织理论、新政治经济学、新制度经济学、新福利经济学、现代企业理论等理论体系，是博弈论、信息经济学和委托-代理、激励机制设计等问题的研究，从而建立一个效率和效益的可持续发展的组织体系。

1.2.1.1 公私合作关系与新产业组织理论

(1) 网络经济和集群理论 Laffont 和 Tirole 认为，基础性公用事业部门，如供电、燃气、城市水业等被视为自然垄断产业，是基础性公用网络型产业，具有本地化、区域化，离不开本地的地区资源和经济状况的特点，具有网络经济的特征，即物理状态和虚拟状态。

Porter 认为，集群理论是在基础设施的建设上作为聚群组织的形式存在。基于特定的地理区域，通过基础设施项目，支撑结构和空间上的集聚，通过群体合作协同效应获得经济要素竞争优势。集群是根据专业化分工和协作而建立起来的既相互独立又相互关联的组织群体。它通常存在于公私合作关系下的民营部门与民营部门之间组织联盟协作。

(2) 产业组织和政府规制 Abdel-Aziz 等指出新产业组织理论除了研究结构、行为和绩效的相关性问题，即结构-行为-绩效范式（SCP），还对组织内部问题、市场的垄断竞争和政府规制进行研究。

Vander M K 指出，公私合作关系作为产业组织，是产品生产过程和公共支持的一个选择结构形式。传统的评价方法是投入和产出分析，是一个多维的交叉机制伙伴方式，是对收益、目标和社会供应的价值和能力测度。公私合作关系的公共部门和民营部门的公私合作和技术转让近似于博弈论的两难困境。

Albert 等认为，公私合作关系中公共部门提供的竞争政策，为民营部门的激励机制建立政策依据。公私合作关系体系下，政府期望克服项目的资金不足和花费最低成本，选择最佳民营伙伴。除公共部门和民营部门合作关系外，同样存在着民营部门与民营部门之间经济的关系。

H M Treasury 指出，公私合作关系的核心是政府服务，要求公共部门规制中的激励、定价和补贴的均衡。基础设施作为准公共物品，针对公私合作关系，政府的改革是必须的，要求政府具有合同内容、产出投入分析、项目评价和谈判专业的知识和经验。

1.2.1.2 公私合作关系与现代企业理论

(1) 企业契约理论 Williamson 提出，在不完全和不对称信息下，对交易成本进行描述，提出了有限理性（Bounded Rationality）、机会主义（Opportunism）和资产专用性（Asset Specificity）。有限理性是指在不完全信息下，交易双方才会理性决策；机会主义是在不完全和失真的信息下，通过伪装偏好、扭曲数据或者有意隐瞒事实，来追求一种不诚实的行为，即用“虚假的或者是空洞的，非真实的威胁或承诺”获取个人利益的行为；资产专用性决定交易维度，产生沉淀成本（Sunk Costs）和“准租金”，资产专用性存在绝对成本优势和产品差异进入壁垒。

Parkeretal 提出，公私合作关系是在不完全信息条件下，公共部门和民营部门之间的契约关系。契约理论是在公私合作关系的优势和劣势下的理解，交易成本产生是买卖交易和不完全契约所产生的成本。当契约在完全信息下，不能达到最优时，就存在交易的不完全信息。在长期契约中的不完全信息下，由于不确定因素的存在，如技术、成本、产品质量、服务水平以及经济环境，并且因为信息不对称，导致参与者产生机会主义，从而对资产专用性产生威胁。对于新建或扩建基础设施投资的资产专用性，确定性的是建筑物和设备，不确定性的是人员培训。Stiglitz J 从组织内部控制角度对企业契约理论解释，将公私合作关系视为一种团队生产组织的形式，认为公私伙伴委托-代理关系是委托人设计一个用来激发代理人按委托人的利益而行为的报酬体系，即一个合约，合约存在道德风险和逆向选择问题，事前设计和激励以及事后治理和谈判问题。

(2) 企业产权理论　Hart 指出，民营部门可以获得更高的利益和运营效率，通过减少成本而获得利润。企业产权理论认为激励是由企业所有权产生的。公私合作关系存在着所有权和控制权的转移。

1.2.1.3　公私合作关系与信息经济学和博弈论

Binenbaumetal 指出，公私合作关系理论是多学科理论的交叉组合，用不同的方法可以解决这一问题。在新经济学文献中，公私合作关系属传统福利经济学理论，针对稀缺资源的社会福利效率的评价，公私合作关系又涉及信息经济学，公私部门间的关系和激励信息流结构。信息和行动的不可分割，分析组织结构关系，参与者行为动机激励，运用博弈论的方法选择关系和激励，发展和提升组织间的信息流。关键性的分析是参与者的目标、动机和关系，以及机制结构、参与者的选择变量和序贯行动，是关系和激励的不合作博弈。公私合作关系的公共选择理论主要是针对公共部门的博弈规则，产权理论主要是对私人部门的博弈规则，产权理论核心是产权为了降低内部化的收益大于内部化的成本的外部性。

1.2.1.4　公私合作关系与基础设施管理

Kurianetal 指出，公私合作关系是近年来各国政府在建筑业政策上的主要选择，以确保资源的供应和服务，然而针对公共部门和水务公司、非营利机构或其他社团的伙伴关系却很少有经济方面的分析。或许由于公私部门间对自然资源管理存在概念理解的局限性，公共部门应该在合同中建立明晰的基础设施特许权、收益和冲突解决协议，一个适当的制度结构可以为当地建立一个公正和有效的环境。并提出 State Parastatals（公私合营）在建筑管理上发挥着重要作用，使公私合作关系长期可持续运行。

1.2.2　国内相关文献和理论研究

张成福认为，公私合作关系是一种生产和提供服务的制度安排，即公共部门和私人实体通过共同行使权利，共同承担责任，联合投入资源，共同承担风险，共同分享利益的方式，生产和提供公共产品服务。建立公私合作关系的一个潜在逻辑，无论是公共部门还是私人部门，在公共服务和生产的过程中，具有独特优势；成功的制度安排在于保持各自优势，实现优势互补。依据公私合作关系这种制度安排，私人承包商为公共服务的长期提供者，而政府部门更多地成为规制者，进行绩效监督和契约管理。

曹远征指出，为完成某些公共基础设施服务，包括在公共服务领域其他服务内容，在公共部门和民营部门之间达成的伙伴关系，明确权利和义务。公私合作关系是一个复杂的合约安排。在监管上，基础设施和环境保护政府给予补贴，双方互动过程就形成了有效监管的博弈过程。

傅涛等提出，中国城市水业市场化有政治背景、发展背景和产业背景。政治背景，政府在资产经营领域总体呈退出趋势，以效率为目标的市场化已成为国际水业发展的主流趋势；发展背景，城市基础设施重要组成的水业设施建设和更新的投资需求巨大，全球性环保要求和卫生标准不断提升，也使水业设施尤其是污水设施缺乏的问题更加凸显；产业背景，产业结构上呈现规模不足和市场化经验缺乏。政府的行业监管是城市水业市场化的重要组成部分，对水业投资、建设、运营、服务等进行全过程的监管。

1.3 PPP模式界定

1.3.1 PPP模式的定义

PPP模式，20世纪90年代在西方开始流行起来，以欧洲居多。PPP是指政府、私人营利性企业、私人非营利性组织和非营利性企业基于某个项目而形成的相互合作关系的形式。PPP模式实施契约关系选择最佳投资决策的一种长期合作伙伴关系，为基础设施提供产品、服务的一种运行机制。PPP模式作为一种新型的投融资模式，在公共基础设施项目建设中被广泛地应用。1992年，英国肯尼斯·克拉克为公私合作定义：“为了提升基础设施水平、解决公共服务的资金匮乏和公共部门缺少有效性及资金效率等问题而率先提出”。尽管国内和国外对PPP概念表述都不同，但PPP模式的本质理解基本都是一致。基于不同的理论基础和经验，使得PPP模式的科学内涵解释出现了一定的差异（见表1-1）。

表1-1 各国机构对PPP模式的定义

序号	定义机构	PPP模式定义
1	英国政府	三层含义:完全或部分的私有化由私人主动融资并承担风险的发包项目与私营企业共同提供公共服务
2	联合国培训研究院	PPP模式涵盖了不同社会系统倡导者之间的所有制度化合作方式,目的是解决当地或区域内的某些复杂问题。它包含两层含义,其一是满足公共产品需要而建立的公共和私人倡导者之间的各种合作关系,其二是为满足公共产品需要,公共部门和建立伙伴关系进行的大型公共项目的实施
3	欧盟委员会	PPP是指公共部门和私人部门之间的一种合作关系,其目的是为了提供传统上由公共部门提供的公用事业或服务
4	加拿大PPP国家委员会	PPP是公共部门和私人部门之间的一种合作经营关系,它建立在各自经验的基础上,通过适当的资源分配、风险分担和利益共享机制,最好地满足事先清晰界定的公共需求

续表

序号	定义机构	PPP模式定义
5	美国PPP国家委员会	PPP是介于外包和私有化之间并结合了两者特点的一种公共产品提供方式，它充分利用私人资源进行设计、建设、投资、经营和维护公共基础设施，并提供相关服务以满足公共需求

我国PPP模式引进较晚，对PPP模式的理解更多的是借鉴国外解释。现在PPP模式的广泛应用，得益于科学理论基础研究以及实践经验的积累，主要通过关系性合约理论、交易成本经济学、产权经济学和社会博弈学四方面的研究探索，证明PPP项目模式有借鉴的价值。其中，在关系性合约理论研究中Tony Bovaird发现PPP是一种新型的合作联盟关系，PPP模式具有关系契约的特点；交易成本经济学主要研究PPP交易成本的作用和合作信任的必要性，政府如何选择融资模式来提供公共服务，要考虑资产的专用性和战略的重要性；产权经济学研究产权在公私合作中起着怎样的作用，即何种产权安排致使联合剩余最大；从社会博弈角度看，大多数人认为应把PPP的现象、理论、经验和探索放到更大的社会博弈视角的环境中研究，便于更好地理解。

1.3.2 PPP模式的运作分析

1.3.2.1 PPP模式的分类

经过研究分类，将PPP模式分为广义和狭义，从而形成PPP统一和明确的定义，广义的PPP模式是泛指公共部门与私人部门为提供公共产品或服务而建立的各种合作关系，而狭义的PPP模式是指一些项目投融资模式的总称，包含BOT、TOT、DBFO等多种模式；英国对PPP模式的分类见表1-2，根据我国目前PPP模式的应用情况PPP，模式分类及其含义见表1-3。这种分类方法是根据项目所处的实施阶段划分的，共分为新建设施模式、已建设施模式、改建设施模式。上述分类的优点在于可根据项目的不同阶段选择不同的PPP模式，更具可操作性。

表1-2 英国对PPP模式的分类

设施类型	使用的方式
已有公共设施	服务外包(Service Contract)
	运营和维护的外包或租赁(Operation and Maintenance Outsourcing or Lease)
已有公共设施的扩建	租赁—建设—经营(Lease-Build-Operate,LBO)
	购买—建设—经营(Bury-Build-Operate,BBO)
	外围建设(Wrapround Addition)
新建公共设施	建设—转让—经营(Build-Transfer-Operate,BTO)
	建设—经营—转让(Build-Operate-Transfer,BOT)
	建设—拥有—经营—转让(Build-Own-Operate-Transfer,BOOT)
	建设—拥有—经营(Build-Own-Operate,BOO)
公共服务	合同承包

表 1-3 PPP 模式的分类及其含义

分类	模式名	英文含义	中文含义
新建设施模式	DB	Design-Build	设计—建造
	DBMM	Design-Build-Major Maintenance	设计—建造—主要维护
	DBO	Design-Build-Operate	设计—建造—经营
	DBTO	Design-Build-Transfer-Operate	设计—建造—转移—经营
	DBFO	Design-Build-Finance-Operate	设计—建造—投资—经营
	BOT	Build-Operate-Transfer	建造—经营—转移
	BOO	Build-Own-Operate	建造—拥有—经营
已建设施模式	SC	Service Contract	服务外包
	MC	Management Contract	管理外包
	O&M	Operation & Maintenance	经营和维护
改建设施模式	LUOT	Lease-Upgrade-Operate	租赁—更新—经营
	PUOT	Purchase-Upgrade-Operate-Transfer	购买—更新—运营—转让
	PUO	Purchase-Upgrade-Operate	购买—更新—运营

1.3.2.2 PPP 模式的基本结构

PPP 模式考虑如何平衡公私部门两者的利益。从政府部门来看，一般会要求私人部门建设的项目要达到规定的质量要求，同时要保证相关的公共利益；而就私人部门角度出发，希望在政府支持和协助的基础上，确保获得稳定适当的收益。在项目中采用 PPP 模式，如何满足双方利益及要求，不同的项目解决方案不尽相同。所以，PPP 模式的关键是在经济平衡的条件下，进行合理的风险分配，确保双方的利益不受损害。PPP 模式的基本结构如图 1-1 所示。

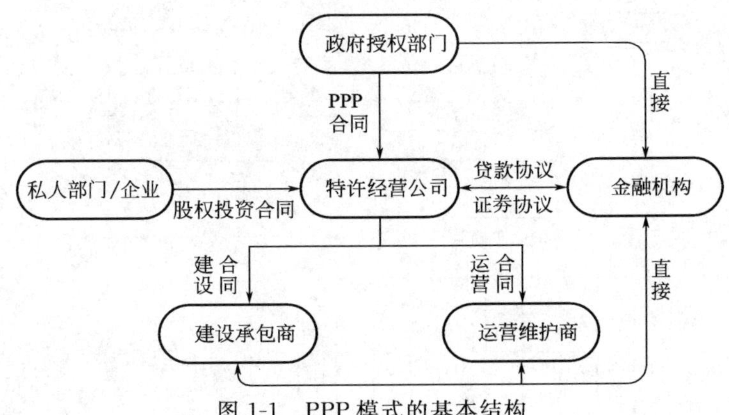

图 1-1 PPP 模式的基本结构

在 PPP 模式中，政府部门始终在项目中占据重要的地位，不仅是投资者，还是项目建成后运作的监督者，即政府投资是积极的。

PPP模式的内在结构相对灵活，可通过不同结构来执行项目运作。在我国一些公共基础设施建设项目可通过政府特许引进PPP模式。当然，在具体实施过程中，不同项目的差异性，决定不同的PPP模式结构。

1.3.2.3 PPP模式的优势

PPP模式使得政府部门和私人部门的优势充分得到发挥及最大的利用，将政府部门的社会职责、规范规划和协调合作能力，充分地与私人部门的创新精神、融资能力和管理效率相结合，得出PPP模式的优势如表1-4所示。

表1-4 PPP模式优势简述

优势	合理解释
控制资金避免超支	政府部门与私人部门共同参与项目建设，例如可行性研究、风险分担、融资等，确保项目的经济和技术可行性，从而缩短工期，降低使用费用
政府职能转换	政府从繁杂的事务中脱身，从前基础设施服务的提供者转变成监督者，从而保证项目质量达标，也可在一定程度上减轻政府的财政压力
投资主体多元化	通过私人部门的参与提供资产与服务，为政府提供资金和技术，促进投融资体制改革
互补不足	政府部门与私人部门取长补短，弥补双方不足，形成战略合作关系，获得各自利益，以最有效、最少的成本为公众提供高品质服务
风险合理分配	PPP模式在项目前期实现风险分配，由政府部门和私人部门共同承担，减少投资风险，进而降低融资难度提高其成功率
应用范围广	可用于市政公共事业、铁路、公路、医疗、教育等

1.3.2.4 PPP项目的运作模式

在借鉴国内外典型的PPP案例经验的基础上，基础设施建设运营采用PPP模式的运作流程如图1-2所示。

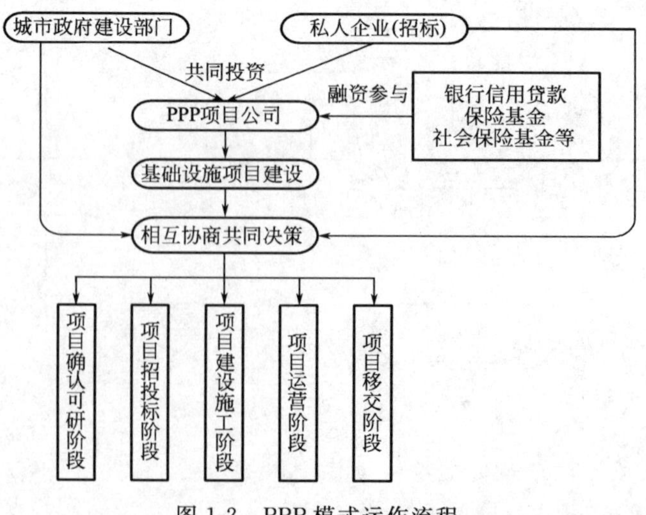

图1-2 PPP模式运作流程

1.4 存在问题

1.4.1 综合评述

公共工程建设PPP项目的合作形式失败的最大问题是组织声誉缺乏，合同条款缺乏稳健和清晰，以及存在不确定因素。PPP项目受到的成本-收益不对称的困扰，包括世界银行项目在内的PPP项目，公私组织间合作失败率常常较高。自然垄断行业改革涉及竞争、产权、规制与治理等多个层面，因此公私合作关系的理论研究是多学科理论的交叉组合。

中国虽然自20世纪90年代就开始发展PPP，但对PPP的研究却是十分初步的，大多停留在知识普及和经验介绍层次，缺乏系统总结和理论分析，特别是关于中国PPP绩效影响因素的相关研究十分匮乏。

国内外公共项目建设对PPP模式越来越关注，英国、日本、芬兰、葡萄牙、瑞典等国已有实际应用的经验，因此对PPP模式的价值评估提出了更高的要求。但PPP仍处于发展期，各国对PPP项目的经验仍不丰富，其内涵和评估方式仍在不断完善。判断工程项目能否采用PPP模式的标准是如果项目采用PPP模式的产出和服务达不到目标值，则应该考虑使用其他的建设模式，如果该模式带给项目更高的资金价值，则该项目可以采用PPP建设模式。与传统建设模式相比，PPP提高资金价值体现在三个方面。

（1）资金压力的转移　PPP模式改变了传统模式中的政府筹资的方法，而是采用筹资结构更合理、管理更科学有效的私人资本。据调查，这种方式使得项目平均建设成本降低额在10%以上。PPP模式在拓宽了融资渠道的同时，取消了基础设施行业市场准入限制，使得大量私人资本涌入。同时，PPP在项目的寿命期分期付款，极大地缓解了政府部门的资金压力，加快了基础设施建设步伐。

（2）风险转移　采用传统模式建设项目通常由于公共部门难以达到平衡建设成本与运营成本，结果造成项目成本超支。而PPP模式的特点之一是将超支风险和长期维护风险转移到私有机构，而私人资本对项目的投资标准永远是追求利润的最大化，因此，PPP吸引私人资本主动参与公共项目的关键的机制创新在于如何平衡私人部门参与公共项目的收益与风险。采用PPP模式参与公共项目过程中，政府部门和私人部门对于开发过程的风险有着一般性的分摊原则：根据项目实施的风险类型，客观的、非PPP项目主观因素影响的风险主要由政府承担；而由于PPP项目主体决策、或由于项目管理过程中管理标准、方法等主观因素而造成的风险，则一般由私人部门承担；此外，PPP项目的开发过程中，一部分风险难以完全在政府部门和私人部门之间共担。

（3）私有企业激励功能　由于PPP的完全代理制，公共设施的投资、建设与管理由一个公司法人来完成，责权利统一，调动了私人机构投资的积极性；私有机构可以通过和政府部门的谈判，确定政府和相关部门的收费标准，并获得政府的支持，帮助协调各方的关系，确保项目建设顺利进行，同时拓宽私人资本发展空间。因此，在公共项目的 PPP 模式建设中，拓宽了融资渠道，缓解了资金压力，合理分配了项目风险，充分发挥私人部门的优点、调动其积极性，使得公共部门更集中于宏观把控和过程监督，从很大程度上提高了公共项目的质量和效率（见图 1-3）。

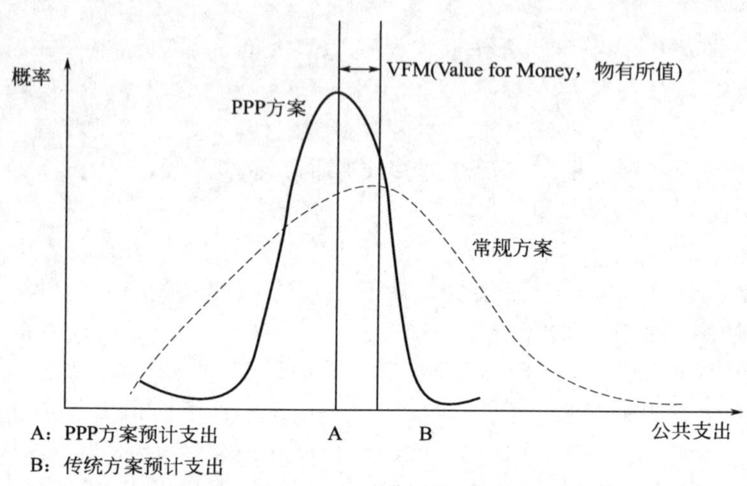

图 1-3　PPP 与传统方案支出比较

1.4.2　提出问题

公私合作关系研究的不足如下。

其一，目前有关公私合作关系研究内容单一，缺乏层次感。仍然停滞在伙伴关系的必要性和实用性的定性分析，以及科学技术合作分析。经济研究上处在一个解释问题的层面，而不是怎么解决问题的层面。众多文献中刻意强调公私合作关系的分类状况，却忽视了产业整体的发展研究，忽视了组织各参与方行为以及利益关系的经济研究，这样就显得研究内容的过于单一，使研究不够深入，考虑选择适当的伙伴关系方式也就很难把握。

其二，在公私合作关系研究上缺乏定量分析的缺陷。在公私合作关系经济研究文献中，很难见到定量分析。众多文献主要是定性的分析研究，而且注重公私伙伴在项目下的自然科学和技术性处理问题的经济研究。

其三，公私合作关系研究的范围过窄。在公私合作关系经济研究文献中，仅仅局限于特定的分析，强调公私合作关系个案都具有特殊性，而缺乏对其共性内容的分析研究，无法形成一个研究体系。

1.4.3　研究设想

公私合作关系研究发展趋势：结合现实的政治、经济、社会和产业的发展，对相关理论进行研究，注重公私合作关系理论研究的应用价值。公私伙伴之间的相互补充，共同发展的态势，是一个动态过程体系研究，有着广泛的应用和研究空间。学术界对其进行定量性的研究和系统性的研究仍是十分必要的。例如在公私合作关系下，微观部门的行为和宏观合作关系的网络组织，PPP 项目资本结构优化，公共部门向民营部门的股权转移；在基础设施建设和公共服务上政府采购和特许权拍卖，收益权的界定；PPP 项目关系契约的合作绩效，VFM 对项目投融资的绩效估计；公共部门与民营部门互动机制，部门之间的委托-代理和激励机制设计；政府部门政府责任、项目失败责任、激励性规制，信任机制和合作绩效评价等研究。综上，公私合作关系有着广阔的研究前景。

1.5　拟研究内容和框架

1.5.1　研究内容和目标

基于传统建设中的这些问题，对公私合作关系合作治理及其互动机制研究。公私合作关系作为一种公私治理方式的有效运行，是 PPP 网络利益主体决策互动的结果。根据 PPP 项目合作治理产权、竞争、规制和治理的合作绩效逻辑关系和路径，基于公私部门差异性特征，分析资本运营组合结构有效性，运用治理理论利益主体权利、责任和控制权关系设计 PPP 治理结构；依据激励机制-规制机制-信任机制的互动机制路径，建立政府采购特许权和收益权管理控制和激励机制，分析 PPP 模式一体化运行激励机制和公共部门的规制激励政策，建立信任机制。

1.5.2　技术路线

研究技术路线见图 1-4。

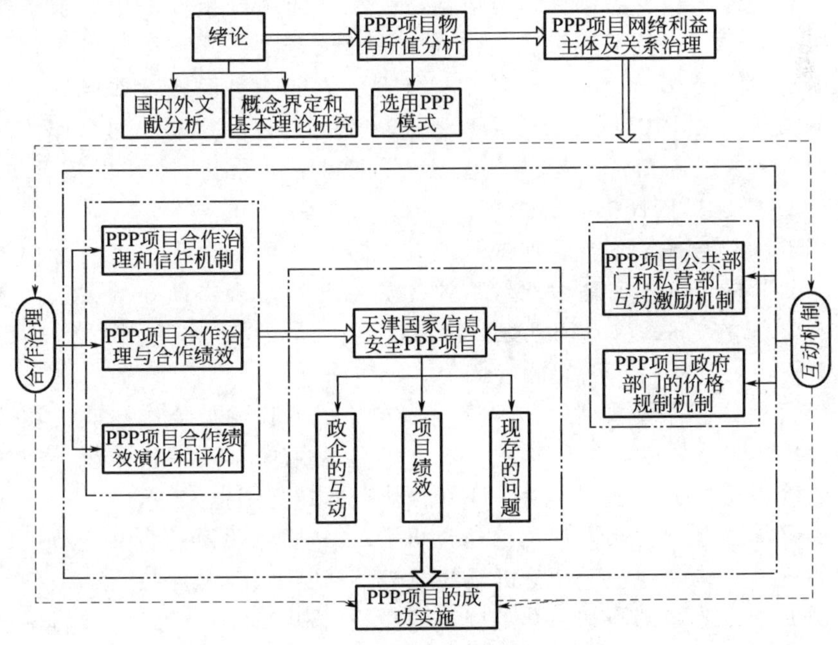

图 1-4　研究技术路线

1.5.3 研究框架

自然垄断产业下的公共项目是指由国家政府事业机构从事的为社会大众提供便利的公共基础设施工程。我国公共项目的传统建设模式是以政府部门投资为主，私人企业或政府有关部门负责项目的建设经营和管理。但传统模式中仅依靠政府部门融资，使得政府部门肩负着很重的财政负担，而私人企业或有关部门对于项目建设经营也往往得不到充分的激励，项目从质量到运营都存在一定的隐患。我国在推进城市化进程中公共基础设施建设因投融资体制的缺陷存在着巨大的资金缺口，以政府投资为主体格局的城市公共基础设施建设越来越不能满足城市发展的要求，国家先后出台"非公经济36条"、"新36条"等政府文件，鼓励民间资本进入基础产业和基础设施领域，例如国家铁道部2012年已开始投融资体制改革，转向民间资本融资。

(1) PPP项目的VFM分析　系统地介绍了PPP项目的VFM评估方法，并结合实证说明对PPP项目使用VFM评估方法，进行PPP模式选择可行性分析的具体操作过程。

(2) PPP项目网络利益主体及关系治理　通过比较公共部门和私营部门差异性特征，进一步分析政府授权的公共部门以及私营企业、PPP项目公司和银行等金融机构等利益主体构成的PPP模式网络组织关系依赖性，界定PPP各利益主体的责、权、利关系和行为，建立PPP合作治理产权、竞争、规制和治理的合作绩效逻辑关系和路径。

(3) 公私合作治理和信任机制　信任在公私合作中的重要作用要求学者研究信任的产生机制问题，也就是如何产生信任，信任的产生受哪些因素的影响。只有把这个问题搞清楚，公私间信任的产生才有合理的方向，进而触发并促进公私合作关系的效率与绩效。对PPP项目合作治理进行界定，阐述关系契约与合作治理的逻辑关系，以及关系契约与信任的逻辑关系。信任机制作为关系契约中的重要机制之一，进一步探讨PPP项目信任机制的建立。

(4) PPP项目合作治理与合作绩效　首先分析了项目合作治理与合作绩效的逻辑关系，然后分析了合作治理中比较重要的关系契约与合作绩效的关系，并用实例验证了两者之间的关联性。阐述关系契约对合作绩效的影响作用，促进提高合作绩效。

(5) PPP项目合作绩效演化和评价　首先介绍了阐述了合作绩效的演化过程及合作绩效评价的理论体系，然后构建了合作绩效指标体系及评价体系。通过对合作绩效评价的分析建立了基于合作绩效评价的动态激励机制框架图。

(6) PPP项目互动机制设计　首先介绍了PPP伙伴关系的含义与特征，阐述了互动机制的概念，然后构建了互动机制的框架，说明了其实现的路径。

(7) PPP项目公共部门和私营部门互动激励机制　论述了PPP项目中政府与企业之间的激励互动机制，激励机制是政府部门与私营企业之间互动的重要组成部分，政府部门通过设定不同的激励机制，来鼓励私营企业不断提高效率，降低生产成本，实现PPP项目的成功。通过声誉激励机制的制定，促使企业提高自身的声誉，对参与政府不同阶段的PPP项目有一定帮助作用。

(8) PPP项目政府部门的价格上限规制机制　基于RPI-X模型，构建了影响X因子关键因素的模型，发现被规制企业总要素生产率增长率和整个经济总要素增长率的差，以及投入品价格增长率在整个经济和被规制企业之间的差决定着X因子的变化。在此基础上分析了企业、政府、公众与X因子的关系。

(9) 天津国家信息安全产业基地　天津国家信息安全产业基地是戈德集团投资公司作为主要投资主体之一，涉及政府信息安全相关部门的投资和政策扶持。天津国家信息安全产业基地作为大型孵化器基础设施项目，涉及国家信息安全的基础设施建设和运营，具有公共事业特征。本书根据天津市国家信息安全基地工程建设方案，来论证相关理论观点在实践中的应用。

1.6 本章小结

随着我国城镇化进程的加快，基础设施建设需要大量的投入，为了引入私人资本的参加，减轻政府的财政负担，PPP模式成为推进基础设施建设的重要融资方式。PPP融资方式在我国的应用较晚，还存在很多问题。如PPP模式的适用性问题，政府监管不到位，项目绩效、公众满意度较低等问题，本章概述了PPP项目合作治理与互动机制方面存在的问题，提出进行PPP项目合作治理与互动机制研究的迫切性和重要性。在提出研究问题及分析本书研究目的意义的基础上，对研究的基本概念和范围进行了界定，介绍了本书的内容安排、逻辑框架和技术路线，以及研究的内容概况。

第2章 PPP项目的VFM分析

2.1 研究背景及现状

2.1.1 研究背景

PPP 在英国已经成为一种提供公共服务的常用方式。实现公私合作关系最基本的必需条件是在整个合同期间，物有所值（Value for Money，VFM）的增值优于传统采购方式，为增值合作绩效。PPP 项目通过 VFM 评估，证明 PPP 模式在项目应用的可行性，对合作绩效进行评价。

英国率先推动吸引私营资本的一系列措施，成为世界上其他国家研究和应用 PPP 模式的典范。英国目前主管 PPP 的代表机构是英国财政部（HM Treasury），专设任务小组（Task Force）负责和指导 PPP 模式实施，Task Force 是 1997 年在财政部下专为 PFI 的推广应用而设立的，旨在给公共部门和私营部门提供咨询和指南。在法规方面，英国并未出台专门针对 PPP 模式的法律，一般指导 PPP 模式实施的是政府的相关政策和指南，但比较细致，例如，在项目模式决策方面，英国采用公共部门比较基准（Public Sector Comparators，PSC）和物有所值的原则选择和评估 PPP 项目。这表示私人部门将要进入基础设施领域随之产生的一种新的投资主体、分配理念及资源配置方式。目前，对于 PPP 模式在基础设施中应用的可行性，为证明需借鉴国外先进的 VFM 评估方法，而进行经济评价。

2.1.2 研究现状

我国对 VFM 评估研究起步较晚，通过许多学者的努力，在此领域上也取得了巨大的进步和突破。

VFM 评估的研究共分以下几种。孙慧、周颖等对 VFM 理论进行了全面分析，将成本效益分析法和公共部门参照比较法进行对比分析，并结合国际发展现状，为应用 VFM 评估方法提供理论指导。

叶晓甦、徐春梅在 VFM 理论的基础上，对英国、澳大利亚等国家比较典型 PSC 体系进行比较分析，结合高会芹等对 PSC 应用比较成熟的英国、德国和新加坡比较分析结果，以及高会芹、武艺李等针对 VFM 评估方法中 PSC 指标的应用分析，根据我国 PPP 模式的特点，对公共部门参照标准（PSC）进行修正与调整。结合以往研究成果，邓小鹏等对 PPP 项目的 VFM 评估进行详细解说，科学地运用 VFM 评估方法，进行实证分析，进一步证明 PPP 模式应用于基础设施项目是可行、经济的。

为了实现人有所居，许多西方国家相继推出基础设施建设的各种有关政策。PPP 模式作为一个新型的公私合作方式在公共基础设施项目中广泛采用。Eugenijus Skietrys 等在 PPP 模式研究中发现，它在降低财政支出、风险分配、等方面有诸多优势，所以最近被应用于基础设施项目建设中，并普遍采用 VFM 评估方法以确定是否被采用。

从秦子龙对英国政府采购如何实现资金价值的研究中，得出以下结论。英国于 1992 年最早应用 PPP 模式，在 2004 年出台《资金价值评估指南》（Value for Money Assessment Guidance)，采用以公共部门比较标准（PSC）为基准的 VFM 评估方法。英国确定 VFM 需要通过两个步骤：第一，计算一个假设方案下的 PSC；第二，用 PPP 模式下不同投标者的成本与 PSC 进行对比，确定是否产生 VFM。总之，英国采用 VFM 评估方法，平均每年可节约 350 万欧元，并将其应用于公共项目建设、公共慈善、医疗、教育事业等中。

VFM 评估是在投标报价过程中实现的，Kharizam Ismail 等采用因素分析法对 PPP 投标 VFM 的评价标准影响因素进行详细的研究。

吴国培在对德国政策进行调查和分析中，在确定 VFM 时常采用成本效益分析法，全面的对其投标方案进行经济评价，择优选取。但是，该方法建立在诸多假设前提下，需要大量的数据支持，导致计算工作量大，所以还有待提高。目前，PSC 与 PPP 成本对比法在国际上的应用前景比较广阔，被许多国家所采用。

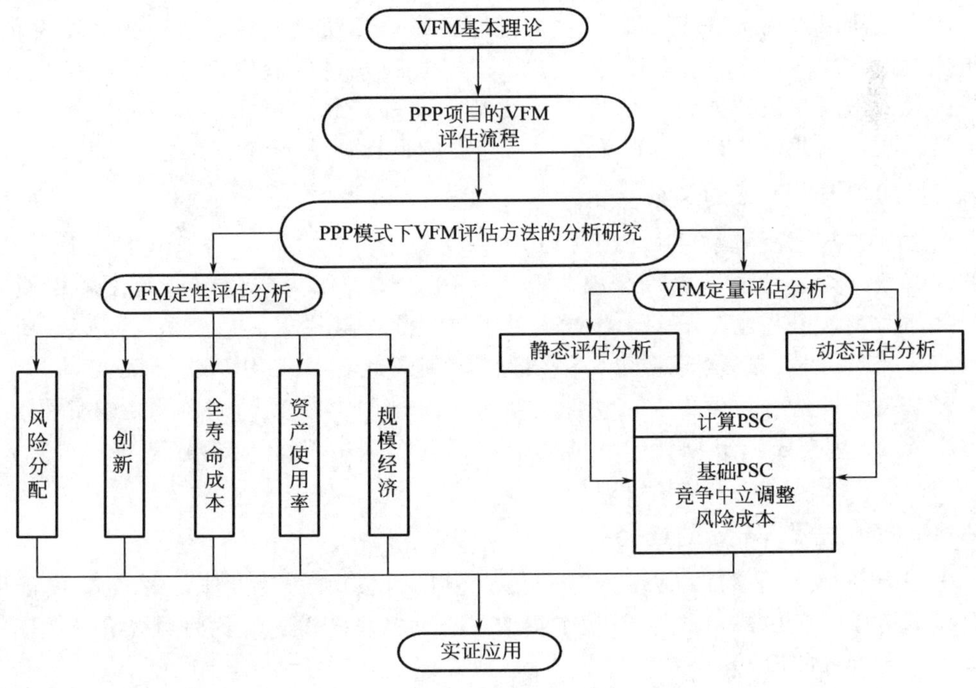

图 2-1　PPP 模式下的评估分析思路

综上，通过众多学者的研究结果表明，通过 VFM 评估方法的应用，可以进一步证明 PPP 模式在基础设施建设项目中的可行性，节约资金，利民便民。通过对已有的关于 PPP 项目 VFM 相关理论的研究，结合实际情况，自己探索总结，定向的提出问题，寻找解决方案。PPP 模式下的评估思路如图 2-1 所示。

2.2 PPP 模式下的 VFM

2.2.1 VFM 的基本内涵

VFM 是目前 PPP 项目评价的重要标准，它被用来证明私人部门参与提供本来由公共部门提供的服务项目，对私人部门而言是有利可图的，并能因此形成竞争的市场。英国是较早在项目中采用 PPP 模式的国家，并规定只有在项目采购中被证明具有 VFM 时，PPP 模式才可以被实施。

英国政府将 VFM 定义为在全寿命周期下成本和质量的最优组合。在英国 PPP 项目实践过程中，VFM 主要应用于在方案选择与比较，即在参考以往经验的数据的同时，比较不同方案潜在的收益，进行比较分析，从而选择 VFM 最大的方案。

目前，我国与国外相比 VFM 研究起步晚，VFM 的中文译名也未统一。韩传峰、台玉红将 VFM 意译为“效用”；张连营、李楠认为“资金价值”较为准确；台湾等地的学者将其译为“衡工量值”或者“物有所值”。从英文字面出发，结合已有文献，认为采用“物有所值”这一翻译较好。

政府之所以采用 PPP 模式，最主要的原因是比传统融资模式可以提供更多的资金价值。潜在的 VFM 理由有很多，主要是 PPP 模式可以提供最佳的风险分配，充分发挥私人部门在设计、经营项目中的优势。此外，通过招标竞争形式，私人部门争取经营权，以此形成公共基础设施项目建设的良性竞争环境，实现 VFM。

2.2.2 PPP 与 VFM 的关系

由于公共基础设施项目中 PPP 模式被广泛应用，项目采用 PPP 模式，并对其评估的规范性、科学性要求更加严格。然而，PPP 模式作为一种新型的投融资模式，政府部门对其认识和经验不足，导致项目运作阻滞，最终未能达到预期目标。所以，当政府抉择项目时，必须要进行 VFM 评估，判断此项目采用 PPP 是否正确。假如 PPP 模式提供的资金价值更大，说明此项目采用 PPP，在项目采购中能提供更好的交付服务。VFM 是 PPP 项目的评估标准，只有在采用 PPP 模式前提下，才会进行 VFM 评估，VFM 离不开 PPP 项目。

2.2.3 PPP 提供 VFM 的途径

采用 PPP 政府采购的最终目的是更大限度地获取资金价值，通过实践证明，PPP 模式优于传统模式，这与 PPP 本身的先进性紧密相关，下面将具体介绍 PPP 项目提供资金价值的途径。

(1) 风险转移　风险转移是 PPP 最先进之处。通常，在传统投资建设中，政府部门的建设成本和经营成本之间的平衡很难达到，一般造成建设成本缩减而经营成本增加，PPP将项目的超支、长期维护风险转移到私人部门。此外，依据PPP项目对社会创造的价值和效用，政府支付投资方的使用费一般在协议中制定了封顶和保底线，投资方的收益与其项目对社会的价值具有直接关系，即价值越小，收益越少。这导致投资方必须在工期内完成项目，依照相关规定经营维护承建项目，致使项目的工期和质量风险转嫁给了私人部门。

（2）降低成本，提高效率和质量　项目的利润几乎全部是经营收入，所以与政府传统投资采购不同，PPP项目最关注的是全寿命周期费用。从国外已成功的项目来说，私人部门合理的筹资和有效科学的管理，致使项目平均建设成本下降10%以上，政府减少参与项目的机构人数，节省开支。英国与日本的实践证明，PPP总成本远低于传统模式，私人资金参加投标，较低成本是核算中标的一个重要标准。为了获得政府特许，在创新和成本方面私人部门会做到高效率。政府依据市场调查情况，对私人部门实行奖惩制度，以提高项目的投资效率。

（3）有效的激励功能　项目采用PPP的投资、建设及管理，是由一家具有法人资格的企业来实施完成，责权统一，充分调动私人部门的积极性，通过与政府谈判协商，根据相关政策、法律法规确定收费标准，获得政府支持，协调各方，确保项目顺利完成，拓宽其发展空间。

总之，项目采用PPP模式是集建设、运营于一体的管理方式。通过PPP提供的各种资金价值途径，最大程度地减少财政支出、经营成本，通过激励制度，吸引私人部门投资建设，转移风险，降低成本，控制质量，使项目获得最大的资金价值。

2.2.4　VFM的影响因素

在确定项目是否具有更多的资金价值时，不仅要考虑全寿命周期的成本高低，还要预测项目运营维护成本的大小、融资来源及结构的合理性、盈利能力的可靠性，进一步还应考虑项目对能源与环境的影响性、政府所获的经济利益、各参与方能否结成战略伙伴、是否可以达到预期目标、质量的标准程度、风险分配的合理性以及供应商的能力等诸多影响因素。这些因素对资金价值的影响程度将通过定量及定性评估体现出来。

2.3　VFM的构成要素

2.3.1　公共部门比较标准的构成

在PPP与传统模式的比较中，决定因素是否合理是公共部门的比较标准，PSC是项目成本核算结果。PSC是指按照PPP项目的产出要求政府提供该服务所需的代价，并对其成本进行风险调整，通常以净现值的形式体现。

2.3.1.1　PSC的目的

PSC被用于判断PPP项目是否能获得更多的资金价值，主要目的在于预测总造价、检验资金价值、提供相同的比较标准及评估工具、作为双方规范和风险分配的基础以及严格控制招投标，以激励合理竞争。

2.3.1.2　PSC的组成

PSC由基础成本、调整成本和风险成本三大部分组成，其中风险成本分为保留风险成本和可转移的风险成本。

（1）基础成本　基础成本一般按以下公式计算：

基础成本＝直接成本＋间接成本－第三方收益

① 直接成本。PSC中的直接成本由直接投资成本和直接运营成本组成。其中，直接投资成本一般包括可行性研究费用、勘察设计费、招投标费、建设费、监理费及材料设备费等；直接运营成本包含工资福利、原材料及燃料动力费、拆除费、租赁费、设配更新维护费等。

② 间接成本。间接成本主要包括企业管理费和规费。其中，企业管理费一般包括管理人员工资、办公费、固定资产使用费、劳动保险费、财务费、税金等。规费包括工程排污费、社会保障费、意外伤害保险等。

③ 第三方收入。第三方收入是对第三方使用资产服务进行收费而产生的收入，项目生命期内的第三方收入可以减少政府部门的净费用，应该从基础PSC中的经营成本中扣除。

（2）调整成本（竞争中立）　针对PSC进行成本调整，去掉政府的竞争优势，确保PSC与PPP成本之间比较的公正性。如果缺少调整成本这一环节，无法真实地反映整体造价，导致错误的采购决策。调整成本应根据不同的项目进行相应的改变，其根本目的是保证PSC与LCC比较的一致性，使VFM评估更加精确。

（3）风险成本　PSC的风险成本是衡量政府部门若承担一切风险所需的代价，根据风险承担人不同划分为可转移风险成本和保留风险成本，经过识别风险后，对PSC结果进行调整，确保PSC的精确性。

① 可转移风险成本。可转移风险是指某些可以转移到私人部门的风险，其成本计入PSC中。对于决定是否要转移这些风险，取决于私人部门是否有能力利用最低成本消除这些风险。一旦政府将风险转移给私人部门，其必然会采取最有效的方案控制相关风险的发生，从而促使私人部门提供更多的资金价值。

② 保留风险成本。保留风险是指不能或不宜转移给私人部门的风险，由政府部门承担，成本计入PSC。由于无论采用何种采购模式，保留风险成本都会由政府承担，所以LCC中也包括此部分。

2.3.2　全寿命周期成本的构成

全寿命周期成本（Life Cycle Cost，LCC）是项目中融资、设计、建设、运营等整个项目过程中所需的成本。在《全国造价工程师执业资格考试培训教材》中提到LCC就是工程在全寿命周期或工期内所需支付的开发研究费、制造安装费、运营维修费、报废回收费等费用的总和。一般计算公式如下：

全寿命周期成本＝基本成本＋风险成本＋特殊成本

2.3.2.1　LCC 的基本成本

对于全寿命周期费用的基本构成如图 2-2 所示。

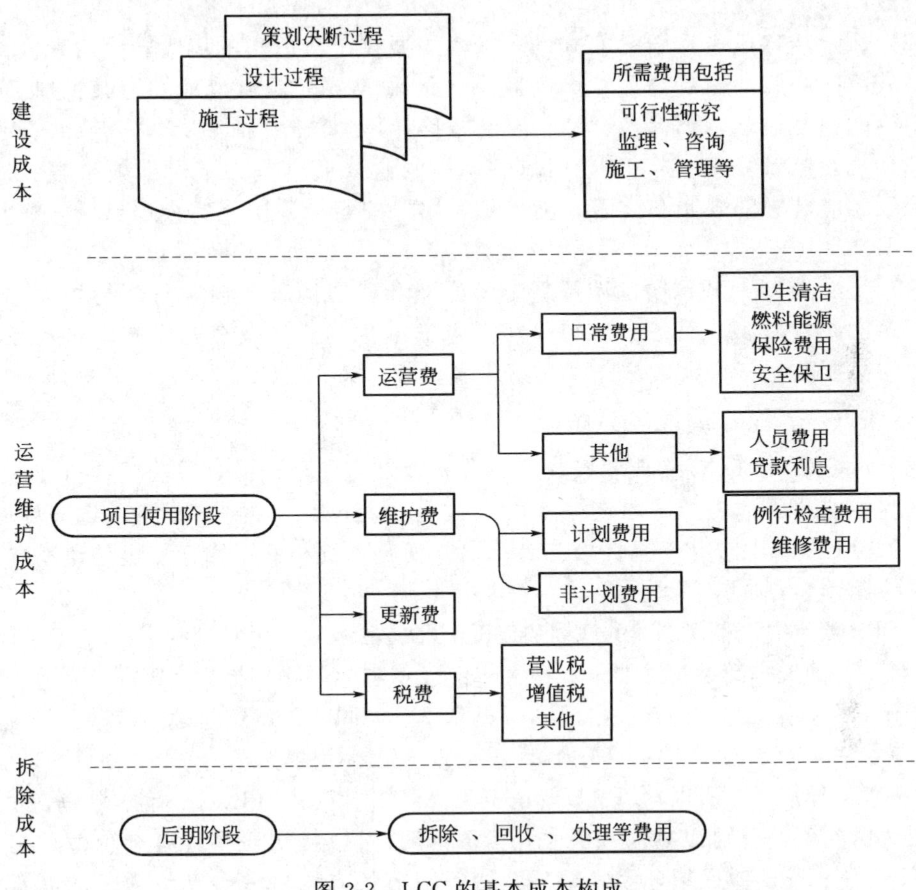

图 2-2　LCC 的基本成本构成

全寿命周期成本的基本成本包括建设成本、运营维护成本和拆除成本。无论政府采用何种采购模式，除了个别子项目外，构成基本相同，不同之处在于资金的使用效率。

2.3.2.2　风险成本

该风险成本分为私人部门和政府部门分别承担的风险成本。PPP 模式制定了合理的风险分配方式，将部分风险转移给私人部门，因此，私人部门所承担的风险成本要小于 PSC 中的可转移的风险成本。而政府承担的保留风险成本与 PSC 相比，二者相差不大。

2.3.2.3　特殊成本

PPP 模式的特殊成本一般包括：私人部门融资成本、风险转移成本、规制监管成本及交易成本等。

（1）私人融资成本　在PPP项目中，必然会引进私人资本，所以私人部门的融资需要一定的融资成本。在政府传统采购模式下，该成本由政府所承担，不存在私人融资成本，因此应当计入LCC中。

（2）风险转移成本　PPP模式的先进性主要在于将适当的风险转移给私人部门，激励私人部门的服务做到高质量、高效率。但私人部门应清楚地知道某种风险所需的费用可能相当昂贵，因此把这部分风险转移计入LCC中。

（3）规制监管成本　在PPP项目中，规制监管成本是为了保证项目服务质量，政府采取相应措施的规制和监督，确保私人部门按照特许协议完成项目所需的费用，应计入LCC中。

（4）交易成本　PPP项目涉及复杂的商业和融资两种协议，需要与相关部门各方进行多次谈判协商，而各方参与者都会由于自身的法律及金融顾问，以及在谈判过程中的必要的花费，大大增加了交易成本，应将计入LCC。

2.3.3 PSC与LCC的比较分析

通过对PSC和LCC构成要素的详细分析，结合已给出的计算公式，得知这两者除了一些特别的成本之外，二者基本的构成大致相同，不同的只是数值。所以，对于PSC与LCC的比较并不是针对二者本身，而是不同模式下由于资金使用率造成成本差异的比较。

在PPP项目中，私人部门的规划和建设更加灵活多变，同时没有了政府部门中的管理费，使更低的成本满足所需要求。私人部门以获利为最终目标，因而在项目建设中愿意使用新技术、新工艺，创新技术的同时提高质量，同时可以缩短公共基础设施项目的建设周期。由于PPP模式从项目开始就引入全寿命周期的概念，利于各种资源的整合，有效地降低整体成本。所以，PPP项目的PSC大于其他模式的LCC，所需成本较低。

在此情况下，就可以判断项目采用PPP模式可以提供更多的资金价值，是可行的。然而，在PPP项目中，私人部门在融资和与各方谈判中会产生大量的融资成本和交易成本等，因此，在确定项目是否要采用PPP模式，应综合考虑各方面的影响因素。可以对PPP模式的PSC和其他模式的LCC进行详细的分析计算，进行比较分析，结合定性分析得出结果，这是判断是否采用PPP模式的决定关键。

在进行PPP项目VFM评估前，政府部门作为项目发起人，应对相关政策、项目需求、投资预算及可获利益进行全面分析，确定该项目是否在VFM的范畴内。项目投资计划的评估在实施方案确定之前，全面对采用PPP的项目投资计划进行评估，考察项目实施的可行性及必要性，初步判断PPP项目能否提供良好的资金价值，之后进入下一阶段；在实施方案评估阶段，对此项目进行更加详细深入的技术经济论证，编制PSC，并对不同模式下的LCC进行分析，考察每个单体项目采用的模式是否合适，判断上一阶段结果的正确性，如果证明可以提供良好的资金价值则进行下一阶段；最终采购评估在前两个阶段的基础上进行，针对PPP项目的市场情况和效益评价，确定其采购方式。

2.4 PPP 项目 VFM 的评估流程

2.4.1 PPP 项目投资计划评估

PPP 项目首先考虑的是资金价值的获取，VFM 评估贯穿于项目全寿命周期过程。在 PPP 项目中，VFM 评估主要分为投资计划评估、实施方案评估及最终采购评估三个阶段，各阶段 VFM 评估都是根据可获得的信息研究项目在特定时间所提供资金价值的潜能，项目 VFM 评估只能在 PPP 合同完成阶段确定。PPP 项目 VFM 的评估流程详见图 2-3。

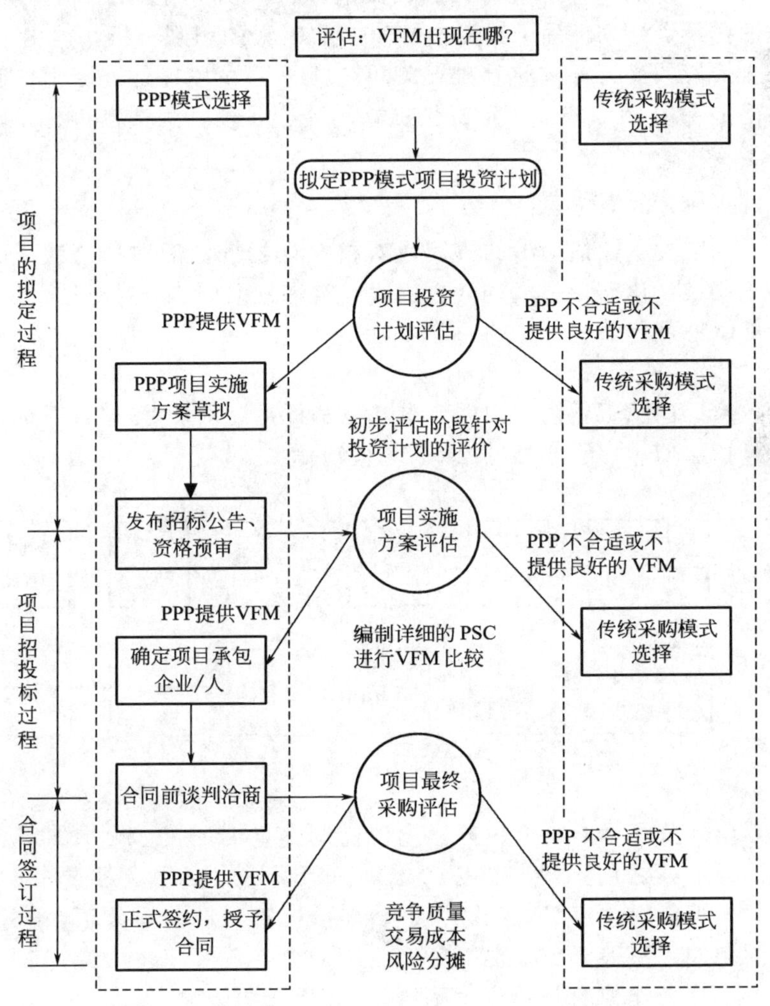

图 2-3　PPP 项目 VFM 的评估流程

投资计划评估通过判断 PPP 项目计划草案的可行性，投资规模应在私人投资能力范围内，确定采用 PPP 模式，初步判断是否可以提供更多的资金价值。在投资计划草案制定中，只需要确定项目的规模大小及预期目标，不需要确定技术、投资额和收益水平。政府部门在此期间应支持鼓励私人部门积极创新，发挥其资金、技术及管理上的优势，有利于政府部门根据项目提案确定采用 PPP 模式。

PPP 项目投资计划评估采用定性与定量相结合的方式进行评估。定性评估主要通过问卷调查、专家咨询方式，对资金价值的影响因素进行分析，判断该项目的可行性、获利性及可完成性；定量评估包括投资成本、运营成本、利润、风险分析及交易成本等。

PPP 项目的投资计划评估以调查分析、信息收集为基础，采用定性与定量相结合的评估方法，初步判断项目采用 PPP 模式的可行性，其结果应计入采购评估报告。政府部门通过在投资计划评估中对资金价值影响因素的识别分析，得出 PPP 模式具有提供给资金价值的潜力，在此基础上就可进入下一阶段评估。否则，假如投资计划评估结果得出采用 PPP 模式不能提供良好的资金价值，则选择传统采购模式，不需进入下一步。

2.4.2 项目实施方案评估

项目实施方案方案评估得出的决策是对投资计划评估的数据的验证，确保采用 PPP 模式的正确性，以获取最大的资金价值。实施方案评估主要通过 PSC 与 LCC 比较，对资金价值进行评估。

2.4.2.1 PSC 的汇编

PSC 由政府部门负责编制。根据产出规范和标准，对 PSC 进行识别，之后对其分别进行计算和整理，一般计算过程如图 2-4 所示。

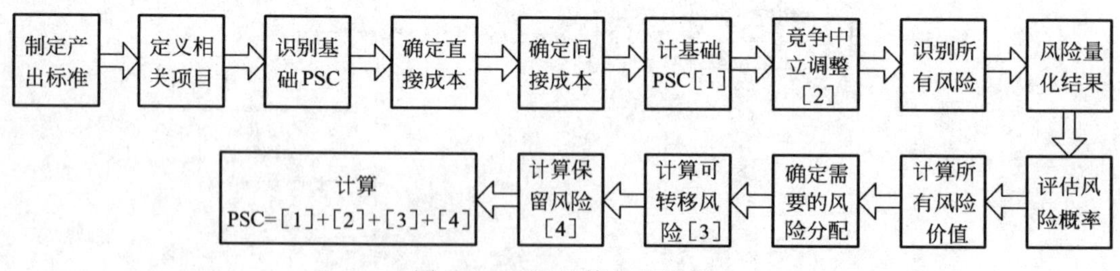

图 2-4 PSC 计算基本流程

通常，产出规范和标准要求在招标邀请前制定，保证招标提供的定价在项目合理预算之内，在定案之前不得向投标人透露。PSC 定案必须要经过相关机构批准，同时提交相关文献资料、声明文件。为了确保投标过程的公平公正，PSC 的汇编应在标书接收前完成，不得再次修改和变动。

2.4.2.2 VFM 比较的条件

从定量的角度进行 VFM 比较，通过比较 PPP 项目的 PSC 和 LCC，来判断

PPP模式能否提供资金价值。当PSC≥LCC，判定PPP可提供良好的资金价值。在此之前，应确认PSC与LCC具有可比性，遵守一致性原则。二者应同时满足以下条件：相同的基准日期、相同的折现率、相同的通货膨胀率、相同的现金流时间。

（1）基准日期　基准日期是在计算项目成本、收益及风险时，折现到一个共同的日期。PSC的基准日期是融资结束的评估日期，这个日期应在招标文件中被告知投标者将在VFM比较中采用。如果基准期不同，则PSC与LCC的比较无法进行。

（2）折现率　相同的折现率可确保PSC与LCC比较的可行性，应用于项目评标过程中，保障在统一标准上进行比较PSC与LCC。

（3）通货膨胀率　政府部门与私人部门进行协商后，确定相同的通货膨胀率，并在招标文件中告知投标人，在进行VFM比较中采用其规定的通货膨胀率。

（4）现金流时间　计算净现值时，通常会把项目一年发生的现金流折现到年尾或者年中。针对PSC与LCC，只要现金流的时间一致即可。在VFM比较之前，必须确定现金流的时间，确保统一。

2.4.2.3　资金价值比较的过程

根据识别确定的PSC与LCC后，进行VFM比较，如图2-5所示。

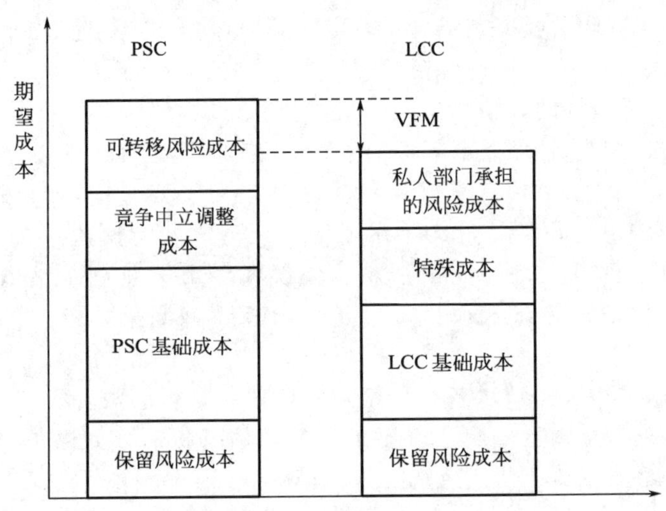

图2-5　VFM比较过程

PSC由保留风险成本、基础成本、调整成本和可转移风险成本组成，LCC由保留风险成本、基础成本、特殊成本和私人部门承担的风险成本组成，两者包含相同的构成要素。PPP项目获得资金价值的条件是：PSC>LCC。

总之，实施方案评估发生于招标阶段，目的是判断项目的采购方式，确定是采用PPP还是传统模式。在VFM比较中，统一标准对PSC与LCC进行比较，针对项目开展详细的经济评价和优选工作，提供结论性建议，确定该项目最佳的采购模式和投标人。

2.4.3 项目最终采购模式评估

最终采购模式评估目的在于反馈项目计划和采购早期的市场信息，判断市场信息提供的正确性，发现错误或者失误及时改正，确保资金价值获得的真实性，风险分配方案的可行性。项目的最终采购模式评估是针对合同谈判期资金价值影响因素进行分析，其中主要包含交易成本、风险分配方案及市场条件的评估。该阶段的评估过程和结果应与投标评标过程及结果一致。

2.4.3.1 交易成本的分析

由于PPP项目涉及内容程序较为复杂，需要与私人部门及相关机构进行多次协商，所以前期评估和招投标所需的交易成本会大大增加，影响私人部门参与PPP交易的能力。参与竞争的私人部门涉及投标成本，会影响对其项目的投标能力及积极性，导致PPP项目成本增多。因此PPP项目成功的关键是在实际可行的竞争性的条件下获得更多的资金价值。政府部门对交易成本进行有效的控制，在有效竞争的环境中尽可能地降低双方的交易成本。

2.4.3.2 风险分配方案的确定

PPP项目合理的风险分配方案主要目标是保证资金价值利益清晰明确。这个利益获得的关键在于风险分担是否合理，不同类型的风险的承担人是否适合。政府部门将风险转移到私人部门，同时伴随着私人部门更高利益的分配。

2.4.3.3 市场条件的评估

市场条件评估主要是调查市场条件变化，判断市场信息获得是否存在错误或失误，从而保证PPP项目拥有良好的竞争市场环境。经过前两阶段的评估，在最终采购模式评估中由于市场条件的不足或错误，造成采购模式的改变可能性不大。然而，工作人员一旦发现市场竞争不足、失误或者市场获利水平低于预期，需要重新从投资计划评估开始对该项目进行定性分析，判断采购模式的正确性、项目的可行性。

项目最终采购评估是VFM评估的最后一阶段，是对前两阶段结果的验证。在这一阶段经过交易成本、风险分配及市场条件的评估分析后，如果项目没能获得良好的资金价值，则返回重新评估或者选择传统模式。

2.5 VFM的定性分析

2.5.1 VFM的定性分析

2.5.1.1 VFM的影响因素分析

PPP项目的成功被许多定性因素所影响及决定，定性评估就是通过对以下五种因素进行具体分析。

（1）风险分配 项目采用PPP模式，通过政府部门和私人部门以合约的方式将风险进行合理分配，以获得最大的资金价值。风险转移的基本原则是将风险分配给能力最强的一方控制风险，对于PPP项目来说，政府部门转移到私人部门的风险，一般为施工和运营成本、技术变更以及设施与项目长期配合的风险。

（2）全寿命成本 由于PPP项目合作的长久性，私人部门成本要经过长期的时间进行回收，降低公共服务成本，致使私人部门将研究的重点放在如何有效控制全寿命周期成本上，实现设计、建造及运营一体化，以便节约全寿命周期成本。因此，政府部门通过对私人部门采取激励政策，调动参与积极性，获取更高的资金价值。

（3）产出规范和创新 在PPP模式强有力的竞争投标和产出的规范标准的基础上，为项目创造一种有利于创新的环境。PPP项目中的产出规范针对私人部门如何交付的要求给出了一定变化的范围，以便私人部门自由操作项目，采用创新技术，降低该项目实施和运作成本，更好地交付项目。

（4）资产使用率 在PPP项目中，资产由私人部门自由安排使用，可以提高资产使用率，使资产得到有效广泛的使用，并可通过设备共享及出售节余能力而获得额外收益。

（5）规模经济 PPP模式下服务提供者可通过现有资源加大服务规模，进而实现规模经济。

2.5.1.2 VFM定性评估分析

定性评估目的是对获得VFM进行一个主观的评估，主要针对目标、服务需求及建议的项目结构能否给私人部门提供充足的空间，在定量评估前对项目采用何种采购模式的一种初步评估。评估问询表如表2-1所示，得分机制示意如表2-2所示。

表2-1 VFM定性评估问询表

VFM定性影响因素	问题
风险分配	风险是否转移给了最适合管理风险的一方？ 是否真正把风险转移给了私人部门？ 市场是否具有足够的管理能力来控制可转移风险？ 市场是否具有容纳被转移的风险的能力？ 市场是否具有充足的信誉保证？ 合同能否被发展来强化风险分配？ 在极端环境下，风险分配是否可靠，比如私人部门违约？ 设计、计划、完工和经营风险是否已经转移给了私人部门？ 剩余价值风险在何种程度上转移给了私人部门？ 支付是否冒着不能满足服务性能的风险？
全寿命成本	私营部门能否自由的决定经营和维护的要求来满足产出规范？ 私营部门是否对所有的整修要求负责任？ 私营部门是否对合同期内资产的实施性能负责任？ 项目运作保留弹性与相应的成本变化之间的协调与平衡是否已充分考虑？

续表

VFM 定性影响因素	问题
产出规范及创新	私营部门是否可以自由的决定如何交付服务？ 资产的设计和施工方法的决策是否在私营部门的控制之下？ 无论资产设计还是服务交付是否有创新的余地？ 服务交付是否提供足够的创新性设计解决方案的激励？ 私营部门是否对部分或全部需要提供的服务负责？ 公共部门对使用资产的服务交付负多大责任？ 是否给出了私营部门项目创新的合适范围、详细说明？ 是否对创新对营运的影响做出预测或与私营部门进行相应的谈判？
资产使用率	私营部门服务提供者是否能够提供额外的第三方收入？ 资产使用率私营部门能否对第三方提供额外服务？ 第三方收入的产生能否减少政府的整体服务成本？
规模经济	无论是施工还是经营，服务市场是否足够大以获得重大的规模经济？

表 2-2　得分机制示意

得分标识	结果
×	没有产生资金价值的余地
√	产生一定范围的资金价值
√√	产生合理范围的资金价值
√√√	产生良好的资金价值

假如项目定性评估结果结果表明 PPP 模式不适合或者不能提供资金价值，政府部门决策者可以决定该项目采用传统模式，不需要进入定量评估；反之，则需要进一步地定量评估最终决定是否采取 PPP 模式。根据不同项目进行评估和调整，经过专家组的打分，判断项目能否具有实施 PPP 的可能。

2.5.2　静态评估分析

静态评估方法是指在不考虑时间价值的基础上，将不同模式的全寿命周期成本累加比较，从而得出结论的方法。研究中主要针对 PPP 与传统采购模式。

计算项目采用传统采购模式下的公共部门比较标准（PSC），然后计算 PPP 模式下的 LCC，将二者进行比较得出静态评估下的 VFM，申玉玉提出计算公式如下：

$$PSC = \sum_{t=1}^{n} (CI_g - CO_g)_t \tag{2.1}$$

$$LCC = \sum_{t=1}^{m} (CI_p - CO_p)_t \tag{2.2}$$

式中，n 代表传统采购模式项目的总周期；m 代表 PPP 模式下项目的总周期；CI_g 和 CO_g 分别代表传统采购模式下政府各年的现金流入、流出量；CI_p 和 CO_p 分别代表 PPP 模式下政府各年的现金流入、流出量。将 PSC 与 LCC 进行比较如下即得出资金价值：

$$VFM = PSC - LCC$$

如果 VFM 取得正值，说明项目采用 PPP 模式比传统模式优越，PPP 模式较传统模式可以获得更高的资金价值。

由于静态评估方法在计算时不考虑时间价值，只是简单的成本累加，便于计算，但精确度不如动态评估。

2.5.3 VFM动态评估分析

动态评估方法是在考虑时间价值的条件下，将传统模式与 PPP 的所有成本折算到同一点上，再对其进行比较获得 VFM 的方法。

在项目的动态评估中，分别计算传统采购模式和 PPP 模式的净利润，用净现值表示，具体计算公式如下：

$$NPV_{PSC} = \sum_{t=1}^{n}[(CI_g - CO_g)](1+i)^{-1} \tag{2.3}$$

$$NPV_{LCC} = \sum_{t=1}^{n}[(CI_p - CO_p)](1+i)^{-1} \tag{2.4}$$

式中，n 代表传统模式项目的总周期；m 代表 PPP 模式项目的总周期；i 代表折现率；CI_g 和 CO_g 分别代表传统模式政府各年的现金流入量、流出量；CI_p 和 CO_p 分别代表 PPP 模式政府各年的现金流入量、流出量。在这种情况下，VFM 的计算可以表示如下：

$$VFM = NPV_{PSC} - NPV_{LCC} \tag{2.5}$$

如果 VFM 取正值，说明项目采用 PPP 模式优越于传统采购模式。当然由于其他因素，可能会导致项目采用 PPP 模式时成本高于传统模式的情况，这说明该项目应采用传统采购模式更为适宜。

2.6 实证分析

在对 PPP 项目进行 VFM 评估时，应注重定性与定量相结合，使得最终结果更加精确。PPP 项目应用 VFM 实证案例分析如下。

天津市滨海新区某保障性住房项目总用地 44.88 万平方米，总建筑面积 184.28 万平方米，预计总投资额 62.80 亿元。项目建设主要包括住宅、商业、社区中心、学校、地下停车场等，住宅是以高层为主的保障性住房。至 2010 年 9 月末，已累计投资 3.18 亿元。

PPP 模式在当前项目建设中未得到足够的重视，主要原因在于政府部门对引入私人或民间资金不信任，同时 PPP 创新模式在中应用是否合理还有待进一步的验证。实际证明，该新城项目面临融资问题，资金缺口正在扩大。在这种情况下，假设本项目采用 PPP 模式，采用 VFM 评估方法，为政府部门选择 PPP 模式提供可靠依据，将提高投资效益，为广大群众提供良好的服务。

2.6.1 VFM评估流程

根据对PPP项目VFM评估基本流程，则某新城PPP项目的VFM评估流程可如图2-6所示。

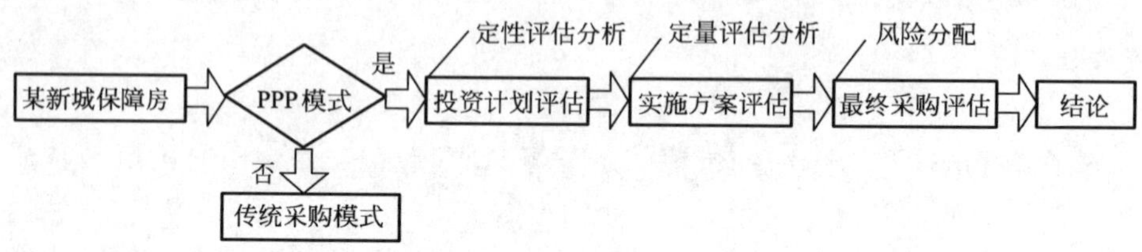

图2-6 某新城PPP项目VFM评估流程

当某新城选择PPP模式采购后，在投资计划评估阶段进行定性评估分析，如果有良好的资金价值，可进行实施方案评估中的定量评估分析，主要比较传统模式下的PSC和PPP模式下的LCC。如果得出PSC＞LCC，进行最终采购评估，其中主要针对风险分担方案进行分析和确定。

2.6.2 VFM定性评估

为了评估某新城项目是否可以采用PPP模式，政府部门应该对该项目进行定性评估分析，根据所列的定性评估问询表及得分机制，则该项目的资金价值定性评估可参见表2-3。

表2-3 某新城项目VFM定性评估

VFM定性影响因素	价值得分	合理解释
风险分配	√√√	风险分配为最佳分配，并可将重大风险转移给私人部门
全寿命周期成本	√√√	项目的运营维护成本与设计施工成本相比较更加重要
产出规范与创新	√√	在技术可进行创新，例如采用新型材料等
资产利用率	√√√	可在旁边开发运动、饮食、医疗、教育等市场
规模经济	√√	设备设施可批量生产使用，降低设备投资成本，减少原材料

据表2-3显示私人部门在资金价值的获得上余地较大，虽然政府为该项目会承担保留风险，但大部分的风险已转移到私人部门，并且私人部门较高的创新能力及辅助性设施大大提高了资产使用率。总之，定性评估显示某新城项目可以获得较好的资金价值，为了确定该项目是否可以采用PPP模式，需要进行下一步详细的定量评估分析。

2.6.3 VFM定量评估

根据定量评估比较要求，以下比较PSC和LCC具有相同的基准日期、折现率、通货膨胀率、现金流时间。

2.6.3.1　计算传统模式下的 PSC

PSC 由基本成本、风险成本及竞争中立调整组成。某新城前 5 块项目的生命周期为 4 年左右，其折现率为 5%。首先计算基础 PSC（见表 2-4），从 2010～2013 年项目的净现值数据可计算出基础成本。

表 2-4　PSC 基础成本　　单位：万元

项目	直接成本			间接成本	第三方收入
主要分类	资产成本	运营成本	维修费用	管理费用等	运营收入
净现值	49804.50	670.32	200.20	58.50	1622.1
基础成本	49804.50＋670.32＋200.20＋58.50－1622.1＝49111.42				

然后计算风险成本。本案例中的风险可能造成的后果主要包括：成本超支、工期延长及收入低于预期。本案例对以上三种风险进行估价，并将其偶然性风险后果估计为基础成本的 2%，即 982.22 万元。参考香港 PSC 风险价值计算表，本项目的风险价值计算详见表 2-5。根据风险发生的时间，咨询专家将后果划分权重，再对项目的现金流总额进行分配，得到每个风险在不同时间的现金流量，如表 2-6～表 2-8 所列。

表 2-5　成本超支风险价值计算

情况	低于 10%	无差别	超支 10%	超支 15%	超支 20%	小计
成本增加/万元	－4233.8	0	4233.8	6350.7	8467.6	
可能性/%	5	15	40	25	15	
价值/万元	－211.69	0	1693.52	1587.675	1270.14	4339.645

表 2-6　工期延长风险价值计算

情况	按时	延期 0.5 年	延期 1 年	延期 1.5 年	小计
成本增加/万元	0	1964.44	2946.66	3928.88	
可能性/%	70	20	5	5	
价值/万元	0	392.888	147.333	196.444	736.665

表 2-7　收入低于预期风险价值计算

情况	高于预期 10%	与预期相符	减少 10%	减少 15%	减少 20%	小计
成本增加/万元	－90.2	0	90.2	135.3	180.4	
可能性/%	10	15	50	15	10	
价值/万元	－9.02	0	45.1	20.295	18.04	74.415

表 2-8 风险现金流价值的时间分配

时间/年	情况	权重/%	现金流/万元	合计/万元
2010	成本超支	70	3037.752	4314.6
	工期延长	80	589.332	
	偶然因素	70	687.554	
2011	成本超支	30	1301.89	1744
	工期延长	20	147.333	
	偶然因素	30	294.666	
2012～2013	收入不如预期	100	74.415	74.415

选取与基础成本相同的折现率，进行折现，得到风险成本净现值，见表 2-9。

表 2-9 风险成本现金流模型

年份/年	现金流/万元	折现后的现金流/万元
2010	4314.6	4314.6
2011	1744	1660.95
2012	74.415	67.50
2013	74.415	64.28
合计 NPC		6107.33

最后计算竞争中立调整值，主要是印花税和土地税。本案例中的印花税为 10.23 万元，土地税按 224.35 元/m^2 计算，前 5 块用地的总用地面积为 22.4 万平方米，计算如下：

本案例应缴纳土地税＝22.4×224.35＝5025.44 万元

竞争中立＝10.23＋5025.44＝5035.67 万元

综上，PSC＝49111.42＋6107.33＋5035.67＝60254.42 万元

2.6.3.2 计算 PPP 模式下的 LCC

假如某新城前 5 块用地项目采用 PPP 模式，其采用和传统模式同样的折现率 5%。LCC 计算包括基本成本、风险成本及特殊成本。其中基本成本可根据 PSC 的基础成本进行估算，二者相差不大，即 49111.42 万元。风险成本及特殊成本的净现值如表 2-10 所列。

表 2-10 风险成本及特殊成本净现值计算 单位：万元

项目	风险成本	特殊成本		
		私人融资成本	规制监督成本	交易成本
净现值	4855.50	58.40	20.54	10.67
合计	4945.11			

LCC＝49111.42＋4945.11＝54056.53 万元

VFM＝PSC－LCC＝60254.42－54056.53＝7197.89＞0

PSC 高于 LCC，即 VFM 为正值，因此从定量角度出发可判断该某新城项目采用 PPP 模式进行建设运行是经济可行性，资金价值良好，可以创造较大的社会福利，改善中低收入人群的居住水平。在计算 PSC 和 LCC 时，各种风险的折现率和其他因素都基于一定的假设下才可计算比较。由于 PPP 模式的周期较长，在计算时会出现一定的偏差，所以采用动态评估方法，提高准确度，尽可能地减小误差，因此研究科学的、适合我国国情的 VFM 评估方法是十分必要的。

2.6.4　风险分担

为了某新城 PPP 项目的成功实施，合理的风险分担是项目双方谈判的重点。风险分担作为 PPP 项目风险管理的核心，贯穿项目的整个合同期，其过程是动态、循环的。风险分担的原则有：①公平。项目参与方需要鉴定各种合同，公平是其基本原则。②归责。依据事实状态确定责任归属。③风险收益对等。双方参与的风险程度与回报相匹配。④有效控制。风险分摊给处于最有利控制该风险地位并以较小代价控制风险的一方等。根据以上风险原则，对某新城 PPP 项目进行合理的风险分担，其风险分担流程如图 2-7 所示。

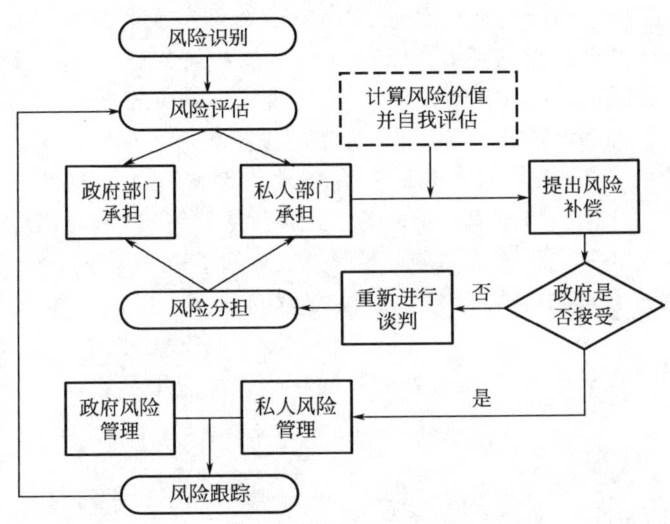

图 2-7　某新城 PPP 项目风险分担流程

经研究分析，通过以上流程确定其项目的风险分担。在某新城 PPP 项目可行性研究阶段的风险初步分担中，政府部门承担的风险有政治风险（政府干预、国有化、项目审批延误等）、法律风险（监管等）和金融风险（汇率等）；而其他风险则转移给私人部门，如设计、建造等技术方面的风险和通货膨胀、利率等商业方面的风险。另外，风险的全面分担发生在该项目的招投标与谈判阶段，在这一阶段，私人部门就风险初步分配分担结果进行自我评估，主要评估其拥有的资源和能力（包括经验、技术、人才等），据此判断其对第一阶段分担的风险是否具有控制力，之后计算风险价值并进行自我评估，提出风险补偿，政府部门和私人部门达成一致意见后，双方签订合同。风险的跟踪发生在项目的建设和运营阶段，主要工作是跟踪已分担的风险是否发生在协议各方意料之外的变化或者出现未曾识别的风险，再根据风险分担原则进行谈判，进行风险的再分担。

综上所述，通过投资计划评估、实施方案评估以及最终采购评估三阶段的 VFM 评估，结合定性与定量评估，确定合理的风险分担，充分证明了 PPP 模式在其项目中应用的可行性，使其政府部门和私人部门相互协调、共同决策、共担风险、共享收益，从而实现共赢。

2.7 本章小结

PPP 模式被广泛应用于公共基础设施项目建设中，以公私合作方式提高服务质量，达到双方“共赢”。鉴于项目中资金需要量极大，如果政府采用传统模式，将会大大增加财政压力，风险较高。在此情况下，近两年有的项目引进了 PPP 模式，不但解决了投融资问题，同时使用合理的风险分配方案将部分风险转移给私人部门，降低风险成本。但是，由于实践时间较短，目前并不是所有的项目都选择采用 PPP 模式。因此，提出了对 PPP 项目的 VFM 评估方法的研究分析，并对 VFM 评估的基本理论进行详细分析，证明 VFM 评估在 PPP 模式中的重要性。

通过对 PPP 项目发展趋势的研究，对其运作流程进行详细分析，发现 PPP 模式在项目中的可行性，可解决资金不足，减轻政府财政压力，减少风险成本等。在 VFM 基本理论的基础上，对 PPP 项目的 VFM 评估流程进行详细分析。在流程中采用定性和定量的 VFM 评估方法，将 PSC 与 LCC 进行比较，通过三个阶段的 VFM 评估，为 PPP 模式在项目中的可行性提供有力的证据。以某新城项目为例对 VFM 评估方法进行实证分析，通过动态评估方法，验证 VFM 评估方法的可行性、可靠性，同时说明 PPP 模式较传统模式更加节约成本，可应用于建设。

第3章 PPP项目网络利益主体及关系治理

3.1 PPP项目网络利益主体

PPP模式具有整体性，是针对项目全寿命周期的组织结构制定的一种新型模式，它是政府部门与私人部门以合作方式达到“共赢”结果，PPP模式应用于PPP项目中也同样涉及两个主体，即政府部门和私人部门。PPP主体关系如图3-1所示。

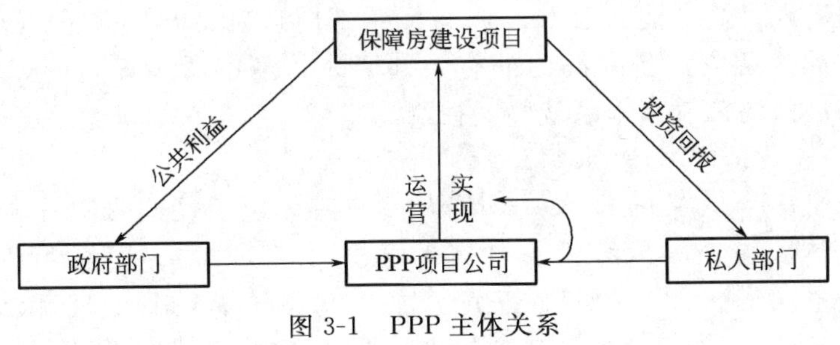

图3-1 PPP主体关系

政府部门和私人部门主体关系是项目采用PPP模式的前提，以“共赢”为理念，在PPP项目中表现出收益共享、风险共担等，使得双方充分发挥各自优势。

3.1.1 PPP项目利益主体

3.1.1.1 公共部门（Public Sector）

公共部门是指政府及其所属部门之和，即公共部门、公共事业部门以及公共企业部门，我国公共部门有着中央集权和地方分权的特点。

（1）政府部门（Government Sector） 政府部门是通过政治秩序建立的，在特定区域内行使立法权、司法权和行政权的实体。政府部门有广义和狭义之分，广义的政府部门是指国家政权机构的总和，包括国家立法机关、国家司法机关、国家检察机关、国家行政机关和国家军事机关等；狭义的政府部门仅指国家行政机关。政府部门拥有宪法赋予的适用于全体公民的强制性权利，主要职责是向全体社会成员提供纯公共产品，如法律、治安、秩序等，不直接从事产品的生产和销售，所需经费完全依靠财政拨款。

（2）公共事业部门（Public Utility Sector） 公共事业部门是指产权归政府所有并依靠预算拨款维持其运转的部门，公共服务供给的传统模式就是拥有基础设施所有权的公共事业部门，如负责自来水供应的市政部门。对于公共产业，政府实施公共管理，以供给、补助金、规制三类方式对社会经济活动进行介入。公共事业部门提供部门纯公共产品，但主要提供部门准公共产品。

（3）公共企业部门（Public Enterprise Sector） 公共企业部门即产权归政府或受政府直接控制的企业总和。无论是发展中国家还是发达国家，公共企业部门在自然垄断产业的建设和服务中是极为常见的，公共企业部门资产是国家的，代表政府对自然垄断产业的建设、经营、管理以及政策的参与等。如政府所属的城市供水、供电、供气等部门。因为公共部门一般局限于垄断产业，由政府官员或政府任命的代理人经营，经营目标受政府控制和影响，其产品或服务价格由公共部门制定。这些公共企业部门正在进行商业化（实现管理上和财政上的自制，以向用户收费为基础实施独立预算）和公司化（所有权和管理权分离，使之成为具有独立法人地位的公司）的改革。公共企业部门在自然垄断产业的建设和服务中，将一些管理和维护合同外包给民营承包商，吸引民间资本。

民营部门进入公共产业，公共部门与民营部门谈判，调控服务私人供应，参与基础设施项目的投融资，公共部门拥有公共产品的基本所有权，例如水的分配权、水质的保护、价格的控制和水系统性能控制。

3.1.1.2 民营部门（Private Sector）

民营部门是一个广义的概念，即私人参与者，包括民间私有企业、个人投资者以及外国跨国公司。民营部门通过购买股权，市政债券，竞标特许经营权以及对项目的承建和运营，而参与自然垄断产业的投融资和管理。外部性大的自然垄断行业具有投资大、回收期长、社会效益明显等特点，又由于民营部门资本往往缺乏足够的风险承受能力和无法取得私人资本理想的回收，因而无法也不愿独立承担这类领域的建设。另一方面，城市公用事业具有较为稳定的经济回报和一种“排他性”的准公共产品的属性，这就为私营企业介入城市公用事业建设领域提供了可能。同时，私营企业追逐利益的特点也促使其愿意在政府的主导下，介入城市公用事业的建设和经营，政府仅仅需要给其提供必要的政策条件和一定的经济资助，以保证其能获得回报。同时政府也需要在数量、质量和范围上对其加以监控。

PPP项目的全过程涉及项目发起与确立、合作方的选择、资金的筹措、设计、施工、运营和维护等诸多方面和环节。整个过程中涉及的参与方有：政府的公共部门（为项目公司提供特许权，最终可能拥有项目），私营部门（项目公司的主要股东），项目公司（负责项目的建设、运营），债权人（主要是银行和金融机构），用户（产品/购买者）。此外，还有为PPP项目提供保险的保险公司、工程承包商、供应商、运营商、咨询公司和顾问公司，以及媒体、公众等。

PPP项目大多采用设计-建设-融资-运营（DBFO）方式，由政府和私人、私营部门联合组成项目公司，从项目所在国政府或有关机构获得建设和经营项目的特许权，负责项目的全过程运作，是PPP项目利益相关者管理的主体。PPP项目公司作为各利益相关者集结的平台，通过一系列显性契约和隐性契约与其他利益相关者联系在一起，与各利益相关者发生着不同形式、不同程度的互动关系。

3.1.2　PPP项目利益主体特征

公私合作关系模式本身就是一种治理模式，治理模式能否有效运行，关键在于参与主体的合法性、权威性和有效性。

Park和Russo将组织间资源依赖关系分为序贯型（Sequential）依赖和集成型（Integrative）依赖。Putham认为PPP合作行为相关的社会态度取决于信任、互惠、市民的约定等，PPP项目中社会团体可以发挥社会资本的杠杆作用。

亓霞等对自20世纪80年代以来在中国实施的PPP项目中16个失败的案例进行分析发现，利益相关者（Stakeholder）的关系问题是PPP项目失败的主要原因。董庆胜等认为弱化股东利益至上，强调利益相关者利益最大化。PPP项目具有强大的外部性，其价值的实现在于以最优的资源配置有效地满足项目利益相关者的需求。叶晓延等研究了PPP项目合作中的利益关系、因素分析及分配方式如何促进双方的有效合作及协调，实现各利益相关者的均衡治理。

Richardson指出，组织合作的本质是联结组织间的异质资源创造合作价值。Pfeffer和Nowak进一步将这种组织间资源的关系称为资源依赖关系。

常修泽认为政府采购制度是政府将公共服务以“合同”的形式，交由非公共部门生产和经营，再由政府通过招投标机制进行购买（也称外包）。曹先强研究了合作治理，构建有效的多元参与、利益整合、有序竞争和规范监管等运行机制形成网络化的治理结构，实现政府、社会和市场三方的良性互动和有效合作。丁荣贵基于社会网络分析对项目治理进行研究。巴曙松指出，英国于20世纪90年代率先提出公私合作关系的概念，公私合作的机制被广泛采用和推广，并日益成为西方各国政府实现经济目标、提升公共服务水平的核心理念和措施。在公私合作关系结构中，政府部门或地方政府通过政府采购形式与中标单位组成特殊目的公司，签订特许合同目的经营公司或对项目进行投资的第三方组成的股份有限公司，由特殊目的公司负责筹资、建设及经营。

邹东涛研究了PPP模式交易特征、合作治理模式多元化。杨文宇认为PPP项目主要的参与方为政府授权的公共部门以及私营企业、PPP项目公司、银行等金融机构、保险公司、投资咨询公司、设计单位、施工单位、供应商、运营商以及用户等。PPP项目参与方众多，各方形成关系复杂的网络组织结构，涉及主要参与方及合同关系。通过一系列显性契约和隐性契约与其他利益相关者联系在一起，与各利益相关者发生着不同形式、不同程度的互动关系。

3.1.3　PPP项目网络利益主体特征

网络组织是介于市场和企业之间的一种企业合作组织形态，具有市场和企业的双重性质，是与市场和科层制组织并列的又一种资源配置制度安排。网络组织是一种有选择的、持久的、结构化的自治企业集合，这些企业以隐性或显性契约（包括法律性和非法律性的契约）为基础从事生产与服务。网络组织与协同效应之间并不是一种简单的线性关系，网络组织并非天然具备产生协同效应的能力。PPP项目投资大、时间长、风险高、合同结构相对复杂，其网络利益相关者管理特点主要体现在以下几方面。

（1）复杂性　PPP项目利益主体的多元化，使得项目利益相关者之间的利益均衡显得更为复杂和困难。另一方面，PPP项目特许期长，实施过程中存在大量不确定因素，利益相关者的利益要求会发生变化。

（2）动态化　项目利益相关者是一个动态的概念，其范围也是处于不断变化和发展中。此外，PPP项目利益相关者对项目的影响并不是一成不变的，随着项目的进行，外部环境的不断变化，利益相关者对项目的支持水平也动态发展。

（3）导向性　利益相关者的利益要求是指导PPP项目利益相关者管理的标杆，是PPP项目决策活动的立足点和出发点。以利益相关者的利益要求为导向，符合"以人为本"的时代理念，应该促使项目管理者关注所有利益相关者的整体利益，合理平衡不同利益相关者的利益。

（4）信息化　由于PPP项目组织形式非常复杂，为了保证项目的顺利实施，各利益相关者之间就必须加强相互沟通与协调。建立PPP项目利益相关者管理信息网络，有助于加强信息传递的及时性、灵活性，实现项目信息的共享，改善管理效率，节约项目成本，更合理地配置资源，从而提高PPP项目运作效率。

3.2　公私合作关系主体行为特征差异性

公私合作关系应用在周期长、投资大的公共基础设施项目建设运行中，政府和私营部门的主体行为特征有明显差异，对合作构成一定的风险，同时有着明显的共生性。以共生理论为视角，分析公私主体的行为差异性，从行为差异中找出促进双方实现共生的行为动因，运用共生环境下的优势互补，探索能够促使共生的主体行为，使得公私双方的效率达到最优，从而实现公私合作关系的良好发展。

3.2.1　相关理论

3.2.1.1　基于共生理论的差异性机理

共生（Symbiotic），源于希腊语"sum biotic"，意为共同生活在一起，共生是一种自组织现象，生物体间出于生存需要，必然按照某种方式互相依存、相互作用，形成共同生存、协同演化的共生关系。通过对共生理论的研究，在企业共生理论中有共生单元、共生环境和共生模式三个基本概念。物质、能量和信息之间的良好互动是实现共生单元和共生环境之间交流的途径。运用共生理论对多元战略化、产业共生关系进行了相关分析，共生不仅是一种生物识别机制，也是一种社会科学方法。共生现象不单纯存在于生物界，在社会体系的众多领域内也广泛地存在着。

共生环境下共生体之间的信息、能量以及物质的相互有效交换和配置是共生关系发展过程的外在实质表现。在共生进化的发展进程中，特别有可能产生出共生形态。协同进化的行为路径是共生系统发展的总趋势。

公私部门的共生机理在于部门的不同单元之间相互关联，在多元化的效用差异下，共生环境内可以实现物质、能量和信息的交换，以部门域和要素流为传播媒介求得合作与共生发展，形成协同、互动的放大效用。加强组织双方的内部控制可以促使组织间高效的互动，良好的内部控制离不开人的主观能动性的发挥和有效的激励组织的建立，人的行为是内部控制得以实现的关键因素。

3.2.1.2　共生理论下的 PPP 模式

共同适应、共同激活、共同发展是共生理论的本质特征。资源共享、优势互补、合作互动、互惠共生是公私合作关系双方共生现象的本质特征。基于共生单元、共生模式和共生环境，分析 PPP 模式在主体行为特征差异基础上的合理运行，其合作行为由内在和外在动机驱使，最终可达到稳定的共生，交易成本的节约，形成一定的社会资本积累，实现双方利益的最大化，满足彼此的需求。PPP 模式是一种差异性共生模式，在共生环境下公私合作是主体行为特征差异性的共生体现，共生单元是共生系统的基本组成单位，公私行为的差异性决定了共生单元的互斥性和一致性，见图 3-2。

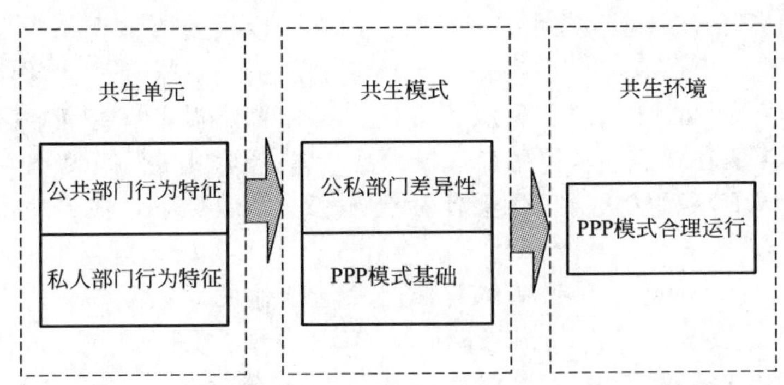

图 3-2　基于共生理论 PPP 模式主体行为差异性分析

3.2.2　相关方行为特征差异性分析

（1）政府行为特征

① 多重委托代理关系。政府官员和政府部门的多重委托代理关系，以及公众、政府和私营部门之间的双重委托代理关系，构成了明显的交叉式多重委托代理关系。政府行为直接影响项目的绩效，影响投资环境和合作程度。政府职能的发挥，有利于维护公共利益和公共信用。双重代理影响下的行为目标和价值行为方式冲突，加大了公共利益风险。

② 政绩驱使下的主观性。政府官员通过一定的选拔机制或由上级政府任命而产生，由于任期限制，为了达到自身政绩的要求，会尽力推进并加快项目的建设。政

绩的趋势也会使得政府盲目地签订一系列合同，因政府的过度担保和过度承诺行为引起再谈判，很容易导致市场失灵现象。

③ 强权地位下的变更。政府是委托人和代理人，集多方权利于一身。政府是公共产品的监督者和最终的管理者，使得在公私合作关系中，政府对于成功变更的把握比私营部门大，如果政府肆意依据本身的强势地位对项目进行干预，则会对项目的顺利开展造成严重的阻碍。

④ 努力水平的低效。当项目的边际成本与项目的边际收益相等时，就可以达到帕累托最优。在PPP模式下垄断价格会高于边际成本，不能达到帕累托最优，此时存在帕累托改进余地。在缺少有效的制度评估下，没有竞争的垄断使得在帕累托余地的改进过程中缺乏内部动力和外部动力，导致努力水平的低效。

(2) 私营部门行为特征

① 自身角色和地位导致的让步行为。实现预期效用最大以及风险规避是最大效用原则的一种行为表现方式。在PPP中，私营部门可以较轻松地自由支配产品或服务。政府作为政策的制定者，处于合同谈判的强势地位，其行为是可以根据自身制定的政策并且按照自己的意愿进行操作。这就造成了私营部门的行为不得不让步于政府行为，只有在有效的监管约束下，才能实现私营部门的利益最大化。

② 社会责任下的利益行为冲突。私营部门在公众消费需求下完成自身的原始资本积累，所以私营部门有着追求良好社会形象的愿望和诉求。私营部门是公共产品的消费者，自身应尽可能多地实现服务最优化。如果以损害自身利益来维护公共利益，私营部门无法在竞争中求得生存，导致在PPP项目中丧失积极性。从社会的长远利益来看，PPP项目缺乏竞争性会使社会福利贡献值低下，很容易出现背离社会责任原则的行为。

③ 不合作行为。追逐利润是私营部门参与合作的原始动机。当涉及收益时，人们表现为损失厌恶；当涉及损失时，人们则表现为风险寻求。在PPP特许经营中，信息不对称、垄断性、组织程度较低以及公众的分散性，使反馈不足且无效，私营部门就有了不合作行为，有减少或降低公共产品服务数量和质量的潜在风险。

④ 信息不对称下的偷懒行为。私营部门是项目的直接接触者，政府难以有效核实项目资料，增加了私营部门投机行为的可能性。政府是公众利益的代表，私营部门的本质是追求利润，由于存在签约和履约的不一致、合同条款的不完备、信息的不对称博弈，使得双方的行为没有向双方最有利的方向发展，存在着投机、偷懒行为。

3.2.3 基于共生理论的行为特征差异性分析

公私部门的行为特征以及由行为特征所引起的行为驱动力主要来自合同和关系。在PPP项目的初期，公私关系简单且可以靠合同约束。随着合作的加深，政府的优势逐渐显现，合同治理的平均成本呈下降趋势，关系治理的平均成本却呈上升趋势。由于信息不对称、强权地位下合同的肆意变更、自身努力水平的低下，私营部门为了促使当前利益的最优化，不得不让步于政府，此时关系治理显得尤为重要。公私双方在各自社会责任、双方既得利益的驱使下，不得不寻找共生模式下的双方关系定位（见图 3-3）。

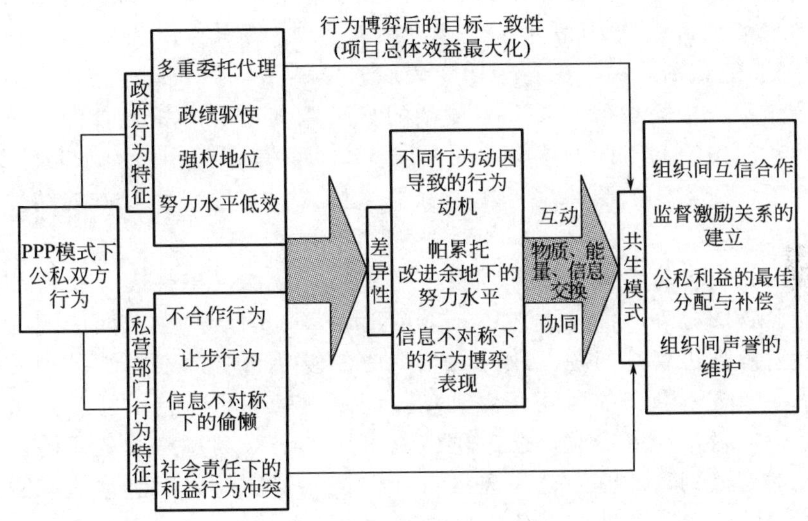

图 3-3　基于共生理论的公私行为特征差异性分析思路

共生理论强调双方的互补和协调，最满意的治理建立在彼此利益相对较优的基础上达到双赢。合同治理和关系治理的交点是最优均衡状态，此时共生能量最大，平均治理成本最优，共生成本最低。

3.2.3.1　行为动因导致的行为动机差异

在组织行为共生理论中，态度和动机是最主要的两个方面。动机由原发性、内隐性、实践性和可导性所构成。共生理论认为，公私的行为特征与组织中人的行为素质、风格、社会认知归因、动机密不可分。

公私双方都有趋利避害的本能表现，实现自身利益的最大化，提供质量好、价格合理的公共产品，以赢得社会的信赖是政府的行为动机追求。在 PPP 模式下，政府有强加于公众的行为偏好和行为短期化的特征，其努力水平不高，随意性大，违约成本低。私营部门处于让步下的弱势地位，利润最大化是其目标追求，面对政府的不努力，私营部门有了不合作行为。在准经营性基础设施的建设中，私营部门会将准经营性基础设施朝着经营性基础设施的方向推进，求得自身利益最大化。

3.2.3.2　帕累托改进余地下的努力水平差异

公私部门既是相互独立的两个组织，也可视为整体的一个组织，组织的良好发展离不开组织内部结构与组织外部环境的良好互动。在组织行为共生理论中，态度取决于行为人对行为事件本身和其目的的认知，因势利导，投其所好才能达到高效。

在帕累托改进余地上，私营部门的双重身份和公共产品的正外部性使得私营部门的努力水平高于政府。激励式监管以及构建完善的竞争市场有利于政府职能的实现。由于激励成本的上升，政府有避开激励的趋势，形成疲劳式激励，努力水平较低。私营部门的弱势地位决定了目标实现的曲折性，不断追求激励是私营部门的诉求，其努力水平较高。

3.2.3.3 信息不对称下的行为博弈表现差异

公私合作是一个关联多方关系的复杂的自组织与他组织相融合的系统，它由很多个不同的功能组织和不同的层级单元共同构成。共生单元由政府和私营部门组成，信息不对称下，双方要依照共生环境选择共生模式，实现博弈双方的纳什均衡，达到差异下的共生。

私营部门凭借自身管理和技术优势使得项目的效益发生外溢，私营部门抱有侥幸逃脱政府监管的心理。信息不对称下，政府政策、承诺的变动促使大部分风险转移给运营商，出现再谈判问题。政府的政绩驱使以及自身的强权地位，使得项目在复杂的环境中双方不合作的可能性大大增加。政府发起再谈判，往往是由于项目本身的社会效益辐射不足所造成，通过再谈判可减少公众利益承受的风险。私营部门如果肆意发起再谈判，政府的轻易屈从将会促使私营部门无限制地追求再谈判，运用投机手段得寸进尺，致使项目蒙受损失。

3.2.4 共生途径的探索

共生理论下，运用积极的组织行为学有利于打破双方在态度和动机下的不融合态势，此时积极的态度和正面的行为对绩效都有着显著的影响，可有效解决负面问题。

考虑组织的共生融合，需要在各个组织间进行有效的内部控制，侧重制度和机制的建设。由于共生能量决定了共生系统中共生单元之间相互作用的水平和效果，故相互作用的水平和效果的好坏取决于共生能量的大小。共生能量是共生系统生存和增殖能力的具体体现，是共生系统质量提高和数量扩张的前提，是共生体之间共生效果的直接体现。在公私合作关系中，政府处于相对优势地位，对于共生能量的贡献是最大的，通过差异互补，达到共生能量最大，从政府的角度考虑显得尤为重要。

（1）建立组织间的互信合作　组织中组织者的价值观通过态度影响互信行为，在实现公共产品最优化中促使私营部门贡献出更多的投资。政府是否能够做到言而有信，遵守承诺，是保持和激励私营部门投资公共产品的信心和热情的重要方面。强调信任合作，实现互惠共生是共生理论的要求。

（2）实行组织间监督-激励关系　实行监督-激励关系可以使得公私双方的关系形成产业的关联。在这种共生模式下，可使共生效益最大。政府从利益同盟和对立关系中解放出来，借助协商性监管和激励性监管，通过明确奖惩、引入竞争性，诱导刺激内部效率的提升，运用柔性的、正向的激励机制，鼓励私营部门不断创新，提高自身效率、改进自身服务。

(3) 组织间利益的合理分配与最佳补偿　公共产品的公共属性决定了在产品定价上要兼顾公众的承受能力、支付能力和消费满意度，使各方的利益都达到均衡。要防止由于自身管理不佳而将增加的成本以变相提价的方式转嫁给消费者，政府需制定合理的补偿标准，为私营部门实现预期的合理收益、减少投机行为提供可靠的保障。

(4) 组织间声誉的维护　公私合作关系中，双方行为的持续性使得合作双方的相互信任程度与相互之间的承诺兑现成正比关系。合作方可以利用良好的声誉基础，用协调代替短期机会主义行为，寻求双方利益冲突下的解决途径，这也就意味着信任可以降低长期交换关系中的机会主义风险，增加公私双方建立长期信任关系的可能性。

3.3　PPP 项目关系治理

3.3.1　PPP 项目关系治理定义

关系治理的概念起源于美国法学家 Macneil 所提出的关系契约理论。关系治理是在任务复杂性和需求不确定条件下，享有资产专用性的组织采取依赖合作的方式来解决、适应和保障交易的问题。组织间的每一次或每一种交易都可视为一个契约，而交易嵌入在特定的关系之中，因此，关系性因素存在于任何契约之中，而作为契约联合体的工程项目普遍存在着关系治理。随着交易的进展和交易的具体情境需要，由关系治理（如信任）所引致的合作和合作的持续性，有助于交易各方对合同进行进一步的调整，并会提升和强化信任和合作关系在规避合同中未明确规定的风险方面所起的作用。从治理视角提出的一个观点是，关系治理就是由许多主体和组织混合而成的网络的运作。关系性契约当事人会把交易作为一种持续互动的行为，随着很大程度上无法预见的将来而变动。

网络的运行主要不是依赖价格机制或一个正式权威的命令机制，而是更多地依赖于网络中的经济行动者之间在长期反复的互动中形成的关系、共同利益和声誉。网络关系的基本假定是每一方都依赖于另一方所控制的资源，并且通过资源的共享可以获得收益。本质上，网络中的参与者同意放弃在损害他人利益的情况下追求他们自己利益的权利。对网络做了一般性的界定，即两个或两个以上行动者的任何集合体，这些行动者追求重复的、持续的相互交换关系。同时，又缺乏一个合法的组织权威来仲裁和解决交易过程中可能出现的争端。

3.2.2　PPP 项目关系治理途径

PPP 项目的关系治理途径见图 3-4。

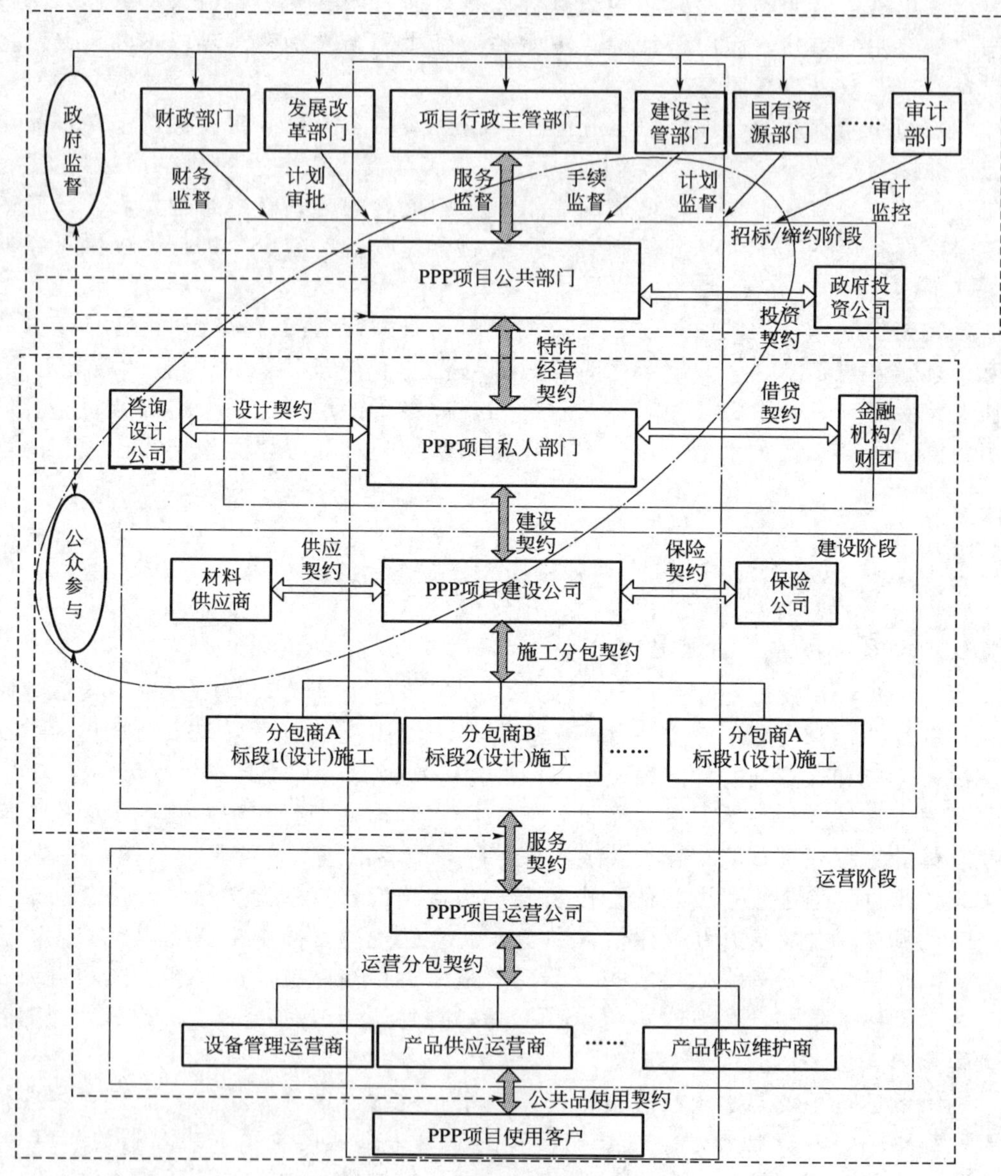

图 3-4　PPP 项目关系治理途径

3.4　PPP 项目关系治理结构

3.4.1　PPP 项目关系治理结构

经济活动的基本活动单位必须包括三个原则：冲突、相互依赖和秩序。这个单位就是交易。经济学的核心是研究交易及其规则，组织及其活动的稳定性问题。关于 PPP 模式关系契约的研究中，Grimsey 认为 PPP 合同是典型的不完全长期合约，Bovaird 提出的各方要建立起某种形式的治理机制，实现合作的关系；Parker 提出管制可以对改进合约的实施效果，Essig 认为合同的实施或治理需要特定的技术和机制保证实现合约的效果。Williams 认为交易成本经济学以有限理性和机会主义为假设，从合约的不完全性角度出发，根据生产成本和交易成本最小化的原则，认为在某些情况下 PPP 是政府提供公共服务的理想形式，信任、合作、承诺等可以减小交易成本，对 PPP 的治理是重要的。有效 PPP 契约，PPP 的成本和收益平衡问题。樊慧玲等提出了社会性规制与 CSR 契合的路径与模式选择。

运用交易成本经济学（TCE）理论论述适合的治理结构，管理控制系统（MCS）减少联盟风险治理结构和控制机制交互作用。治理结构和控制程序的选择。合作治理包含联盟共同优势，选择权、利益和实施分歧冲突，以及相互依赖。

在关系性合约理论的研究中，Cheng 研究了信任三个维度，声誉、制度和特性，认为在采购系统、合同管理、项目管理和质量安全管理中信任很重要；黄祖辉等基于能力和关系的治理结构研究了合作治理；张康之用合作体系替代协作体系。激励就是通过合理的契约条款设计来规避组织间合作中可能出现的委托-代理问题所导致的逆向选择和道德风险。契约治理和关系治理是有效的保证合作绩效的重要机制。

唐祥来对公私合作关系创新投资激励效应进行分析，认为 PPP 模式是一个长期合约，未来的许多不确定性不可能在合约中予以明示。邓小鹏对关键风险进行了分析。

3.4.2　PPP 项目关系治理结构影响因素

在判断选择 PPP 项目时不仅仅是看这个项目的成本，项目的成功与否也是由一系列定性的因素决定的，定性评价就是通过对以下这些推动资金价值的定性因素进行具体分析来判断项目的自身能力。

（1）风险分配　风险分配的原则是将风险向有能力控制的一方，通过公私部门间的合理分配，将运营成本风险、施工风险、设施风险适当转向私人部门，获得资金价值。

（2）全寿命周期成本　PPP 合同特点之一是长期性，使私人投资的回收期较长，促进设计、建造、运营一体化，从而降低提供公共服务的成本，是一种对私人部门的激励机制，达到节约全寿命周期成本的目的。

（3）产出规范和创新　PPP 模式的激励机制同样使得投标的竞争性增强，制造了有利于创新的环境，并赋予私人部门所要求交付的产出的弹性，使得私人部门更好地发挥技术技能和创新能力来降低成本。

（4）资产使用率　PPP 模式下政府部门不干涉私人部门的资产安排，私人部门可以通过设备共享和节余能力的出售来获得额外收入。

（5）规模经济　指在现有的公共服务基础上加大资源利用率，加大服务规模。如影视城项目建设中，服务提供商可以在现有的酒店宾馆设施基础之上增加产出。

（6）竞争过程 在竞争过程中，往往单项资金价值的推动可以产生潜在的资金价值。如果上述推动资金价值的因素达到最大化，那么只要竞争者数量充足，项目所取得的利益是显著增加的，因此，要从市场的角度判断生产能力，在价格主导的竞争环境中，项目最易获得资金价值。

3.4.3 PPP项目关系治理结构评估

该阶段评估主要针对合同谈判期间项目可能影响资金价值变化的因素进行评估，分为交易成本、风险分摊和市场条件的评估。

（1）交易成本的分析 往往由于PPP项目的融资协议和商业协议十分复杂，公私双方需经多次谈判，从而使PPP模式的前期交易成本高于传统模式的交易成本。而交易成本会对私人部门参与PPP项目投标的积极性产生影响，投标成本增加会导致项目成本的增加，而更长的协议期也限制了项目的竞争，因此，PFI项目在拥有竞争性同时又有资金价值是项目成功实施的关键。最好的情况是政府部门在控制交易成本和有效竞争的同时尽量降低双方的成本费用。

（2）风险分摊方案的确定 合理风险分配的关键是清晰明了的资金价值利益，进一步解释为投资计划中要尽可能保证不同类型的内在风险是分配给最合适承担的一方。政府部门的风险分配不是简单地向私人部门转移，转移的风险一定伴随着更高利润的分配。

（3）市场条件评估 市场条件的变化是第三阶段评估主要考察的，虽然通过前两个阶段的评估，在此阶段中出现市场竞争不足或市场失误而造成采购模式变化的可能性很小，但一旦识别出市场变化，仍需考虑所采用的PFI模式是否合适，这是需重新从第一阶段开始项目的定性分析，对项目的可行性、获利性和可完成性进行二次评价。

PPP项目最终采购模式评估是对前两个阶段评估的检验，如果评估的市场条件正常，风险分配和竞争成本都科学合理，则可以肯定前两个阶段的结果，最终采用PPP模式。反之，则要返回第一阶段重新评估。

3.5 本章小结

本章通过对PPP模式的相关概念和理论梳理，分析网络利益主体的特征，进一步对公共部门和私营部门主体差异特征的共生关系探究，建立在契约关系下的关系治理的分析，进一步探讨关系治理结构。

第4章 PPP项目合作治理和信任机制

4.1 PPP项目合作治理

合作治理能够形成一种联盟，如公私合作关系，从而获得更多资源。合作治理有助于将这些资源组织起来，降低风险和交易成本，实现项目社会效益。

4.1.1 对合作治理的理解

研究合作治理领域的学者众多，理论与实践成果较为丰富。以下是此领域较有代表性的观点与意见。

敬乂嘉认为合作治理是治理过程中的多元性的认识与整合。它并不要求系统中的每个个体在目标上都完全一致，而依赖于非同质的多元主体的作用的发挥。在这样的一个网络治理环境中，每一个治理者本身有较强的治理能力，同时各自又不断冲破外在束缚，实现治理使命。合作治理是一种依循规则而实现的参与，是一种趋向网络形态的合作秩序，其一般水平取决于社会整体的沟通、协调与包容能力。

Taehyon认为合作治理是指一组相互依存的利益相关者，通常来自于多个部门（公共部门的、私人部门以及非营利部门），为了解决一个复杂的、涉及多面的公共难题或情境而协同工作并制定相关政策的过程和制度。

Shui-Yan Tang等提出，合作治理是指为了解决那些仅凭单个组织或仅靠公共部门而无法解决的公共政策难题所采取的建立、督导、促进和监控跨部门组织合作的制度安排，其特征是两个或更多的公共机构、营利和非营利机构的共同努力、互惠互利和自愿参与。

C. Ansell等在研究了127个合作治理案例的基础上，将合作治理界定为一个或多个公共部门与非政府部门一起参与正式的、以共识为导向的、商议的、旨在制定或执行公共政策或管理公共事物或资产的治理安排。

总结多位专家、学者的观点，合作治理是在社会管理出现问题的情况下应运而生的，是社会管理创新的一种现实需求，也是社会发展的必然结果。当有限的资源或有限的人力无法完成目标时，合作就成了必然和最优的选择，将有效资源进行充分利用，使之发挥更大的效用。

4.1.2 PPP项目合作治理

公私合作关系所要探讨的问题，就是公共部门和私营部门如何形成新的“合作体”，通过社会资源整合，增强整个社会的生机和活力，进而达到提升人民生活品质的目的。PPP 项目合作治理是公共部门或民营部门为了实现目标，而建设性地进行一系列确保合作伙伴关系和制度有效的协调和控制的过程活动。

公私合作关系涉及多个参与方，但主要还是公共部门与民营部门之间的合作。在 PPP 模式下，公共部门和民营部门共同参与公共项目的建设和运营，共担风险，共享收益，发挥各自的优势以便更好地为社会提供公共服务。

但是，由于人们对 PPP 模式合作机理的认识不够深入，加之 PPP 模式实施周期长，可以模仿的实例较少，在一定程度上限制了 PPP 模式的推广和应用。何寿奎、傅鸿源通过建立收益公平分配机制模型，进行最优监督权和监督机制设计，建立经济效益与社会效益的预期效用机制，基于公共项目效益正外部性的支付转移机制，科学的奖惩激励机制，对公共项目公私合作关系合作机制进行了研究。

在 PPP 项目中，公共部门和私人部门之间、公共部门和项目公司、私人部门和项目公司、项目公司和承包商、运营商等都存在合作，都需要签订合同。项目投资前期、建设期、运营期无一例外需要签订合同，可见合同无处不在、无刻不在，合同是项目合作中非常重要的一项内容。PPP 项目的契约关系是以特许权协议为核心的一系列合同的综合，包括承包合同、运营合同、保险合同和贷款合同等。PPP 项目合作治理也可以说是对一系列契约关系的治理。

合作治理既强调相互之间的合作，也强调相互之间的监督。有监督才有压力，有压力才能催生合作治理的动力，这种监督是双向、互动的。政府要依法对其他治理主体进行严格而合理的监督，保证公共治理实现公共利益最大化，而私营企业、第三部门也要对政府治理的绩效进行监督，提供建议、形成压力以促进其更好地治理公共事务。只有这样，政府、市场和第三部门才能积极参与公共事务的治理，发挥出各自的比较优势，形成合理的公共治理体系，实现 1＋1＋1＞3 的最优治理效果。

4.1.3 PPP 项目合作治理的理论基础

(1) 委托-代理理论　委托-代理理论兴起于 20 世纪 60 年代末至 70 年代初，它是近二三十年来西方企业契约理论的最重要发展之一。委托代理关系就是一个人或一些人（委托方）委托一个人或者一些人（代理方）根据委托人的利益从事某些活动，并相应地授予代理人某些决策权的契约关系。在委托-代理关系中，委托人委托代理人履行或完成某项任务。为完成该委托任务，代理人常常具有信息优势，而委托人则处于信息劣势。这样，委托人就必然会面对两个棘手的问题：代理人事前隐藏信息的逆向选择；代理人事后隐藏行动的败德行为。逆向选择主要表现为代理人在签约之前为了取得代理权而隐瞒对自己不利的信息，通常表现为夸大自己的能力；败德行为是假定代理人有完成相关任务所需要的能力，但在任务的执行过程中无法对其付出的努力契约化，这样，就容易导致代理人产生偷懒行为。

公共部门和民营部门本是两个独立的社会组织，各自有着自己的目标和利益。从某种意义上来讲，公私合作关系实质上也是一种委托代理关系。在联合投资中，公共部门既保留最终管理者的身份，同时又是运营公司的股东，公共部门和民营部门合作，相互成为对方的委托人、代理人，对投资共同负有责任，双方共担风险和共享收益。

（2）相关利益者理论　“相关利益者”的概念是在 1963 年斯坦福学术研究所的内部报告中第一次提出来的，它是指那些能够影响组织目标的实现或被组织目标的实现所影响个人或群体。在 PPP 项目中包括所有权层次的利益相关者、政府、项目发起方、私人股东、货款银行。它可以划分为三个层次，第一、二层次是资产所有权与经营权分离层面的利益相关者，委托代理关系中的项目公司、公共机构、建设承包商、经营公司、担保公司、担保信托，第三层次则是社会关系层面的利益相关主体包括基础设施使用者、社会资源拥有和使用者、纳税人、社会就业阶层等。

（3）关系契约理论　关系契约理论是由法社会学家 Ian Macneil 在批判古典契约理论的基础上建立起来的。它是由未来契约关系的价值所维持的非正式安排，是一种长期契约和隐含契约，并具有动态性和不断完善的特性。

由于人的有限理性、未来充满的不确定性和过高的交易成本，阻碍了签订完全契约可能性，Grossman&Hart 等又建立了不完全契约理论，以解决完全契约理论的不足，以关系契约来弥补正式契约的不足。现代契约理论把企业看成是一组不完备契约的耦合，主要研究在信息不对称情况下的契约不完全的根源，参与者如何设计契约，以及如何规范参与者的行为问题。

4.1.4　PPP 项目的关系契约

合作治理能使那些具有多种偏好和多方利益的利益相关者之间最终实现相互受益的互动。利益相关者之所以参与合作治理，是因为他们的利益相互依存，这种互相依存的情境使得一方利益目标的实现依赖于其他参与方的行为，因此这也更加凸显了合作的重要性。这种情况下，利益相关者之间建立合作关系，以交换有效资源，如知识、信息、资金和人力资本等。而这种关系的维系又必须依靠契约的订立。

在 PPP 初起之时，人们就是把 PPP 当作一种融资形式，随着对 PPP 认识的不断深入，对 PPP 的管理模式概念有必要加以强调并使人们所认知。在之后的研究中，一部分学者认为 PPP 实际上是一种契约关系——公共部门与私人部门签订的一系列契约。PPP 是公共部门与私人部门的合作，合作既可能由于生产成本和交易成本太高而不能实现，也可能由于合作收益的分配原因最终导致失败。任何一种交易行为都包含一定的契约关系，PPP 也不例外，即 PPP 是一种基于契约的合作。但由于正式契约的不完备性、缺乏弹性等原因，需要关系契约来补充，即各参与方在正式契约的基础上，形成一种较密切的非正式关系，表现为关系契约。

Darrin Grimsey 认为 PPP 是长期合同，不可能包括环境中的任何变化，应被看作关系合同，而不是交易合同，合同管理需要特定的技术。Tony Bovaird 认为 PPP 是新型的合作伙伴关系，常常无任何法律支撑及约束，PPP 和交易契约关系是有区别的，具有关系契约的特点，相应的治理方式也应吸收关系契约的治理原则，并从治理的角度对交易契约关系和合作伙伴关系进行了细致的比较。公私之间的合作并不仅是一定期限内的产权转移，而是典型的长期不完全契约，发生再谈判的比率很高，需要较大的事后交易成本，对治理机制要求较高。因而，这个合作的过程必须由关系契约来约束。

关系契约的概念由法社会学家 Macaulay 首次提出。他认为，在现实商业关系中大量存在的关系和信任是合作的社会基础，企业之间非正式的、不涉及法律的非契约关系在交易中居于支配地位。相反，详尽的正式契约埋下了怀疑的种子，甚至会导致相互关系中信任水平的下降，因此，真正依靠法律的明确制裁极为罕见。

Baker、Gibbons 和 Murphy 等学者把关系契约定义为基于未来关系价值的非正式协议。关系契约被 Baker 等认为是战略联盟或者虚拟组织成员之间维系合作关系的主要机制。

PPP 项目合作治理更多地表现为一种关系性的、协商的活动过程。这并不代表就不再需要正式契约了，而是用关系契约来作为一种必不可少的重要补充。关系契约可以弥补正式契约的不足。

4.2 信任度与信任传导

信任作为关系契约中最重要的影响因素之一，也成为 PPP 项目合作治理中最重要的治理对象之一。信任的存在使得关系契约得以履行，进而加强了 PPP 项目合作。信任的产生过程是一个对对方的观点不断改善的过程，随着交易次数的增加，如果双方有建立长期信任的意愿，那么信任也会逐渐增加，交易成本也会趋于降低，信任与合作效果之间形成正反馈效应的良性循环。图 4-1 为合作与信任的良性循环关系。

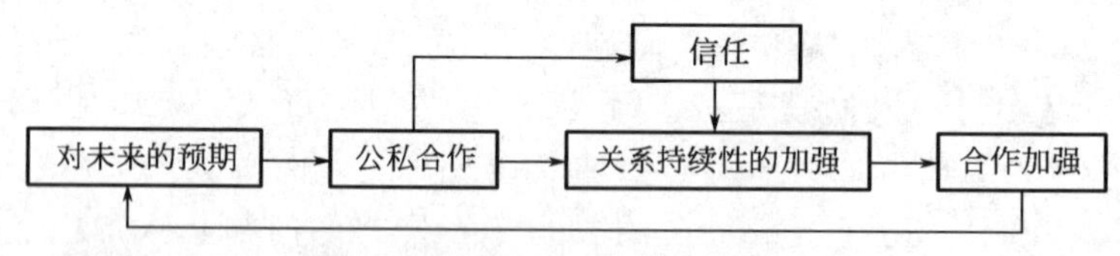

图 4-1　合作与信任的良性循环

人际关系中情感的成分常常无法与经济理性全然分开。一方面，面对风险固然会设计各种治理机制、预警机制以保障交易安全；另一方面，信任是一种心理的偏见，忽略风险的存在，而不需要制度设计以保障安全，这时交易对方的善意至关重要，一个保持善意的合作者会在这些制度防护欠缺时仍不会采取机会主义行为。因此，过多的合约、成队的律师、紧密的监督流程以及检查制度都变得十分累赘，而无须浪费交易成本去设计或执行这些制度。如 Macauley 在长期观察合约的执行时就指出，多数合约其实是不完整合约（Incomplete Contract），而在交易后监督行为中，即使交易一方有违反合约的行为，另一方也很少会立刻诉之于法律解决，多半会保持善意，以私下协商的方式解决。即使合约订得清楚也往往是备而不用，尽量以善意取代昂贵的律师诉讼费用。因此信任关系的建立可以成为治理结构的一部分，而使交易成本降低。

4.2.1　对信任的理解

信任的概念源于心理学，学术界对信任有大量的研究，且扩展到很多领域——伦理学、法学、社会学、经济学、管理学等。对信任的理解也因领域、角度和着眼点的不同而不尽相同，以下是不同学者对信任的理解。

Sabel 认为相互信任就是合作各方都坚信，没有一方会利用另一方的脆弱点去获取利益；Mayer、Davis、Schoorman 认为相互信任就是尽管一方有能力监控或控制另一方，但却愿意放弃这种能力而选择相信另一方会自觉地做出对己方有利的事情。

在威廉姆森对人性的预设中，机会主义（Opportunism）与有限理性（Bounded Rationality）是造成交易中会有交易成本的行为假设。然而，格兰诺维特却指出：人性中的善（Good Will）可以有效遏止机会主义。在经济交易中双方对善意的期待会使交易中很多无法用制度与合约规范的行为仍顺利运行，因此减少了交易纠纷，增加了交易的满意，甚至交易发生意外损失时都可能由双方共同负担。这种对善意的期待如果获得满足，就会促成更多的社会交换，每次交换中的期待都得到满足，便产生信任并期望长期维护这种关系。

罗家德、叶勇助指出：以信任关系作为交易的必要条件，产生交易是人类自然的行为，行之甚久，当信任关系不存在、不稳定或不宜建立时，制度设计才用来降低交易风险。

翟学伟认为，因为社会失去信任，就得建立苛刻的处罚机制，人们不愿意受罚，又会维持彼此的依赖，维持住彼此的依赖又被定义成该社会具有良好的信任，并且还有望达到普遍信任的水平。反过来说：普遍信任水平越高，暗含着该社会的处罚机制越完备；社会处罚机制越完备，又意味着该社会缺少信任。一个社会也不一定非得具备信任，它可以有信任，也可以没有信任，因为只要有约束机制存在，社会依赖性就在；社会依赖性在，即使缺少信任，也不至于解体，只不过社会运行的成本不断增加罢了。

没有哪个个体可以脱离群体成为单独的个体，也没有哪个群体可以脱离信任，而仍然繁荣的发展下去。没有任何东西比信任更加具有重大的实用价值，信任是社会系统的润滑剂。良好的信任带来合作的高效率与高成效，降低交易费用与监督费用，增加合作关系的灵活性，这是合作者的愿望。前人的研究也证实了高度的信任可以带来高度的合作效率。

信任的缺失会导致运行成本不断增加。运行成本作为 PPP 项目的重要指标之一，如果不断增加的话，公私合作将失去它存在的意义。信任关系是决定交易成本的重要因素，所以信任关系会改变治理结构的选择，少了起码的信任，任何经济行为都无法顺利完成。

4.2.2 PPP项目中信任的特点

从PPP项目的角度来看，信任具有以下特点。

(1) 信任是必不可少的　即信任是PPP项目成功的有力保障。

(2) 信任是有程度区别的　即从完全不信任到完全信任，有着程度上的差别。

(3) 信任是有边界的　如Kumar指出，很少有全方位的信任关系。合作方可以在一些方面选择相信合作伙伴，但在有些方面却选择不信任。与合作方打交道，工作人员应该明白哪些信息、技巧和技术需要保密，哪些可以共享。在PPP项目合作中，制定合理的信息与技术共享协议及对知识产权、技术商业秘密的保护协议，不仅可以保护公私双方的利益，而且能发展高度信任的机制、避免可能发生的冲突。

(4) 信任具有经验性　即合作一方会在以往直接或间接的经验基础上来选择可信任的另一方。

(5) 信任的不对称性　即当信任双方的信任程度不同时，信任就具有了不对称性。可能一方是既值得信任又信任对方；或者是不值得信任但信任对方的；或者是值得信任但不信任对方的；或者是不值得信任也不信任对方的。

(6) 信任的感染性　即当合作一方信任另一方时，另一方可能因为对方的信任而做出值得信任的行为；相反，如果一方不信任另一方，另一方很可能采取制裁或者报复行为而取消对对方的信任。

(7) 信任的建立与消失在速度上是不对称的　公私之间信任的建立既需要时间，也需要成本。信任的成本不仅包括合作双方不利用机会主义行事的机会成本，也包括负责任或履行义务时的成本。尽管公私间的信任是逐步建立的，但却可以在短时间内迅速消失，而且一旦信任遭到破坏，重新建立则需要相当长的时间及更高的成本。

(8) 信任是长期博弈的结果　任何市场交易都包含一定程度的信任，但持续的信任是在人们不断交往和不断重复交易的过程中产生的。如果合作方的交易是一次性的，机会主义行为就不可避免，因为合作方只关心一次性的支付。只有在重复的博弈关系中，以信任为基础的合作才有可能真正建立起来；只有当违约方所得的短期利益与其长期损失无法相当时，合作才是均衡选择，才是可自我实施的。不论最初的信任是建立在什么基础之上，信任只有随着信任本身的不断被使用才有可能增加。因此，信任既是合作的前提与基础，也是合作的结果。

(9) 根据信任在组织研究中的不同作用　信任可能是自变量，也可能是因变量或者调节、中介变量。

4.2.3 传导理论研究现状

国内外学者对传导理论的研究主要集中在货币政策传导、金融传导、知识传导、风险传导等领域，特别是对货币政策的传导，详尽分析了货币政策传导的途径以及提升货币政策传导效率的方法。

4.2.3.1　货币政策传导

国外学者认为货币政策传导途径有货币途径与信贷途径。货币途径观认为金融资产只包括货币和债券，银行贷款属于债券的一种，债券和贷款之间可以相互替换，投资水平和产出通过利率传导机制被货币政策所影响。信贷途径观认为金融资产除了包括货币和债券，还有银行贷款，且银行贷款具有特殊性，债券不能与其替换，通过银行信用影响局部投资水平的是货币政策，从而影响产出。

货币政策传导影响因素的研究有：Mish kin 以货币政策传导机制如何通过资产定价影响经济为重点，研究了货币政策传导机制。概述了货币传导机制如何通过股票价格、房地产价格和汇率影响的企业和家庭的投资和消费决策。Tanaka 分析了银行资本充足率监管对货币政策传导机制的影响。使用一般均衡模型框架和代表性的银行，提出了如果银行资本不足或者资本充足要求极为严格，货币政策传导机制被削弱。Melbourne、Haan 使用 SVAR 方法评估中欧和东欧未来的欧盟成员国的货币政策传导。使用切凯蒂方法检验在多大程度上这些国家的货币政策传导与金融结构指标相关。研究结果表明，央行较弱势的国家对货币政策的变化的反应更为强烈。

西方学者认为利率渠道是货币政策传导机制的关键变量，是其他渠道的基础。关于货币政策传导的信用渠道，Wagner、Marsh 研究经济体内源性融资（包括银行和非银行机构）信用风险转移。发现银行体系内的信用风险转移比从银行向非银行的信贷风险的转移更有利。监管机构应采取行动通过有利的跨部门的总信贷风险转移的工具鼓励最大化信用风险转移带来的利益，推导出对于非银行金融机构的银行最优的监管方式。

Kaminski、Reinhart 首次研究了危机通过某种传播渠道传导、溢出的根本原因的实证研究。文章假设在没有金融部门的影响的情况下，基于基本面的传导的方式，探究了传导双方之间在传导过程中的联系，以及传导的影响因素，跨区域和时间评估了传导的概率。研究了国际银行贷款和跨市场套期保值的潜力在危机传播中的双边和第三方贸易中的作用。

4.2.3.2　金融传导

国外专家学者从制度因素在金融制度中的变迁、金融传导中金融要素变化的影响、金融传导的因素受金融结构变化的影响、环境条件及宏观经济政策对金融传导影响等方面研究金融传导、金融衍生工具庞大的乘数效应及其“高杠杆性”以及国际金融市场上金融传导中国际资本移动中所产生的资金。

4.2.3.3　知识传导

Nonaka 提出了经典的知识创造螺旋模型，他提出把组织知识创造看作是个体所积累的知识被内在化和扩大化并转化为组织知识库的一部分这样的动态过程，即“知识运用—知识获取—知识组织—知识发散”的转移过程；Gibert 和 Cordey Hayes 提出了一个五阶段，分别是获得、沟通、运用、接受与吸收的知识传导模型；Dell 和 Gratson 提出了三要素的知识传导框架：促进因子、价值定位、变革流程三个主要构成部分的最优实践传导模型。

4.2.3.4　风险传导

邓明然教授、谢科范教授及其团队系统的对企业风险传导做了专门的研究，突出的理论研究成果有：提出了基于风险传导机理的风险控制的新思路、研究了风险在企业内部的动态传导规律、揭示了风险传导的特征、对企业风险的传导路径作了分析、企业风险传导的途径、方向、强度等特征、构建了信息在营销系统中的传播线路图、信息风险的传导机理图以及营销系统中信息风险传导的数学模型、财务风险传导的三种风险传导载体、提出了战略风险传导的方向、时间、强度以及复杂性原理，运用古诺特模型博弈分析了战略风险传导效应、提炼出企业风险传导常见的五个重要介质、总结了企业风险传导的基本特征、界定了企业理财系统风险传导的概念，揭示了企业理财系统风险传导机理。沈俊从传导来源、传导层次、传导载体、传导速度、影响程度和可控性等多维角度对企业财务风险传导进行了分类。陈志阐述了风险传导的关键要素及其之间的逻辑关系，通过对风险流迸发的过程和风险子系统形成过程的分析，探究性地用数学方法来分析企业风险传导规律。李刚认为供应链风险传导包括风险源、传导介质、传导节点、风险接受者四个基本构件，供应链风险传导的基础是各种风险源，风险传导的路径有链式、辐射式、集中式与交互式，传导的结果包括风险中断、风险释放和风险转移。

传导理论在信任中的应用并不多见，但在 PPP 项目中，公私因信任而合作，又在合作中发展着相互的信任关系，因此，PPP 项目中的信任具有传导性。

4.2.4　PPP 项目合作过程的博弈分析

为揭示 PPP 项目的重复合作中信任传导机理，以及信任度对公私双方在合作中的决策影响，简便起见，将整个 PPP 项目合作过程分为初始信任和持续信任两个阶段，假定公私双方在初始信任阶段的合作关系为 R_1，之后持续信任阶段的合作关系为 R_2。

两个行为主体之间的合作关系其实是一种博弈决策过程。在一些一次性的合作活动中，参与方从“合作”和“不合作”两种行为中进行选择，如果选择合作，假设双方都获得收益 10；如果双方选择不合作，双方收益均为 0；如果其中一方合作而另一方不合作，选择合作的一方的信任将被对方利用，信任方因受骗而亏损 5，另一方因投机行为而获得超额收益 15。交易只进行一次，即双方都没有与对方继续合作的动机。从这个博弈模型得知，该博弈的纳什均衡并不是双方相互信任，而是双方都选择不信任决策。由于没有建立信任，最终双方均没有得到收益。

而在 PPP 项目中，公私合作具有阶段性和长期性，不断重复的博弈过程使得上述不合作的结局必须得到改观。对重复博弈加上一个不确定因素 α，它表示博弈是以 α 的概率重复进行的，而 α 取决于先前博弈的满意度，$\alpha \in [0, 1]$。从完全理性的角度出发，只要合作的潜在价值超过不合作所带来的短期收益，公私双方非常愿意采取合作的策略，即在满足 $10/(1-\alpha) > 15$ 的条件下，公私都愿意选择信任对方，进行合作。

从上述分析中应当注意的是，重复博弈中即使满足 $10/(1-\alpha)>15$ 的条件，合作也未必能够发生，该条件仅是合作产生的必要非充分条件，而不是充要条件。

4.2.5　PPP 项目中的信任度

张毅、邵新宇和邓超运用博弈论分析了企业的合作过程，提出了企业合作的信任度概念，研究了信任度对企业决策的影响，指出了企业合作的充要条件是企业间的信任度必须大于最小的“信任度”。

鄢章华、滕春贤和刘蕾以供应链信任关系为研究对象，探讨供应链信任关系在供应链网络中传递并逐渐达到均衡的过程，沿用信任度的概念对供应链成员企业间的信任关系进行定量刻画，通过对取值的拓展，使刻画更贴近现实；基于社会网络理论分析并设计不同信任氛围下信任的传递机制和叠加机制，利用网络均衡理论和极限的思想建立信任均衡模型，对供应链信任均衡进行求解，并对解的稳定性进行分析。

基于以上多位学者的研究，可以假设公私合作关系中的一方认为对方在第一阶段博弈中选择合作策略的概率为 q_1，$q_1\in[0，1]$，这样 q_1 就可以解释为公私之间的“信任度”。在 PPP 项目中，第一阶段博弈选择合作策略的期望值 V（合作）和选择不合作策略的期望值 V（不合作）分别为：V（合作）$=q_1[10/(1-\alpha)]+(-5)(1-q_1)$；$V$(不合作)$=15q_1$，则公私双方想要实现合作，就需要满足：$V$(合作)$>V$(不合作)，即 $q_1>-5/[15+(-5)-10/(1-\alpha)]$。因此，公私间产生合作必需的最小“信任度”为 $q_1^*=-5/[15+(-5)-10/(1-\alpha)]$。

只有当公私间的“信任度”大于最小“信任度”时，即 $q_1>q_1^*$ 时，重复博弈过程中才能产生合作，因此 $q_1>q_1^*$ 是公私成功合作的充要条件。实际上，$10/(1-\alpha)>15$ 是 $-5+q_1[10/(1-\alpha)-15-(-5)]>0$ 在 $q_1=1$ 时的特例，这时信任程度为“完全信任”。

4.2.6　PPP 项目中的信任传导

根据初始信任阶段合作关系 R_1，同理可以得到之后持续信任阶段的合作关系 R_2。假设如果选择合作，双方都获得收益 100；如果双方选择不合作，双方收益均为 0；如果其中一方合作而另一方不合作，选择合作的一方的信任将被对方利用，信任方因受骗而亏损 50，另一方因投机行为而获得超额收益 150。

由于在 PPP 项目中，不同阶段合作对象不变，因此合作关系存在关联性，即公私间的信任评价可以从先前合作关系中转移到后面的合作关系中。为了考察 PPP 项目中的信任传递，假定公私合作中第一阶段博弈中均选择合作策略的可能性为 q^L（两种相互关联的合作关系中信任度的加权平均值）。并假定先前合作关系中信任度在这两种合作关系的相对权值为 δ，$\delta\in[0，1]$，则 $q^L=\delta q_1+(1-\delta)q_2=\delta+(1-\delta)q_2$（由于公私间在先前阶段的合作关系已发生，因此 $q_1=1$，此表达式中 q_2 表示现阶段合作关系中的信任度），这样 δ 表示公私合作关系的“关联度”。

当前后合作关系相互关联时，公私博弈中选择合作策略的期望值 V（合作，合作）和选择不合作策略的期望值 V（不合作，不合作）分别为：V（合作，合作）$=q^L[(100+100)/(1-\alpha)]+(1-q^L)[(-100)+(-100)]$；$V$（不合作，不合作）$=q^L(150+150)$，此时的合作条件为：$V$（合作，合作）$-V$（不合作，不合作）$>0$，可得相关联的合作关系中最小“信任度”为 $q^{L*}=(-100)+(-100)/\{(150+150)+(-100)+(-100)-[(100+100)/(1-\alpha)]\}$。再将 $q^L=\delta+(1-\delta)q_2$ 代入上式，可得最小“关联度”为 $\delta^*=[1/(1-q_2)]\{(-100)+(-100)/[(150+150)+(-100)+(-100)-(100+100)/(1-\alpha)]-q_2\}$。即当 $\delta>\delta^*$ 时，公共部门和私人部门在先后阶段关系中均选择合作策略。

PPP 项目中存在初始信任。所谓初始，是指有关各方初次发生联系的阶段，即双方形成“合作体”时的信任关系。初始信任对信任的形成和演变，以及对控制战略选择的影响已引起了学术界的关注。在 PPP 项目生命周期内，信任是一个不断演化的过程。在“合作体”形成、建立以及运行的不同阶段，随着合作方对对方了解和认识的加深，信任水平及功能也在不断发生变化。

PPP 项目合作关系中存在着一种信任关系的信号传递，这种信任关系的传递提高了现有的合作关系中参与方之间的“信任度”，促使了公私合作的产生。由于重复合作的关联性和参与方之间信任度在重复合作中的信号传递效应，所以合作方先前建立的合作关系对后期关系具有正激励作用，使得合作方后期合作关系发展。

4.3 PPP 项目信任机制

PPP 项目中，公共部门与私人部门基于相互的信任而进行合作，并在合作的过程中继续发展相互的信任关系。相互信任既是公私合作关系互利互惠的需要，也是伙伴关系顺利发展必不可少的途径，因此建立公私间的相互信任关系至关重要。

公私合作关系面对的不确定性有两种：一是对未来可能发生事件的不确定性；二是合作参与方对这些未知事件可能做出的不同反应的不确定性。正是在这种双重不确定的环境下，信任就成为 PPP 项目成败的关键因素。建立信任机制，远比事前预测、利用权威或进行谈判等手段能够更快、更经济地减少公私伙伴间的复杂性与不确定性，进而改善 PPP 项目合作绩效。

4.3.1 合作关系中的信任分类

不同的学者依据不同的视角对信任进行了分类，在经济学中信任被界定为是一种以互惠为基础的基于理性选择的结果。心理学家和社会学家往往在研究信任时，加入了人的心理特征和社会关系等因素，对信任进行了分类。

Zucker 综合了经济学和社会心理学的观点，把信任分成了三类，分别是：基于制度的信任，即来自于以对不法的行为进行惩处为特征的法律和金融体制，一方相信交易环境中存在的正式制度具有较强的约束力；基于过程的信任，这种信任来自于过去双方的交往以及声誉，相信对方不会采取机会主义行为去破坏信誉；基于人格特质的信任，主要来源于种族以及家庭关系，这种情况下也不会去轻易破坏信任。

McAllister从社会心理学的角度，提出了两种类型的信任，包括对于另一方能力方面信任的认知型信任和来源于社会心理方面契合的情感型信任，其中认知型信任的产生主要是来源于先前的历史记录，情感型信任存在很大部分是由于存在感情方面的因素。Lewicki依据信任产生的不同条件将其划分为三个类型：谋算型、了解型以及认同型信任。

在前人研究的基础上，寿志钢等参考了社会学和经济学中的模型，把信任划分为三类：计算信任、能力信任以及善意信任。计算信任是指可以通过某种方法来判断对方不会采取机会主义行为，由此带来的对对方的信任；能力信任是指对方具备的某些方面的特殊能力、技术等提高了完成目标的可能性，由此带来的信任；善意信任是指相信对方会追求共同利益和相互合作而不会实施机会主义行为的积极信念，由此带来的信任。

4.3.2　产生信任的途径

根据Zucker、Doney等学者对信任生成的研究，得出以下5个产生信任的途径。

（1）计算途径　合作一方通过计算对方欺骗或诚信的成本和收益来确定是否信任对方。当欺骗的好处不超过被抓住的成本，那么即使出于自身利益也不会欺骗对方，对方就会认为自己是可以信任的。合作双方关系开始时都要考虑他们相互信任的性质、相互信任中的得失、风险因素和不利影响。所以合作双方信任一般认为是通过这种途径开始建立的。通过这种途径建立信任，守信和失信的收益成本都必须很明确，信任方必须考虑并确定对方机会主义的成本大于其收益。信任方一般假定被信任方是不断寻求自利的个体，总是寻求净现值的最大化，所以不可能自发地值得信任。

（2）预测途径　计算途径并不能完全确定对方是否一定守信，这还要根据对方过去的所作所为进行预测。对方过去行为的一致性和言行差异的程度能极大影响对其行为的预测和判断，从而影响对对方是否信任的决策。通过这条途径建立信任要求对对方过去行为信息的了解和掌握，只要对方行为是可以预测的，那么就越有可能建立信任关系。当一方有信心根据自己能力对对方将来行为进行精确预测，那么就可以信任对方。

在PPP项目中，代表政府的公共部门的信任度理应是无需置疑的，但现实中的种种实际情况让政府信任面临危机。通过将权力按照职能和职位进行分工和分层、以规则为管理主体的科层制是一种效率高于一切的组织模式，形式上的理性使政府组织往往忽略社会公众的需求，而公众的自我意识却日益增强，使得公众与政府之间的关系日趋紧张。多元化的社会需求以及大众传媒的迅速发展，对于提高政府行政能力提出了更高的要求。从本质上说，危机来源于风险的长期失控，是风险聚变的直接结果，政府作为社会结构中的基础组成，它自身存在的风险（如能力风险、道德风险、公众认知风险等）更应该得到重视，以通过早期控制化解政府信任危机。

（3）动机途径　在动机途径中，对另一方意图的理解将影响自己动机。通过动机途径建立信任就是理解对方言行并努力按对方的意图行事。一般而言，自私动机不会导致信任，利他动机才可能形成信任。同时，善心也有利于此类信任的建立。通过动机途径建立信任的关键是要确立交易中对方的意图是善意的。当合作双方存在共同的价值观和规范时，善意的意图则能较好地理解和估计，比如对方的责任感与合作精神、公平意识、互惠意识等都能说明对方是值得信赖的。这类信任的核心是双方存在共同的观念，愿意以对方而不是自己利益为重。

（4）能力途径　信任方之所以信任他人是因为认为他人具有履行义务的能力，即能力途径。这里能力是指“在某些特定领域使一方能产生影响的技术、能力、品质等的集合”，技术上的能力可以认为是信任产生的先兆。由于被信任人技术能力的保证，信任人相信他能做出合意行为。此类信任关键在于受信方是否具有做出期待行为的能力。当人们知识悬殊太大时，就更容易尊重别人的资历、专业知识和成就，信任也就更容易产生。PPP 项目中私营部门要有一定的资质、能力、技术等，才有获得特许经营权的可能。

（5）转移途径　信任也可以通过转移途径来建立，即信任者可以把对被信任者的信任转移给第三方。换个角度，也就是第三方（即先前的信任者）对对方的描述可以作为自己和对方建立信任关系的基础，这又被称为是信任的扩展。信任可以通过转移途径从一个可靠的第三方转移到以前很少或从未有过接触的两个新交易对象。通过转移途径建立信任，要求信任者有能力识别转移渠道的可靠性并与熟知的和不熟知的一方建立联系。

4.3.3　信任生成的关键要素

参考生成信任的途径，信任可从以下 6 个方面来构建。

（1）提高声誉　这是通过预测途径生成信任，因为信任往往会与合作方过去的行为相联系，而声誉正是一个合作方的历史记录，声誉信息的存在和传递，会改变人们的预期，并且最终会影响行为的选择。如果合作方在过去的交往中形成了自身良好的声誉，那么它的合作对象会依据它的声誉来预测未来的行动，声誉良好会给合作方带来信任，会增加合作的可能性；如果声誉差，合作的过程中必然要加强监控，这样会增加不必要的成本，也会降低工作效率。

（2）及时沟通　无论是通过哪种途径生成信任，沟通都是必不可少的。沟通是合作双方通过正式或非正式的途径进行及时有效的信息交流共享，及时有效的信息交流会加强双方之间的了解程度，降低不必要冲突发生的可能性，有助于合作双方形成一种相互信任的氛围。

（3）提高服务能力　这是通过能力途径生成信任，服务能力是指与合作内容有关的生产、管理、技术知识或专业能力等方面的能力，也就是为完成合作双方任务的工作能力。服务能力越强，在合作中潜在的风险就越小，双方达成目标的可能性就越高，而风险的降低有助于双方之间信任的生成。

（4）建立关系网络　这是通过转移途径来生成信任，PPP 项目中的关系网络可以传递信任，使原本没有过合作的两个合作者之间也可以建立信任，而且这种信任具有较强的说服力。建立关系网络类似于通过提高声誉进而生成信任。

（5）合理解决冲突　这是通过了解和预测途径来生成信任，在合作双方的合作过程中，项目的直接执行人员因为频繁接触可能会出现多种类型的冲突或矛盾。冲突解决方式对于信任有非常大的影响作用，Nelson 总结了三种冲突解决方式，包括综合的冲突解决方法、相容的冲突解决方法和妥协的冲突解决方法，其中综合的解决方法主要用于一般情况下的冲突，相容和妥协的方法主要用于相对严重的情况，对于不同的情况要有不同的处理方法，最大程度上达到双方都满意。

（6）资源共享　这是通过预测途径和动机途径来生成信任，资源共享是使合作双方团结在一起的纽带，是一种承诺，通过资源共享可以加深双方之间的了解程度，平衡双方之间的信息误差，有利于双方之间信任的生成。

4.3.4　初始信任与持续信任

信任具有传递性，前阶段的合作情况会直接影响到后阶段的合作选择即结果。信任是一个动态的过程，信任应当被认为是过程导向而不是产出或投入导向的概念。根据 Jae-Nam lee 观点，将信任按动态过程分为初始信任和持续信任。

对于初始信任，Jae-Nam lee 认为它是一方的积极信念，在没有任何另一方第一手信息和经验的情况下认为对方会执行将带来有益成果的行为；Oza 等认为初始信任是合作关系还未建立之前双方达成的信任。初始信任是双方开始接洽一直到合约签订之前，在此阶段获得的信任。PPP 项目中公共部门与私人部门之间的交往需要初始信任，否则就不会有合作的发生。

对于持续信任，Jae-Nam lee 认为持续信任是一方在交易关系中对伙伴可靠性和诚实的积极信念，它们来源于对伙伴实际交往的观察；Oza 等认为持续信任是合作关系建立之后双方在交往过程中达成的信任。

在 PPP 项目的不同发展阶段，影响信任生成的要素可能存在不同。例如，在初始阶段，可能侧重声誉、服务能力等要素，在持续阶段，可能更侧重沟通、知识共享、冲突解决等因素；在初始阶段，可能更多的是计算信任和能力信任，而在持续阶段，可能更多的是善意信任。在不同阶段，不同的要素会引起不同类型的信任的产生，不同阶段的影响关系如图 4-2 所示。

在合作前阶段，信任者会相信被信任者的行为是有利的和可靠的。被信任者有能力、有动力践约，并且法律和名誉机制都会阻止失信。由于公共部门与私营部门的内在文化、价值观、能力都不尽相同，双方都要尽可能收集对方信息，以便更好地了解对方。经过信息收集过程后，谈判是必不可少的，谈判成功的结果就是形成契约。在这个阶段，交易双方的信任以计算型信任为主，当然有时也包括双方彼此通过信息收集形成的少部分了解型信任；在交易实施阶段，双方都会派出执行人员，

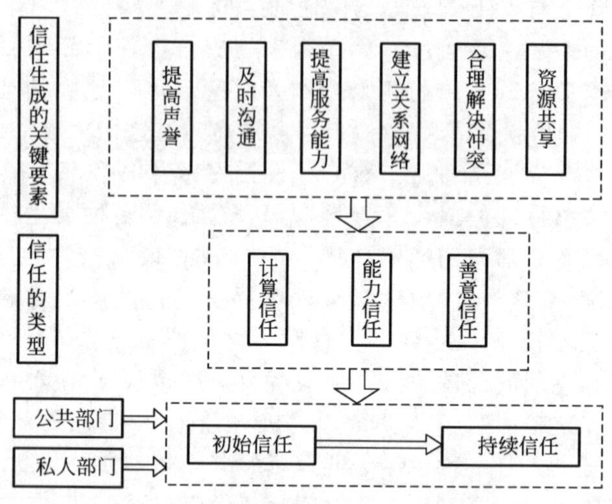

图 4-2 不同阶段影响信任的要素关系

按规定的方式履行交易。在这一阶段各方因与对方接触多而能较多地彼此了解。理解和预测对方思想和行为的能力大大提高，彼此了解型信任增强，不确定性大大降低。在交易实施过程中双方据以执行的交易系统或规则作用很突出，它决定了双方彼此了解的质量；在交易完成后，进入交易后阶段，交易双方都会对交易对手信任进行整理和评估，这又能很好地增进彼此了解，计算型信任的作用退居其次，对对方利益认同增加，情感联系加强，认同型信任作用加大。

通过以上对PPP项目中信任的分析，以及不同阶段信任产生的基础的分析，信任关系可以从以下几个方面进行构建：交易积累、可信承诺、建立共识与网络构建，如图 4-3 所示。

(1) 交易积累　要求关系双方把交易视为信任积累的过程，信任的建立过程是一个对对方的观点不断改善的过程，随着交易次数的增加，如果双方有建立长期信

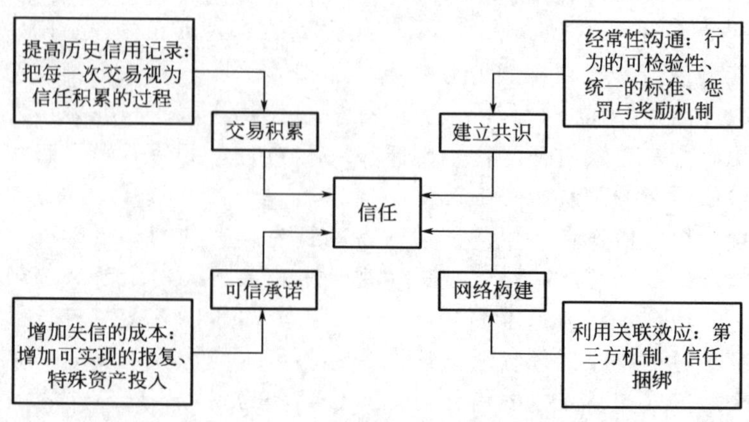

图 4-3 信任构建模型

任的意愿，那么信任也会逐渐增加，交易成本也会趋于降低，信任与合作效果之间形成正反馈效应的良性循环。

(2) 可信承诺　做出承诺的一方背叛信任关系后，会有实际的成本发生，有从守约到违约的转换成本。例如，如果双方因为建立信任关系，都做出了实际的改变，可能是生产与管理流程的改变，可能是特定资产的投入，也可能是把自身的脆弱性向对方的暴露，那么违反承诺后的成本就会增加，这样有利于维持信任关系。

(3) 建立共识　是指对前景有一致的看法，对违约的判定有清晰的标准，对惩罚与奖励有共同的约定。在这里要强调经常性沟通的重要性，因为公私之间发生一些偶然的误解甚至误会是在所难免的，而这些问题如果处理不好，会导致信任关系的破裂，这需要有一个健全的沟通机制，对这种趋势加以校正。

(4) 网络构建　与具有高信任声誉的组织合作可以实现信任捆绑，显著增强本组织的可信任性。信任具有传导性，例如一个私营部门和另外一家受人尊敬的企业有合作关系，就可以增加本组织的可信任程度。所以组织可以利用这种传导机制，发挥信任网络的作用；也可以利用第三方机制建立信任，这种方式对于新建企业尤为重要。

4.4　本章小结

本章对 PPP 项目合作治理做了研究，阐述了关系契约与合作治理的逻辑关系，以及关系契约与信任的逻辑关系。信任机制是关系契约中的重要机制之一，本章进一步探讨了 PPP 项目信任机制的建立。信任在公私合作中的重要作用决定了研究信任产生机制的意义，公私间信任的产生具有合理的方向，进而才能触发并促进公私合作关系的效率与绩效。

第5章 PPP项目合作治理与合作绩效

5.1 合作治理与合作绩效的逻辑关系

5.1.1 PPP项目合作绩效

绩效（Performance）一词最早来源于人力资源管理、工商管理和社会经济管理方面。“绩”就是成绩，“效”就是效率、效益。普雷母詹德认为“绩效包含了效率、产品与服务质量及数量、机构所做的贡献与质量，包含了节约、效益和效率”。绩效的内涵比效益、效率的内涵更加广泛，所指的不单纯是一个政绩层面的概念，也不仅仅是工作态度、工作过程的范畴，它包括资源支出成本、支出效率、经济性与效果性、政治稳定、社会进步、发展前景等内涵。

合作绩效从字面意义上来讲就是合作伙伴间经过合作而获得的效益。具体来讲合作绩效就是企业间在参与合作之后获得的经济性或非经济性的效益，它是一个综合性指标，可以用来衡量企业绩效同合作满意度。

“合作绩效”、“项目绩效”、“合作关系满意度”以及“成功合作”在近年来的工程项目合作研究中，尤其是与伙伴合作相关的研究中是出现十分频率的词汇，良好“合作绩效”的合作，即所谓“成功合作”是同时获得预期的项目绩效与满意的合作关系的集合，因此成功合作的评断可以通过定量的项目绩效指标与定性的合作关系满意度指标来共同加以度量。

由绩效与合作绩效的定义，PPP项目合作绩效应当是结果与行为过程的统一。PPP项目的合作绩效体现在：全寿命周期内整个建设过程的表现、效果和效率。在实践中，有许多因素影响着PPP项目的合作绩效，这些因素并不是单独影响着PPP项目的合作绩效，而是很多因素共同影响着PPP项目的合作绩效水平。项目的结果绩效为工程项目在一定时期内项目经营效益和项目管理者的成绩，项目的过程绩效指工程项目为取得这些效益和成绩的一切经营活动过程的效率。

5.1.2 合作治理与公私合作关系

公私合作伙伴关系的兴起，可以说是公共服务民营化的产物。按照民营化大师萨瓦斯的观点，公共服务民营化或公私部门伙伴关系建立的理由与必要性缘于政府在公共服务上存在的诸多限制与问题：生产和服务的无效率；公共产品和服务质量的低下；亏损和债务；对顾客的需求缺乏回应性；顾客缺乏必要的选择权；公共资产和公共资源未能得到充分的利用或者利用效益不佳；公共设施维护质量低下且资本投入严重不足；政府官员的贪污和腐败等。政府在公共服务供给上的失灵与不足，使越来越多的人认识到：政府的角色应该重新界定和调整，即政府应该从公共产品和公共服务的直接提供者和生产者，转化为公共产品和公共服务的购买者和管制者。也就是说，政府应该依赖非传统的服务供给机制来提供和传输公共服务。人们认为，私营部门所存在的强有力的诱因机制和第三部门在公共生活中的公益优先的行动理念，使公共服务的提供能够更有效率、质量更高并且更具回应性。因此，通过公私部门共享治理权力，也就是通过公私合作伙伴关系的建立来改善公共服务的传输和服务品质，便成为世界各国政府改革的一个重要策略选择。

关于公私合作关系，学者们有各自不同的理解。Harding 认为，公私合作关系指在公私部门中、许多依赖参与者同意并足以改善经济及生活品质的行动。Stuart Langton 认为，公私合作关系指政府、企业、第三部门及个别的公民在追求实现社群需求上共同合作与分享资源的伙伴关系。Stephenson 认为，公私合作关系即政府与私人部门间一种动态的互动关系。Stratton 认为，公私合作关系是企业、第三部门及政府三者同心协力应对风险、分享资源及技术，使每一位参与者与社区同时获利的合作关系。中国台湾学者吴英明认为，公私合作关系系指特定事务的参与者形成一种不属于政府也不属于私部门，而是属于公私部门结合而成的关系，其参与者对该事务的处理具有目标认同、策略一致及分工负责的认知与实践，且双方为了共同的目的，彼此信任。

5.1.3 合作绩效评价与合作治理的逻辑关系

（1）合作绩效评价与合作治理的价值相关性　合作治理作为一种新的治理模式表现为社会多元主体的一种自愿合作，是在自身需求下做出的一种选择。而在我国相对于根据新公共管理运动而兴起的地方绩效评估更多地体现为一种为评估而评估的状态。正由于此，各方充满了对绩效评估的怀疑。批评者认为我国现有的评估机制更多地表现为评估的上级部门进行单方面的评估或者虽然引进大众对合作的评估但实际更多的流于形式。还有批评者认为现有的评估指标不够科学，评估指标不易为社会大众接受。而多元主体的自愿参与能够使地方政府绩效评估更为客观，结果更能被政府和社会大众所接受，同时增强社会大众对政府的信任感。

（2）合作绩效评估对合作治理的检验作用　合作治理是由于原有的单一主体、单一行政区或单一方式无法应对社会出现的复杂新问题而诞生的。合作治理改变了政府的传统角色和地位，使原来政府的层级界限日趋模糊，改变了政府和其职员之间的关系，同时它也使政府与公众之间的关系得到了重新的建构。但是合作治理本身是带有缺陷的。在实际的治理活动中，应针对性地加以改进，走出合作治理中的困境，从而使合作治理更好地发挥作用。合作的绩效评估就是检验合作治理是否有效的重要依据。有效的合作治理必然在绩效评估中带来多元的评估主体、科学的评估指标体系以及良好的社会、政治和经济效益。

（3）信任与合作绩效的关系　信任是合作的基石，因此，公共治理的多元主体应该互相尊重和相互信任。合作治理涉及多方利益，合作过程中的不确定性和复杂性往往会阻碍合作的进行，而信任和承诺作为减少不确定性和复杂性的机制，不仅是合作伙伴关系形成的基础，也是合作双方合作行为发生的前提和保证。正如 Moorman 等、Morgan 和 Hunt 指出信任是相信并依赖交易伙伴的一种意愿，是维持合作关系连续性的关键；承诺是合作双方获取有利结果的关键，是保持长期伙伴关系的驱动因素。

信任对合作绩效的影响是多方面的，其主要表现在以下三个方面：第一，Hagel 和 Singer 用互动成本（Interaction Cost）来确切地表达企业间的交易关系，互动成本既包括了交易成本，也包括了企业间的信息（知识）交换成本，企业会采取互动成本最小的方式达到自己的目标，在交易成本一定的情况下，企业间的信任程度越高，则企业间的交换成本就会越低，从而使互动成本越小，这样就提高了交易成功的可能性，有助于企业盈利能力的提升；第二，合作伙伴的信任关系是相互间共享或交易知识的必要条件，在信任的环境下成员企业可以根据这些共享的知识实时创新产品，提高竞争优势，从而对市场变化做出积极反应；第三，相互信任是企业间长期合作的基础，也是维持伙伴成员关系持续性的关键因素。另外 Johnston 等、Panay-ides 和 Venus Lun 的研究也分别指出了信任对合作关系及合作绩效的正向影响。

（4）承诺与合作绩效的关系　近年来有学者用关系承诺来具体描述交易双方的心理契约，如 Lagace 等认为关系承诺即买卖双方产生的信任以及由此关系产生的心理契约；Moorman 等认为关系承诺是买卖双方维持未来有价值关系的倾向；Goodman 和 Dion 也有类似的看法，认为关系承诺是存在交易关系的一方期待维持和巩固该关系的意愿。借鉴上述学者对关系承诺的研究，可以发现关系承诺的内涵在于以长远的眼光来看待交易双方的关系，结合研究内容，将关系承诺视为在合作关系中，成员间愿意牺牲短期利益以维持长期关系，努力保持和发展合作的持续伙伴关系。

Fynes 等在研究供应链关系质量对质量绩效影响时指出，信任、关系承诺是关系质量的重要内容，并验证了关系质量对质量绩效有显著正向影响，意味着关系承诺对质量绩效也存在正向的影响；Ramaseshan 等实证研究结果表明关系承诺对战略绩效有显著的正向影响；Yang 等实证研究结果显示关系承诺对供应链联盟绩效有显著的正向影响。可见，关系承诺是合作关系形成和维持的关键要素，将会对合作绩效产生显著的正向影响。

总结以上论述，可以构建合作治理与合作绩效的逻辑框架（见图 5-1）。

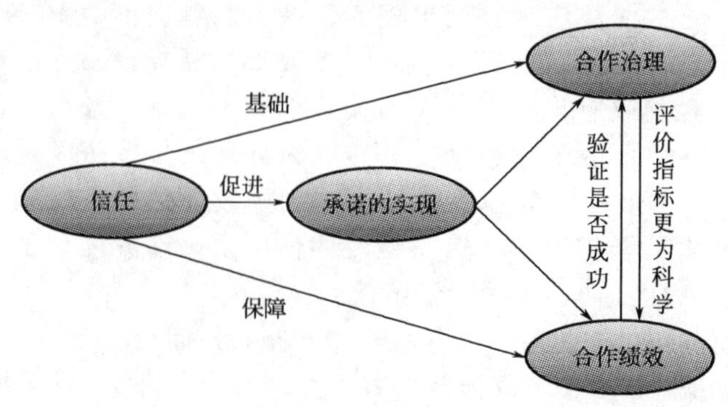

图 5-1　合作治理与合作绩效逻辑关系框架

5.2　关系契约与合作绩效的关系

引入新型公私合作模式，不但可以缩减财政支出，同时可将风险进行转移和分担，使公私部门达到“共赢”。针对正式契约不完备、法制环境有待健全的背景下，关系契约可以弥补正式契约的不足，在关系契约下以工程质量和净收益 PPP 项目博弈模型。PPP 项目关系契约理论作为分析工具，从提高 PPP 项目合作绩效的视角进行研究，借此在关系契约的框架下研究 PPP 项目的合作绩效。根据现代契约理论，PPP 项目的本质就是项目的参与者缔结的一组契约的集合。这些契约的重要作用之一就是对业主和承包商之间的权利、责任和义务进行界定，从而促进各个项目参与者之间的相互合作以提高合作绩效。

5.2.1　研究现状

深入地了解国内外 PPP 项目关系契约下的合作绩效的相关理论，结合其最新动态，有利于对 PPP 项目关系契约下的合作绩效问题的深入研究。

5.2.1.1　国外现状

国外关于 PPP 项目关系契约的合作效率研究主要可归纳为关系契约下 PPP 合作模式中控制权最优配置问题，PPP 项目关系契约激励政策，PPP 项目关系契约合作绩效评价内容研究三个视角。

（1）关系契约下 PPP 合作模式中控制权最优配置问题的研究　从契约视角出发，指出影响 PPP 效率的关键是控制权的最优配置，并提出了“从不完全契约及关系契约两个方面研究 PPP 合作模式中控制权最优配置问题”这一研究 PPP 合作绩效的新思路。Francesconi 和 Muthoo 把“关系契约”定义为基于未来关系价值的非正式协议，并认为关系契约的主要特点是“自执行机制”。私人部门之间的关系契约有助于弥补某些正式契约的先天不足，如缔约双方只能在事后观察到交易结果，因此通常只能依靠关系契约来保证合作的顺利进行，提高其合作效率。

（2）PPP 项目关系契约激励政策的研究　PPP 项目关系契约的激励政策将会直接影响到合作绩效，基于关系契约视角，通过对建设项目参与者动态博弈过程的分析，建立了委托代理模型，并设计一套最优报酬激励机制。Gibbons 和 Murphy 提出未来收益折现率越小，关系契约的激励效果越显著，业主获得的产出越高，双方未来合作的可能性越大，承包制是各参与者满足约束条件的唯一纳什均衡。这主要体现出关系契约的未来价值的激励使其对合作绩效的影响。

（3）PPP 项目关系契约合作绩效评价内容研究　国外在 PPP 投融资方式发展比较早，也比较早地提出关系契约理论，针对 PPP 项目关系契约下的合作绩效评价也比较早。Pamela Edwards 和 Jean Shaoul 提出合作绩效主要包括项目绩效和合作满意程度，工程项目的合作绩效指标包括两部分内容：项目绩效、合作关系满意度。

5.2.1.2　国内现状

随着我国对关系契约在 PPP 项目中的重视，分析推进 PPP 项目关系契约在提高合作绩效的治理机制，研究有效提高合作绩效的因素来实现承包商和业主实现双赢的最佳契约机制成为 PPP 项目关系契约的重要研究课题，总结起来主要集中在 PPP 项目关系绩效的主要影响因素、PPP 项目关系契约治理机制、业主-承包商契约关系的治理框架研究三个方面。

(1) PPP 项目关系绩效的主要影响因素研究　公私合作关系已经成为政府提供公共服务的重要方式转型国家发展的潜力巨大，但面临很多困难和挑战，需要在制度环境治理机制和政府能力等方面不断改革和完善。张万宽，万有强分别采用 OLS 和 Logistic 回归研究了影响转型国家 PPP 关系绩效的关键因素，发现声誉，信任，未来合作价值，是其主要影响因素。兰兰、高成秀采用了 AHP（层次分析法）构造了 PPP 项目关系契约的层次结构模型，设计了相应的指标体系，给出了权重的计算办法，从而为客观公正地评价项目的绩效水平提供了新的方法。

(2) PPP 项目关系契约治理机制研究　根据现代契约理论，PPP 项目的本质就是项目的各个参与者缔结的一组契约的集合。这些契约的重要作用之一就是对各个要素所有者之间的权利、责任和义务进行界定，对项目组织租金进行合理分割，从而促进各个项目参与者之间的相互合作。陈凡、王孟均提出关系契约的建立可以减少 PPP 项目建设中的机会主义行为，提高 PPP 项目业主与承包商之间的合作绩效，通过引用数学模型研究了关系契约主要因素对合作效率的影响。

(3) 业主-承包商契约关系的治理框架研究　PPP 模式下的业主-承包商契约关系治理机制由正式契约治理、关系契约治理剩余权利配置融合形成。柯军、吕铁提出 3 种治理机制的运行与融合下，形成 PPP 项目的业主-承包商治理机制。其中，正式契约能比较有效地抑制双方的机会主义行为和敲竹杠的风险；关系契约一般由双方未来关系价值所维系，能促使自我履行机制的形成；而剩余权利的合理配置能激励双方主动性合作行为的动机，从而达到提高双方合作效率的目标。

5.2.2　关系契约

5.2.2.1　关系契约的理论概述

契约（Contract）是新制度经济学关注的核心问题。标准的契约理论或委托代理理论假设契约内容完全清晰，并在任何可能的状态下可以被证实，法律执行有效，这是完全契约的理想类型。但是，现实中契约并非如此。由于标准契约理论与现实的冲突，学者们提出了一个新的契约理论——关系契约理论。关系契约并不对交易的所有内容条款进行具体详尽的规定，仅仅确定基本的目标和原则，过去、现在和预期未来契约方的个人关系在契约的长期安排中起着关键作用，最明显的关系契约定义：它是一种不仅仅涉及交换（Exchange），还涉及契约方关系（Relationship）的契约。

关系契约理论提出之后，在法学、经济学和管理学等领域均产生了较大反响。Williamson 把关系契约引入交易成本理论，提出关系契约适用于解决由于专有性投资造成的签约后的机会主义行为。伴随着企业关系由竞争转向竞合，长期合作也使得企业越来越依赖于关系契约。相比正式契约，关系契约具有诸多优点：第一，契约参与方比法院更容易监控对方采取的行动；第二，与法庭的有利行动与不利行动的两极判断不同，契约参与方的判断更加细微；第三，契约方可以根据法律不易观察的一些现象作出判断，如某些特别事件，并且关系契约可以随时间变化调整。

目前，国内学术界对于关系契约的研究相对滞后，有的甚至认为关系契约就是靠“拉关系”来维系的契约，把其等同于与正式法律制度治理相悖的落后治理方式。

5.2.2.2　关系契约特点

关系契约理论尚处在不断发展之中，关系契约理论的阐释和运用见于法学、经济学、管理学等学科，不同学科之间研究侧重点不同，并且不免存在冲突与相互矛盾之处，但总的看，关系契约具有如下特点。

(1) 关系嵌入性（Relational Embeddedness）　关系嵌入性是理解关系契约的出发点，“关系”是指契约得以发生的情景。契约服务于交易，而每项交易都是嵌入在复杂的关系中的，因此，必须将契约与其社会背景联系起来进行考察才能理解契约的本来面目。关系契约中的交易各方并不是陌生人，他们大多数的互动发生在合约之外，不需要法院根据看见的条款来执行，而是代之以合作和威胁、交流与策略这样一种特殊的平衡机制。由于契约的关系嵌入型，契约总是在一定的语境下发生的，只有在特定的语境中当事人、当事人的行为、当事人的合意判断和合意内容才能够得到准确的解释和阐释。关系嵌入性决定了要从交易所嵌入的关系去理解契约，契约的执行依赖于合作性交易关系。

(2) 时间长期性（Extended Duration）　Macneil提出了契约两分法，即关系契约/分立性契（Relational/Discrete Contract）。分立性契约也就是古典契约理论，比如出售一匹马、一间房、一块土地或短期服务等，其交易完全由法律来保障。

古典契约忽视现实和商业实践而更多倾向于象牙塔式的抽象，其以分立式交易为默认范式，将人从社会中脱离。与上述分立式交易不同，关系契约持续时间长，随着时间的延伸而继续，将包含未来不确定时期内的一系列“市场交易”。随着时间的延伸和关系的复杂化，关系契约可能涉及其他人，比如供应商、客户、担保人和银行，因此，关系契约可能涉及两个以上的民事主体，超越了传统分立性交易的界限。长期交易会促进和鼓励有效的交易，并且在长期交易所提供的合作方面的信息有助于建立信任。关系契约的长期性使得契约方可以寻求法律以外的保证机制，避免单次交易中的囚徒困境的发生。

(3) 自我履约性（Self-enforcing）

与古典契约的交易完全由法律保障不同，关系契约依赖于自我履约机制，关系契约中包含着很强的人格化因素，双方在长期合作中出现的问题都可以通过合作和其他补偿性技术来处理。由于有限理性和交易费用的存在，在专有性投资中敲竹杠（Hold Up）问题不可避免，而付诸法院解决此类问题可能引起更大的问题，因此，只有依赖于自动履约机制来保障交易的顺利进行。当然，就必须保证诚实要比不诚实能够带来更多收益，如果交易各方将交易关系持续到未来是有利可图的，诚实就是最好的策略。并且在这种情况下，影响承诺可信性的声誉就是重要的，商业关系的培育在某种程度上成为各自追求的目标。

(4) 条款开放性 (Open Terms)

由于有限理性和较高的交易费用，契约双方对不确定的未来情况都希望保持弹性和灵活反应，从而并不在事前对于那些影响到商业关系或者需要向局外人证实的所有相关信息的所有未来结果达成一致。契约各方在某一发展阶段对采取什么方式来处理未来可能发生的任何问题显性或者隐形地达成一致，换言之，对每一项事宜打算达成新安排的一般性基础将会在事前做出说明或者隐性地存在着。由于需要在关系性合约中保持一定弹性，一般均同意对有关问题进行不断协商。事实上，这种关系在某种程度上是一种“非法律性”协议。条款的开放性使得关系契约具有较强的柔性，但同时也要求双方未来合作的收益足够大，并且应该存在较好合作关系以降低契约协商中交易成本。

5.2.2.3 关系契约的执行保障

关系契约中，双方允许契约中存在漏洞，而这种漏洞也无法由法律来弥补，因此关系契约的执行不得不依赖于法律之外的保护机制。总结来看关系契约的执行保障有如下3种。

(1) 未来合作价值 (Value of Future Relationship) 关系契约得以执行的最重要保障来自于终止与交易对手的关系，给对方造成经济损失。由于关系契约会长期延续，所以缔约双方都会相互握有一种双向的和自动的控制对方的能力。一方针对另一方违反契约条款的办法就是终止契约，不需要政府和第三方的干预。在契约伙伴清楚他们是相互依赖并互相握有“人质”时，这种方法更为有效。当然，此种终止合作有效即关系契约得以履行的充分条件就是存在一个足够高于残值生产成本的价格，以至于不履行契约的企业就会失去一系列未来销售贴现之和，而这大于不履行契约的财富增加。经济学领域文献中均把未来合作的价值作为关系契约执行的唯一保障，因此，诸多学者把关系契约等同为自我履约 (Self-enforcing) 契约，比如Baker即把关系契约定义为是指契约双方就一些第三方（如法院）无法证实的内容而达成的非正式协议，与正式契约依赖法院的执行不同，关系契约是依靠未来合作的价值来维系的。在关系契约设计时要让不履约的收益总是小于履约所带来的长期收益，人们诚实或诚实的表现要比不诚实带来更多的好处时，才会表现诚实。

(2) 关系性规则 (Relational Norms)

关系契约的治理不仅依赖于对交易结构的事前规定和理性规划，还依赖于关系性规则，这些关系性规则包括社会过程和社会规则，与正式的制度安排一起，共同保证了关系契约的履行。关系性规则可以有效降低和解决企业合作中所面临的问题，如专有性投资带来的敲竹杠问题、绩效衡量的困难等。

关系性规则促进了对继续交易和合作的期望，激励了专有性投资，长期性合作带来的信任使得交易者更加关注长期利益，短期绩效评价不再重要。Dyer和Chu研究发现关系性规则能减少机会主义行为，使双方不会为了短期的利益而进行机会主义行为，因为机会主义的利益不足以弥补合作终止的损失，并且信任增加了双方共享信息的意愿，降低了信息的不对称性。Ferguson 等也发现，关系规范（交流、公平、弹性等）对主要投资者之间的总体合作效率和绩效有积极影响。总之，这些关系性规则可以影响参与者的行为，提高关系作为一个整体的利益，创造、维护和促进伙伴之间交易的和谐，使得不需要第三方（包括制度与仲裁者）的加入就能保障交易的顺利进行。

诸多管理学者运用实证研究的方法来验证了关系性规则的作用及其与绩效的关系，但是对于关系性规则的组成内容仍然存在许多争论。例如，信任到底是关系性规则的组成部分，还是和关系性规则与企业绩效之间的中介变量。诸多学者直接把信任作为关系性规则的一部分，GOLES 通过对 12 篇关系性规则的经典文献的研究发现，信任、交流和柔性是最为广泛运用的三个部分。学者从 Macneil 的经典论述中出发，认为关系性规则包括柔性（Flexibility）、团结（Solidarity）和信息交换(Information Exchange)，而这些关系性规则会影响信任水平，并通过信任水平来影响企业绩效。尽管存在争论，所有学者均认为信任在关系契约治理中起着核心作用。

(3) 声誉（Reputation）

在关系契约实施过程中，声誉起着重要作用。其原因在于，签约双方不仅要考虑当前，还要考虑未来；不仅要考虑缔约方的利益，还要考虑未来可能对自己产生影响的交易对手的态度。在一个重复博弈中，一个人的行动是可以影响到他人的选择的，别人可以从他的行动中判断他履约的能力，了解他的信誉状况，并由此决定与他的合作关系。由于声誉的作用，即使契约不完全，合作的结果仍然可以实现。比如，一个企业履约的情况被该行业中的其他企业或者其代理人看到，当知道他的不履约行为时，很多企业就远离这个企业。这种声誉是企业的销售所必需的，如果企业机会主义行事，就很容易丧失这种声誉。如果与一个有声誉的企业交易，与之缔结的契约会得到恰当的履行，并且，如果发生分歧，也会得到迅速的解决。

现代信息技术促进了声誉信息的扩散，然而声誉只有在具备共同价值和伦理的共同体内才能发挥强制执行机制的作用，声誉机制发挥作用的重要条件是共同体内对机会主义的认识相同。如果一种机会主义行动受到一部分人赞同，一部分人反对，声誉机制很可能就会失效。

5.3 关系契约下 PPP 项目合作绩效

5.3.1 模型描述

(1) 触发策略模型　弗里德曼（Friedman）给出了“无名氏定理”的一种形式。弗里德曼模型证明，在一个无穷重复的过程中，将存在合谋的可能性。进一步地，如果每个厂商都有足够的耐心，那么，在一个寡头市场上，相对于非合作的情况，任何更为有利的收益都是均衡的。弗里德曼模型假设厂商采取触发策略或冷酷策略，即每个厂商开始时采取合作策略，一旦某个厂商违背合作约定，此后将永远不合作，并采取惩罚策略。

惩罚本身是可信的，所有的策略都是均衡。只要折现因子足够大（接近1），或者说，厂商有足够的耐心，任何高于不合作收益的合谋就总是存在的。

这一结果表明，有耐心、对称的古诺双寡头垄断能够利用触发策略的惩罚威胁，通过各生产一半垄断产量实现合谋，企业间甚至并不需要通过签订有约束力的协议来实现它们之间的合谋。合谋的稳定取决于两个变量，即合谋利润和惩罚利润。合谋利润越小，维持合谋的条件就越严格，所以，减小合谋利润增加了合谋的不稳定性。惩罚利润也具有举足轻重的重要性，在某种程度上说，合谋的结果实现于惩罚的“威胁”。合谋利润越大，维持合谋的条件就越严格，反之则宽松。而惩罚利润取决于惩罚策略，因此，惩罚策略越不力，合谋就越不稳定，反之则稳固。也正是因为如此，经济学家们提出了许多其他的惩罚策略，如麦克劳德通过公理性讨价还价模型的方法，得到以牙还牙策略，阿布鲁提出了最优惩罚策略等。由于合谋利润和惩罚利润在维持合谋稳定中的重要性，宽大政策的目标在于尽量减少厂商预期的合谋利润和增大厂商违背合谋的预期利润，使得维持合谋稳定的条件变得非常严峻，以致合谋自动瓦解。成功的宽大政策一般都规定非常严厉的违法处罚，目的在于减小厂商合谋的预期利润，一旦合谋被发现，损失将非常巨大。通过设置强有力的执法机构，加大执法力度，提高合谋被发现和被定罪的概率，使得合谋的风险变得巨大，减弱厂商合谋的动机。另外，通过设置非常慷慨的处罚减免规定，使得厂商背离合谋且自首的预期收益增大，从而增强厂商自首动机。另外，通过增强宽大政策的“自动性”和“确定性”，使得厂商的预期收益变得更加明朗，有助于厂商做出正确的选择，自我履行条约。

(2) 工资与就业模型　里昂惕夫（Leontief）的模型讨论了一个具有垄断性质的工会组织（即作为企业劳动力唯一供给者的工会组织）和一个企业之间就雇佣劳动力进行的谈判。在这种谈判中，工会对工资水平说一不二，而企业虽然不能就工资水平和工会讨价还价，但是企业可以自由地决定雇佣的人数。在谈判中双方行动的时序如下。

① 工会给出工资水平 w；

② 企业观测到（并且接受）w，随后选择雇佣的人数 L。当双方选择了 w 和 L 后，工会获得的效用水平位 $U(w,L)$，$U(w,L)$ 是 w 和 L 的增函数，凸向原点；企业的利润为 $\pi(w,L)=R(L)-wL$，其中 $R(L)$ 为企业雇佣人数为 L 时的收入，它是递增的凹函数，即 $\mathrm{d}R/\mathrm{d}L>0$，$d^2R/\mathrm{d}L^2<0$。工会的目标是给定企业行动的战略，选择 w 使得 $U(w,L)$ 取得最大值；而企业的目标则是给定工会选择的工资 w，选择 L 使得 $\pi(w,L)=R(L)-wL$ 取得最大值。

由于企业行动时已经观察到了工会选择的工资水平 w，因此根据逆向归纳法，首先考察企业的选择。给定工会在第一阶段选择的工资水平 w，企业在第二阶段选

择最优的 L 以最大化自己的利润，即 $\mathrm{Max}\pi(w,L)=R(L)-wL(L\geqslant 0)$，由最优化一阶条件可得 $R'(L)-w=0$。为了保证式有解，假定 $\mathrm{d}R/\mathrm{d}L$ 在 $L=0$ 处为∞，在 $L=\infty$处为 0。令 $f(L)=\mathrm{d}R/\mathrm{d}L$，则可以求得最优的就业人数 $L^*(w)=I_f(w)$，由于 $f(L)$ 是减函数，因此 $L^*(w)$ 也是减函数。$L^*(w)$ 是 w 的函数，是企业针对工会提出的工资水平的反应函数，也是劳动力的需求函数。

同时，工会在决策时也预测到了如果它选择了工资水平 w，企业在第二阶段选择的劳动力水平将会是 $L^*(w)$，于是工会选择了工资水平 w 将会得到效用水平 $U[w,L^*(w)]$，它也是一个关于 w 的函数。因此，工会在第一阶段的决策问题就是确定最优工资水平 w，使 $U[w, L^*(w)]$ 取得最大值，即 $\mathrm{Max}\, U[w,L^*(w)]$ $(w\geqslant 0)$，由最优化一阶条件可得 $-(\partial U/\partial w)/(\partial U/\partial L)=\dfrac{\mathrm{d}L^*}{\mathrm{d}W}$。等式左边是工会的工资和劳动力的边际替代率，$w^*$ 右边是企业劳动力需求函数的斜率，它意味着工会选择的工资水平 w^* 使得自己在点 w^* 的无差异曲线（即等效用曲线）与企业的劳动需求曲线相切。

当工会的无差异曲线与企业的劳动力需求曲线相切，此时工会的效用达到最大。根据工会无差异曲线和企业等利润曲线可以发现，如果双方想得到好的结果，可以在博弈开始之前签订有约束力的协议，规定双方选择的组合，那么这个对双方都有利的结果可以实现，但在某些长久不断重复的合作项目中，正式契约是无法完全将合作要素包括其中，例如，企业只能到工会雇佣工人（事实上确实如此），如果企业足够重视未来的收益并且工会也了解这一点，那么这种队双方都有利的结果就可能实现。

(3) 建立新模型　通过简化上述两种动态博弈模型，借鉴工资和就业模型以及触发策略（冷酷策略）模型，以 PPP 项目关系契约下的工程质量和净收益为主要因子建立的博弈模型，假定博弈参与者只有一个业主和一个承包商，双方之间的合作可能不止一次，另外，它们都是风险中性的。

在合作的每一期，假定承包商所完成的工程质量对业主的价值状态只有两种可能：高质量 H 和低质量 L，这对于合作双方来讲都是公共的，结果在事后是可以观察到的，只不过很难在正式契约中加以确切描述。另外，工程质量的期望价值的高低主要取决于承包商所付出的额外努力程度 e，如果承包商所付出的努力程度高，则工程实现高质量的概率就高一些；否则，就低一些，但最低不能低于正式契约所约定的标准。假设实现高质量的概率是

$$g(e)=\alpha e \tag{5.1}$$

式中，α 是承包商努力的效率系数，并且 $\alpha>0$；另一方面，承包商付出努力是有成本的，会导致自身效用或利润的损失。设承包商努力的私人成本：

$$g(e)=\frac{1}{2}(\beta e)^2 \tag{5.2}$$

式中，β 是承包商努力的成本系数，$\beta>0$。容易知道，$g(e)$ 满足一般成本函数

的特征，即

$$g'(e)>0, g''(e)>0 \tag{5.3}$$

承包商所付出的努力程度对业主来讲是不可核实的，自然也是无法契约化，即不能在正式契约中加以明确。业主为了得到高质量的工程，需要对承包商提供激励措施。具体来讲，在每个合作期期末，业主如果“感觉到”承包商提供的工程质量达到 H，就会向其提供一份奖金，记为 b，$b>0$；否则，如果“感觉到”承包商提供的工程质量只有 L，就对承包商罚款，相当于提供一份负奖金 $-b$，即关系契约条款为 $\{b, -b\}$。这种奖惩机制采用的是对称性关系契约。承包商为了得到奖金，获得比较高的净收益，或者考虑到将来长期的合作机会，往往也会同意这种做法。需要说明的是，关系契约有别于正式契约，是双方基于彼此的声誉而建立的一份关系契约。也就是说，在每个合作期期末，业主或承包商如果拒绝兑现诺言，也不会受到第三方的制裁。不过，如同 Shapiro 和 Stigliz 的效率工资模型，假定双方采用触发策略，即一旦有违约行为发生，守约者以后将不再与背约者缔结关系契约，即双方以后的合作中就只有正式契约了。这种威胁常常是可信的，因为人们倾向于无法容忍或无法长时间原谅对方的背叛或欺诈行为。这样，违约以后，承包商以后每次合作就不再付出努力提高工程质量，所以得不到奖金，净收益会大幅减少；而业主自然也就不用再支付奖金，但只能得到低质量的工程，双方的“效益”都会受到很大的损害。

① 工程的质量状态为 $$R=\begin{cases}H, & \alpha e\\ L, & 1-\alpha e\end{cases} \tag{5.4}$$

② 双方缔结的关系契约为 $\{b, -b\}$；

③ 项目工程质量合作绩效为 $$S=\alpha e H+(1-\alpha e)L-\frac{1}{2}(\beta e)^2 \tag{5.5}$$

所以，从关系契约 PPP 项目组织总体角度看，承包商的最优努力程度 e^* 应该是

$$e^*=\frac{\alpha}{\beta^*}(H-L) \tag{5.6}$$

显然，承包商努力的效率越高，或者成本系数越低，或者工程高低质量的价值差别越大，项目最优的努力水平就越高。在 $e^*=\frac{\alpha}{\beta^*}(H-L)$ 这一努力水平下，项目合作收益 S^* 为

$$S^*=\frac{\alpha^2}{2\beta^2}(H-L)^2+L \tag{5.7}$$

5.3.2 承包商与业主在关系契约下的净收益

如果 PPP 项目业主和承包商之间没有缔结关系契约，那么，业主就不需要向承包商支付奖金 b。这样，承包商将不会为提高工程质量而付出任何努力，即额外努力程度 $e=0$。此时，业主得到的工程质量肯定是 L。这种情况下的业主主要借助关系契约激励承包商付出一定的努力水平以保证取得满足最基本的质量求的工

程项目。

如果双方缔结了关系契约，也就是说，业主和承包商在正式契约的基础上“约定”根据可观测但不可正式契约化的工程质量状态决定对彼此的“奖惩”，那么，只要双方足够重视自己的声誉以及持续合作的潜在收益，这种关系契约就会给承包商以激励。在这种关系契约下，承包商的目标函数 Z 是：

$$Z = \text{Max}\left[\alpha eb + (1-\alpha e)(-b) - \frac{1}{2}(\beta e)^2\right] \tag{5.8}$$

所以，承包商将付出的努力程度 e 是

$$\tilde{e} = \frac{\alpha}{\beta^2}[b-(-b)] \tag{5.9}$$

由于承包商没有考虑自己的行为对业主收益的影响，因此，这是从项目总体角度的一个次优解。对承包商来讲，努力的相对效率越高，或者奖惩幅度越大，越愿意付出更高的努力水平。所以，在关系契约下，承包商的净收益 π_A 为

$$\pi_A = \alpha\tilde{e}b + (1-\alpha\tilde{e})(-b) - \frac{1}{2}(\beta\tilde{e}) = \frac{2\alpha^2}{\beta^2}b^2 \tag{5.10}$$

同时，业主的净收益 π_p 为

$$\pi_p = \alpha e(H-b) + (1-\alpha\tilde{e})(L+b) = \frac{2\alpha^2}{\beta^2}b[(H-L)-2b] + (L+b) \tag{5.11}$$

所以，整个 PPP 项目的净剩余收益 $\tilde{S}$ 为

$$\tilde{S} = \pi_A + \pi_p = \frac{2\alpha^2}{\beta^2}b[(H-L)-b] + L \tag{5.12}$$

5.3.3　承包商与业主关系契约的确定

根据前述模型假定，业主和承包商一旦有一方违约，双方今后就永远处在仅有正式契约的治理机制之下，双方在违约后的收益情况为业主将永远只能得到低质量的工程，而承包商也将永远得不到奖金。

(1) 业主的决策　对于业主，如果在某个时期履行承诺的关系契约，那么当期就得支付奖金，不过以后各期就可以得到净收益 π_p；如果违约，那么当期不用支付奖金，但是会导致承包商在以后各期不与自己缔结关系契约，永远只能得到低质量的工程。令 δ_p 为业主收益的贴现因子，那么业主履行关系契约所能得到的净收益现值为

$$[(1-\alpha\tilde{e})b - \alpha\tilde{e}b] + (\delta_p\pi_p + \delta_p^2\pi_p + \cdots) = [(1-\alpha\tilde{e})b - \alpha\tilde{e}b] + \frac{\delta_p}{1-\delta_p}\pi_p \tag{5.13}$$

违约以后的净收益现值是

$$\delta_p^1 L + \delta_p^2 L + \delta_p^3 L + \cdots = \frac{\delta_p}{1-\delta_p}L \tag{5.14}$$

显然，业主选择履行而不是违背关系契约的条件为

$$[(1-\alpha\tilde{e})b-\alpha\tilde{e}b]+\frac{\delta_p}{1-\delta_p}\pi_p\geqslant\frac{\delta_p}{1-\delta_p}L \tag{5.15}$$

将$\tilde{e}$、π_p、L 等代入上述条件，可以整理出贴现因子的临界值 δ_p 为

$$\delta_p=\frac{4\,\frac{\alpha^2}{\beta^2}b-1}{\frac{2\alpha^2}{\beta^2}(H-L)-1} \tag{5.16}$$

上述结果表明：

① 高低两种工程质量状态的价值差越大，说明PPP项目价值的不确定性也大，因此业主就倾向于选择较低的贴现因子，对应着较高的贴现率，即$\partial\delta_p/\partial(H-L)$。

② 激励强度越大，承包商通常就会付出更高的努力水平去提高工程质量，这会增强业主对未来取得高价值工程项目的信心，所以，业主就会选择较高的贴现因子，对应着较低的贴现率，即$\partial\delta_p/\partial b$。

③ 承包商努力的相对效率越高，业主就有理由相信一定的努力水平会使其以更高的概率取得高价值的工程项目，所以会选择较高的贴现因子，即$\partial\delta_p/\partial\frac{\alpha^2}{\beta^2}$。

(2) 承包商的决策　对于承包商来讲，如果在某个时期履行关系契约，就可以得到奖金或者必须支付罚金，但是以后各期就可得到净收益 π_A；如果违约，那么当期不用支付罚金，但是导致业主在以后各期不与之缔结关系契约，即以后各期的收益均为0。所以，如果记 δ_A 为承包商收益的贴现因子，那么承包商履行关系契约所能得到的净收益现值为：

$$[\alpha\tilde{e}b-(1-\alpha\tilde{e})b]+(\delta_A\pi_A+\delta_A^2\pi_A+\cdots)=[\alpha\tilde{e}b-(1-\alpha\tilde{e})b]+\frac{\delta_A}{1-\delta_A}\pi_A \tag{5.17}$$

违约的收益现值是0。所以，当上式成立时，承包商将履行关系契约：

$$[\alpha\tilde{e}b-(1-\alpha\tilde{e})b]+\frac{\delta_A}{1-\delta_A}\pi_A\geqslant 0 \tag{5.18}$$

由此可见，承包商在决定贴现因子时，不会去考虑PPP项目本身的价值高低，因为这在很大程度上是业主的事情，而仅关注自己努力程度的相对效率以及奖惩幅度的大小。具体来讲，如果自己努力的相对效率大一些，那么付出一定努力程度取得高质量工程的概率就大一些，从而取得奖金（或支付罚款）的概率就高（或者低）一些，也就是取得未来收益的不确定性就小一些，因而会选择较高的贴现因子，对应着较低的贴现率，即$\partial\delta_A/\partial\frac{\alpha^2}{\beta^2}$。

另外，如果业主主提供的激励强度很大，那么，承包商无疑就应该付出更高的努力水平，以便提高取得奖金的概率或减少被罚款的可能性，如此，未来收益的不确定性就小一些，这样就可以选择较高的贴现因子，对应着较低的贴现率，即$\partial\delta_A/\partial b$。

承包商的贴现因子是按平均工程周期为单位的，其大小和承包商的风险意识以及对未来前景的预期相关。未来越不确定，则贴现因子越低，表明承包商越注重当前利益；反之，贴现因子越高，表明承包商越注重长远利益。

5.3.4　承包商与业主关系契约的特征

关系契约主要依靠自我执行，不是依靠第三方强制实施，只有符合双方利益的契约才能被执行，所以，关系契约应该满足激励相容条件。对于关系契约 $\{b, -b\}$，可自执行的条件是：

$$[(1-\alpha\tilde{e})b-\alpha\tilde{e}b]+\frac{\delta_p}{1-\delta_p}\pi_p\geqslant\frac{\delta_p}{1-\delta_p}L \tag{5.19}$$

$$[\alpha\tilde{e}b-(1-\alpha\tilde{e})b]+\frac{\delta_A}{1-\delta_A}\pi_A\geqslant 0 \tag{5.20}$$

同时成立。在取临界值的情况下，上述条件分别被简化为

$$\frac{\delta_p=4\dfrac{\alpha^2}{\beta^2}b-1}{\dfrac{2\alpha^2}{\beta^2}(H-L)-1} \tag{5.21}$$

$$\delta_A=\frac{4\dfrac{\alpha^2}{\beta^2}b-1}{\dfrac{2\alpha^2}{\beta^2}} \tag{5.22}$$

由于式(5.21) 是关于 b 的直线，而式(5.22) 是关于 b 的双曲线中的一支，所以，业主和承包商可以取得共同的贴现因子。这样，对称性关系契约 $\{b, -b\}$ 的存在性问题就归结为下式：

$$\begin{cases}\delta_1=\dfrac{4\dfrac{\alpha^2}{\beta^2}b-1}{\dfrac{2\alpha^2}{\beta^2}(H-L)}\\[2ex]\delta_2=\dfrac{4\dfrac{\alpha^2}{\beta^2}b-1}{\dfrac{2\alpha^2}{\beta^2}}\end{cases} \tag{5.23}$$

由于 $H>L$，所以，$b>0$。也就是说，前述对称性关系契约是存在的，即 $\{H-L, -(H-L)\}$。如前所述，业主和承包商双方可以在正式契约中约定工程质量所必须满足的基本要求，在此基础上，工程价值稍高或稍低，双方虽然能观察到，但是往往无法在正式契约中加以准确描述或由第三方核实，这就是典型的关系契约。

5.3.5　关系契约对合作绩效的作用

(1) 关系契约对工程质量合作绩效的影响作用　关系契约对工程质量合作绩效

的影响作用，并非直接影响，而是通过影响努力程度系数间接促使承包商高质量完成工程项目。由于关系契约 $\{b, -b\}$ 的约束会促使承包商努力获得奖金 b 而避免受到惩罚，所以承包商会尽量提高努力程度系数，根据公式

$$R=\begin{cases}H, \alpha e\\L, 1-\alpha e\end{cases} \tag{5.24}$$

可以看出当式中 α 承包商努力的效率系数一定的时候，努力程度系数越大，业主获得高质量工程项目的概率就会越大，业主的满意度也就会越高。关系契约对于提高工程项目质量是在正式契约即合同中正式规范的基础上，对承包商实行的一种契约激励，当双方认为未来的合作价值足够大，那么承包商和业主会一直自我履行，不会违背。

(2) 关系契约对净收益的作用　在此模型中关系契约是通过惩罚奖金 b 双方构成的契约，而在此契约下主要是通过奖金 b 和努力程度 e（努力程度直接影响到成本），无论是对工程质量的作用还是对于净收益，契约关系在其中起到一种刺激作用，在此契约下会促使业主得到比较高的基础设施，而此时业主会支付一定的奖金 b 使得承包商的净收益得到增加，净收益包括承包商和业主两方面，对于承包商就是获得最大的净利润，而对于业主是获得最大的社会利益，为民众提高高质量的基础设施获得民众的高度满意。可以通过公式：

$$S^{*}=\widetilde{S}+S=\frac{2\alpha^{2}}{\beta^{2}}b[(H-L)-b]+L+\alpha eH+(1-\alpha e)L-\frac{1}{2}(\beta e)^{2} \tag{5.25}$$

得出在承包商努力效率系数 α，承包商努力的成本系数 β，评估高质量项目 H 和低质量项目 L（经过评估使其量化）一定时，努力程度系数 e 影响双方的净收益（双方合作满意度）的大小。关系契约正式通过影响努力程度系数，而间接影响作用于工程质量和净收益。

5.4 实证分析

某集团注册资本金 4100 万元，100%的股权。为鼓励民间资本进入基础设施市场，进行招商引资。增资扩股后，公司注册资本金猛增至 10.8 亿元，其中 55% 的股份由三家所有，原集团保留 45%的股份，继续负责建设期间资金筹措及建成后的管理运营。运营期满后，产权为政府所有，所有设施移交给市政府，而某总承包作为项目承包商对项目的质量全面负责。改制引资工作通过 PPP 的方式盘活了存量资产，通过转让 55%的股权，扩大了资金来源，引进了先进的建设和管理经验。其中预计建筑成本为 10 亿元，若经过建筑质量价值评估此建筑的无形资产大于 12 亿元（包括 12 亿元）则为高质量建筑，若评估低于 8 亿元（包括 8 亿元）则为低质量建筑，对于合作双方来讲都是公共的，结果在事后是可以观察到的，只不过很难在正式契约中加以确切描述。另外市政府对为了获得高质量的工程需要对总承包做出激励政策，市政府若经过评估后如果项目达到

高质量则会提供一份 2000 万元的奖金，否则若评估后达到低质量则会惩罚承包商 2000 万元的罚款。

5.4.1　业主和承包商关系契约下的工程质量合作绩效

由于 PPP 项目工程的繁琐，一般都会分多期工程进行施工。业主政府和总包商在此案例中通过奖金 b，即双方缔结关系契约 {0.2 亿元，－0.2 亿元}，另外承包商为了获得奖金必须付出额外的努力程度，致使其成本会有所增加。β 为承包商努力的成本系数 $\beta=2$。当努力程度越高即 e 越大则项目高质量的概率越高，即用函数可以表示为 $p(e)=\alpha e$。α 为承包商努力的效率系数，$\alpha=4$。工程的质量状态为：

$$R=\begin{cases}H=2\text{ 亿元(高质量)},3e\\L=-2\text{ 亿元(低质量)},1-3e\end{cases}\tag{5.26}$$

项目合作绩效为

$$S=\alpha eH+(1-\alpha e)L-\frac{1}{2}(\beta e)^2=2e\times 0.2+(1-4e)\times(-2)-2e^2\tag{5.27}$$

可以得出从 PPP 项目整体角度看，承包商的最优努力程度应该为

$$\frac{\alpha}{\beta^2}=(H-L)=4\tag{5.28}$$

将其带入在这一努力程度之下项目合作的收益为

$$\frac{\alpha^2}{2\beta^2}(H-L)^2+L=30\tag{5.29}$$

5.4.2　承包商与业主在关系契约下的净收益

市政府和总承包关系契约即 {0.2 亿元，－0.2 亿元}。业主和承包商在正式契约的基础上“约定”根据可观测但不可正式契约化的工程质量状态决定对彼此的“奖惩”，那么，只要双方足够重视自己的声誉以及持续合作的潜在收益，这种关系契约就会给承包商以激励。在这种关系契约下，承包商的目标函数是

$$Z=\mathrm{Max}\left[\alpha eb+(1-\alpha e)(-b)-\frac{1}{2}(\beta e)^2\right]\tag{5.30}$$

所以承包商付出的努力程度是

$$\widetilde{e}=\frac{\alpha}{\beta^2}[b-(-b)]=0.4\tag{5.31}$$

由于承包商没有考虑自己的行为对业主收益的影响，因此，这是从项目总体角度的一个次优解。对承包商来讲，努力的相对效率越高，或者奖惩幅度越大，越愿意付出更高的努力水平。所以，在关系契约下，承包商的净收益为

$$\pi_A=\alpha\widetilde{e}b+(1-\alpha\widetilde{e})(-b)-\frac{1}{2}(\beta\widetilde{e})^2=\frac{2\alpha^2}{\beta^2}b^2-b=0.12\text{(亿元)}\tag{5.32}$$

同时业主的净收益为：

$$\pi_p=\alpha e(H-b)+(1-\alpha\widetilde{e})(L+b)=\frac{2\alpha^2}{\beta^2}b[(H-L)-2b]+(L+b)=3.96 \quad (5.33)$$

所以整个项目的净收益为

$$\widetilde{S}=\pi_A+\pi_p=4.08<S^*=30 \quad (5.34)$$

若此案例市政府和总包没有缔结关系条约，那么工程质量的量化最高为正式契约规定的10亿元（小于关系契约下的30亿元），而整个项目的净收益则为0（相对存在关系契约4.08亿元的情况）。通过比较明显可以得到结论：关系契约可以提高业主和承包商的合作绩效，达到双赢。

关系契约是一种自我履行的契约机制，只有业主和承包商共同遵守才可执行，对于业主，如果在某个时期履行承诺的关系契约，达到质量要求那么就得支付奖金，不过以后就可以得到净收益 π_p；如果违约，那么当期不用支付奖金，但是会导致承包商在以后不与自己缔结关系契约，永远只能得到低质量的工程。令 δ_p 为业主收益的贴现因子，当业主履行关系契约所能得到的净收益现值大于违背关系契约的那么业主会履行关系契约，通过整理得

$$\delta_p=\frac{4\dfrac{\alpha^2}{\beta^2}b-1}{\dfrac{2\alpha^2}{\beta^2}(H-L)-1}=0.067 \quad (5.35)$$

此为业主履行关系契约时的贴现因子临界值。对于承包商来讲，若履行关系契约，达到高质量工程，就可以得到奖金或者达到低质量工程必须支付罚金，但是可得到净收益 π_A；如果违约，那么，不用支付罚金，但是导致业主在以后不与之缔结关系契约，即以后的收益均为0。所以，如果记 δ_A 为承包商收益的贴现因子，通过整理得

$$\delta_A=\frac{4\dfrac{\alpha^2}{\beta^2}b-1}{\dfrac{2\alpha^2}{\beta^2}}=0.275 \quad (5.36)$$

此为承办商履行关系契约时的贴现因子临界值。通过计算公式可以得到在此案例中承包商的贴现因子其大小和承包商的风险意识以及对未来前景的预期相关。未来越不确定，则贴现因子越低，表明承包商越注重当前利益；反之，贴现因子越高，表明承包商越注重长远利益，而对于业主则承包商努力的相对效率越高，业主就有理由相信一定的努力水平会使其以更高的概率取得高价值的工程项目，所以会选择较高的贴现因子，所以综上所述当贴现因子大于0.275时候，政府和承包商会自动履行关系契约，双方为了长久的合作利益都会自我执行契约。而上述是从贴现因子角度研究关系契约的履行，从支付奖金的角度讨论。关系契约的自我执行，不是依赖于第三方的监督和强制实施，只有符合双方利益的契约才能被执行，所以，关系契约应该满足激励相容条件。对于本案例的关系契约是是否支付奖金即 $\{b,-b\}$，

可自执行的条件是式 $\delta_1=4\dfrac{\alpha^2}{\beta^2}b-1/\dfrac{2\alpha^2}{\beta^2}(H-L)$ 和式 $\delta_2=4\dfrac{\alpha^2}{\beta^2}b-1/\dfrac{2\alpha^2}{\beta^2}b$ 同时成立。所以，业主和承包商可以取得共同的贴现因子。这样，对称性关系契约 $\{b, -b\}$ 的存在性问题就归结为式(5.37) 是否有解

$$\begin{cases}\delta_1=\dfrac{4\dfrac{\alpha^2}{\beta^2}b-1}{\dfrac{2\alpha^2}{\beta^2}(H-L)}\\[2ex]\delta_2=\dfrac{4\dfrac{\alpha^2}{\beta^2}b-1}{\dfrac{2\alpha^2}{\beta^2}b}\end{cases}\tag{5.37}$$

解得 $b=H-L=4$，也就是说当政府在支付惩罚奖金达到 4 亿元的时候，双方会自动执行关系契约，业主和承包商在正式契约中会约定一个质量的最低标准，在此基础上但实际中工程价值稍高或些微低于是正式契约无法约束，所以可以通过契约关系约束。

5.5　本章小结

本章首先分析了项目合作治理与合作绩效的逻辑关系，然后分析了合作治理中比较重要的关系契约与合作绩效的关系，并用实例验证了两者之间的关联性。阐述关系契约对合作绩效的影响作用，促进提高合作绩效。

在 PPP 模式关系契约下的基础设施项目建设中，由于项目特点是工期长则必定会导致不定性因素的增加和因素的变化，可以从关系契约的角度来探索业主与承包商关系治理机制（关系契约）的新形式，如与承包商建立长期伙伴关系等以提高合作绩效。双方可以努力缔结有效的关系契约，一方面在不断诚信交往中形成声誉或信用，另一方面通过“规则”形成可信预期，从而产生信任，具体来说，业主应对承包商的阶段性和最终成果进行阶段性检查或期末检查，据此依据对承包商进行惩罚或奖励。在实践中，业主可根据关系契约“标的”的实现程度作为支付依据，给予承包商相一致对应的报酬。在 PPP 项目的建设过程中形成按成果价值高低和“辛苦”程度付酬的规则，这样可以使得承包商对未来收益格外关注，从而不会轻易实施短期机会主义行为。

第6章　PPP项目合作绩效演化和评价

6.1　PPP项目合作绩效的演化

6.1.1　PPP项目合作绩效的演化的内涵

Evolution这个词来自于拉丁文evolutio，意为展开或把卷紧的东西松开。在生物学中被译为进化或演化，韦氏辞典将其定义为物种或生命体从原始到现代、从简单到特化的发展过程。现代汉语词典将其定义为事物从无序到有序、从简单到复杂、由低级到高级逐渐发展变化的过程，所以进化并不仅仅是生物学意义上的演化过程，而是涵盖了所以总体上进步方向的变化。PPP项目合作绩效演化是要根据环境不确定性的程度及自身的能力进行适当的调节，并不是每一次合作绩效动态变化都由低变高、由简单变复杂，而是根据变化程度有所侧重并匹配调节。根据所定义的研究范围，认为应用“演化”一词更能贴切地体现出合作绩效随环境不确定性变化而进行适时调整的过程。

合作绩效是一个动态的概念，PPP项目合作绩效的演化主要是以时间的纬度来动态地分析其发展历程，对于PPP项目合作绩效的演化来说也可以将其过程分为这三种方式，具体采用哪种方式，则依据所处的环境及自身能力而定。根据环境不确定性的程度及PPP项目合作绩效水平的对比，动态的监测其匹配情况并进行适当调节。

所指的PPP项目合作绩效是由核心企业在识别特定消费者需求的情况下进行资源整合，在一定时期内所形成的PPP项目抵御环境不确定性的能力。PPP项目合作绩效是由特许经营公司组建的，在其中特许经营公司起到了至关重要的作用，而组建的目的是为了满足消费者或市场的需求，而对于PPP项目的环境来说是多变的，当环境发生变化时，PPP项目合作绩效也在不断地调整去适应环境，形成PPP项目合作绩效的演化。

6.1.2　环境不确定性的概念

理解PPP项目合作绩效演化需要首先从环境不确定性入手，任何组织都生存于特定的环境之中，Robbins将环境定义为对组织绩效起着潜在影响作用的外部机构或者力量，Daft认为环境是存在于组织之外的并可能对组织产生影响的要素集合，王兰云认为环境包括内部环境与外部环境，并把组织自身视为内部环境。不确定性是客观事物发展过程中无序的、模糊的、近似的属性。不确定性是一个动态概念，所谓不确定性，是指当引入时间因素后，事物的特征和状态不可充分地、准确地加以观察、测定和预见。Miles 和 Snow 认为不确定性是影响企业绩效的环境不可预测性。它从未来着眼说明事物的属性或状态是不稳定或无法确定的，处于此时的决策者无法对下一时点的人、事件乃至整个世界进行准确的预测。Duncan 认为环境不确定性是由于组织对环境信息的缺乏及不可充分预知环境对决策的影响而无法得知决策的结果。

PPP 项目环境的不确定性导致项目有很多未知的风险，合作方之间权力的分配与分工，契约关系的建立都与环境的不确定性有关，同时决定着合作的绩效。

6.1.3　权力配置、分工演化与合作绩效

分工与合作相互联系，分工是为了更好地合作，取得更好的合作绩效。

6.1.3.1　契约的不完全性与权利配置

阿尔钦指出，私有产权对于从生产的专业化中实现较大的剩余尤其重要，合作性的生产过程高度依赖于私有产权各组成部分的分割与专业化。如果将产权划分为占有权、使用权、处置权和收益权，可以认为与占有权、使用权和处置权相应的是控制权，与收益权相应的是索取权。黄少安认为产权权能的行使和收益是紧密相关的。在存在完全信息、充分理性、契约自由、不存在不公正因素的情况下，根据一致同意的原则缔结的契约必然是控制权和索取权对称的，从而是帕累托最优的。对于分工协作带来的合作剩余（比较利益）的分配也是如此，不管是社会分工协作还是组织内协作，完全契约的控制权和索取权是对称的。

Hart 认为，完全契约包括在每一个可能的情形中每种资产应用方式的详细清单。双方缔结的合同是不完全的，也就是说，合同中包含缺口和遗漏条款。具体来讲，合同可能会提及某些情况下各方的责任，而对另一些情况下的责任只作出粗略或模棱两可的规定。在存在不确定性、信息不完全、个体有限理性以及契约签订和执行需要交易成本等现实约束条件下，合同不可能完全明确规定未来所有状态下所有各方的责任和权利，这样合同就有了剩余。张维迎认为剩余控制权即“在合约中未能明晰的部分”。PPP 项目的所有权归政府部门所有，但是在特许经营期内剩余价值的多少与分配比例是由私人企业来定，合作绩效的演化也与剩余索取权有关系。同样，公私合作绩效与公私部门的权力分配和质检单的博弈策略有关系。

6.1.3.2　权力配置、博弈策略与合作绩效

假定有甲乙两人进行协作生产，两人分享合作剩余，用 R 表示，两人对剩余的贡献函数不同，假设投入分别为 I_1，I_2，甲对剩余的贡献函数 $R_1=I_1^2$，乙对剩余的贡献函数为 $R_2=2I_2$，假定两人的策略有（努力，偷懒）两种，两人在努力状态下投入的成本为 C，在偷懒状态下投入的成本为 $C/2$，$C>1$，假定剩余分配比例为 S，甲分得的剩余为 RS，乙分得的剩余为 $R(I-S)$，则在甲和乙都努力的情况下，合作剩余为

甲对剩余的贡献为 $R_1=C^2$，成本为 C；乙对剩余的贡献为 $R_2=2C$，成本为 C；

甲获得的报酬为 $(R_1+R_2)S-C=(C^2+2C)(1-S)-C$；乙获得的报酬为 $(R_1+R_2)(1-S)-C=(C^2+2C)(1-S)-C$。如果甲努力，乙偷懒，则

甲对剩余的贡献为 $R_1=C^2$，成本为 C；乙对剩余的贡献为 $R_2=2C/2=C$，成本为 C；

甲获得的报酬为 $(C^2+C)S-C$；乙获得的报酬为 $(C^2+C)(1-S)-C/2$。

如果甲偷懒，乙努力，则

甲对剩余的贡献为 $R_1=C^2/4$，成本为 $C/2$；乙对剩余的贡献为 $R_2=2C$，成本为 C；

甲、乙的报酬函数分别是甲为 $(C^2/4+2C)S-C/2$，乙为 $(C^2/4+2C)(1-S)-C$。

如果甲偷懒，乙偷懒，则

甲对剩余的贡献为 $R_1=C^2/4$，成本为 $C/2$；乙对剩余的贡献率为 $R_2=C$，成本 $C/2$；

甲、乙的报酬函数分别是甲为 $(C^2/4+C)S-C/2$，乙为 $(C^2/4+C)(1-S)-C/2$。

综上可得如下博弈矩阵，见表 6-1。

表 6-1 博弈矩阵

项目	乙努力	乙偷懒
甲努力	$(C^2+2C)S-C,(C2+2C)(1-S)-C$	$(C^2+C)S-C,(C^2+C)(1-S)-C/2$
甲偷懒	$(C^2/4+2C)S-C/2,(C^2/4+2C)(1-S)-C$	$(C^2/4+C)S-C/2,(C^2/4+C)(1-S)-C/2$

求解纳什均衡，解得

当满足 $2/3C<S<1/2$ 时，则（努力，努力）为纳什均衡解；

若 $C>4/3$，则当 $S>1/2$ 时，则（努力，偷懒）为纳什均衡解；

若 $C>4/3$，则当 $S<2/3C$ 时，则（偷懒，努力）为纳什均衡解；

若 $C<4/3$，则当 $1/2<S<2/3C$ 时，则（偷懒，偷懒）为纳什均衡解。

在这个例子中，甲和乙的策略集（努力，偷懒）相当于剩余控制权配置，剩余分配比例 S 的大小相当于剩余索取权的配置。当甲和乙获得的剩余索取权与剩余控制权不对称时，甲和乙利用剩余控制权，即通过策略选择偷懒，这造成整体的合作剩余下降。只有 S 的取值在一定范围内时（此时剩余索取权和剩余控制权是对称的），甲和乙才都会选择努力，获得最多的合作剩余。

分工演化的过程实际上是一个博弈过程，由于契约的不完全性，包括信息不对称的影响，任何人都没有办法直接控制参与人的策略空间（譬如通过监管，让参与人无法选择偷懒），所以均衡的博弈策略是由报酬函数构成的支付矩阵决定的。所以说，在契约不完全情况下，权力的配置是重要的。PPP 项目的契约关系及分工合作及个合作方之间的博弈，导致合作绩效的动态演化。

6.1.4 PPP 项目合作绩效演化产生过程分析

PPP 项目合作绩效演化是一个系统工程，它应该从总体的角度改善合作绩效水

平。在以社会公众导向下的 PPP 项目运作中，私人企业在合作绩效构建过程中起到了重要的作用，这不仅体现在识别社会公众特定需求上，还体现在根据需求及环境不确定性程度进行资源整合的过程中。针对于研究对象及对演化特性的分析，将 PPP 项目合作绩效构建过程主要分为四个阶段，分别是识别需求及环境不确定性确立目标、确定增值过程并选择合作伙伴、组织设计及方案实施、绩效测量及动态演进。如图 6-1 所示。

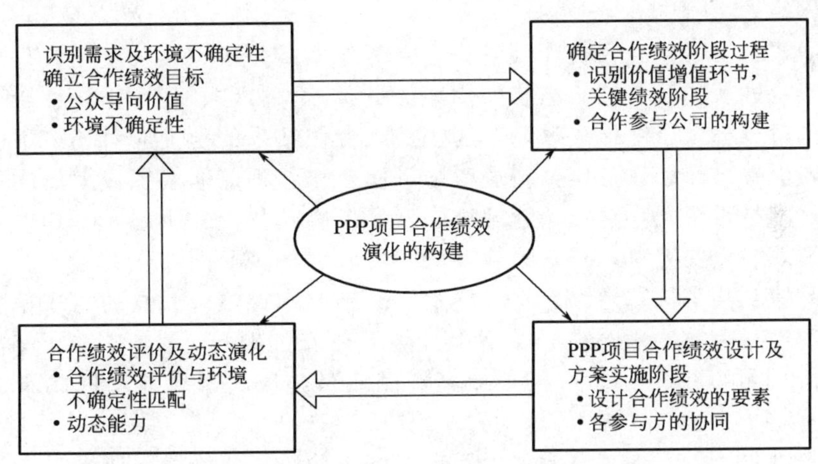

图 6-1　合作绩效演化的过程

(1) 阶段一　在识别社会公众需求及环境不确定性并确立目标过程中，私人企业首先要对需求及市场机遇进行分析，评估环境不确定性，在此基础上决定是否响应该机遇，并确立战略目标，此阶段是需求导向下 PPP 项目构建的第一个环节。要构建 PPP 项目合作绩效来快速地满足消费者需求及应对环境不确定性，应该把握住两个方面内容：

① 准确识别与理解公众特定的需求，为公众提供满意的商品和服务是实施 PPP 项目的目的。对于企业来说要深知公众的需求就必须要与公众保持密切联系，在准确理解消费者需求及期望后，以此来组建项目特许经营公司指导项目的设计、制造及服务，持续的为公众创造价值。

② 在理解公众需求后，识别并评估环境不确定性程度及内容，这是构建 PPP 项目合租绩效演化的前提。合作绩效演化是为了应对环境不确定性而构建的，所以应根据所识别的市场机遇及竞争环境来分析其不确定性程度及内容。

(2) 阶段二　确定合作绩效产生的阶段过程，构建过程绩效与结果绩效。核心私营企业在第一阶段识别了公众需求及判明环境不确定性后，根据所确立的目标首先要识别项目的价值增值环节，这是组建 PPP 项目实施过程参与方的基础，通过具体的价值增值的环节的确立就可选择合适的合作伙伴，构建相应的合作结构。所以在此阶段主要把握两方面内容。

① 价值配置。准确地识别项目价值增值环节是构建合作过程绩效并提升运营绩效的基础，这是建立在了解项目建设过程及自身核心能力的基础上的，根据产品或服务的价值来判断自身企业的位置，由核心能力来判断外包及合作的内容。

② 合作参与公司的构建。核心私营企业根据所分析合作伙伴的参与方式和项目的业务性质等因素，设计 PPP 项目合作企业的具体组织形式，即项目各参与方之间的联系及合作形式，在项目特许经营公司的引导下，依照前述设计结果，构建 PPP 项目合作网络。

(3) 阶段三　PPP 项目合作绩效设计及方案实施阶段，此阶段主要是根据识别的环境不确定性及构建的网络结构使用相关的技术、方法、程序来设计合作绩效的要素，包括过程绩效、结果绩效等，这些是从合作结果的角度应对环境不确定性的具体内容，而在合作绩效具体实施过程中，使合作过程能够发挥最大效度的应是各参与企业之间是否协同，这包括管理协同、信息协同及业务协同。PPP 项目协同是实现合作绩效的重要因素，有效的管理协同可以增加企业间文化的融合、战略的统一；透明的信息共享机制能够让供应链及时准确地掌握最终公众的需求信息，有效地抑制合作过程中的“牛鞭效应”，使各企业及时安排生产，快速响应市场需求；高效的业务协同可以缩短供货时间，提高产品质量，最大限度地降低成本、缺货损失等。

(4) 阶段四　PPP 项目绩效评价及动态演进阶段，此阶段主要是对合租绩效进行评价，分析合作绩效水平与环境不确定性程度的匹配情况，适当调节绩效目标。因为绩效目标具有动态性，环境的变化使得绩效目标必须要根据环境进行适当的调节。合作绩效的高低反映项目整体对不确定性的应对能力的强弱，同时体现各合作企业之间的协同程度。同时也不是合作绩效越高越好，因为有可能绩效高，成本也高，耗费的人力物力增加。在 PPP 项目合作绩效演进的过程中，项目特许公司的动态能力起到了重要的作用，通过判断匹配水平，了解合作绩效演进方向，项目特许公司就可以根据其动态能力对合作绩效目标进行动态调节。

6.1.5　PPP 项目合作绩效演化机理

6.1.5.1　PPP 项目合作绩效演化原则

PPP 项目合作绩效演化产生的根本驱动力就是为了应对环境不确定性，获得各方满意的结果，针对于环境不确定性下的 PPP 项目合作绩效演化构建应遵循以下几个原则。

(1) 实时感应原则　由于 PPP 项目合作绩效的演化是 PPP 项目环境不确定性及其自身能力特性共同作用的结果，其演化强调环境对 PPP 项目的选择与影响。环境具有高度的动态性、复杂性及不确定性，这使得 PPP 项目合作主体必须实时地感应环境的变化并对自身柔性及时调整，所以实时并准确地感知环境不确定性是 PPP 项目合作绩效演化的关键与前提。

(2) 动态控制原则　动态性应体现在环境不确定性的动态性及合作绩效要求的

动态性上，这要求 PPP 项目合作绩效演化应注重 PPP 项目的响应速度及适应能力。因为合作绩效的体现不同于一般能力，不仅要准确地应对环境不确定性还要具备一定的范围及速度，不确定性能够把握住问题的所在，范围能够保证多维应对的能力，速度能够体现出时间角度去响应动态的环境。

(3) 权变性原则　权变理论认为不同组织所具备的内在要素及环境条件有所不同，所以在管理实践中，应根据 PPP 项目所处的环境及内部发展变化的特殊性，寻求自身最合适的管理模式。对于 PPP 项目合作绩效的演化来说也应该遵循权变性原则，根据识别的自身环境，研究 PPP 项目各子项目绩效内部及与所处环境之间的联系对绩效要素进行适当调整，提出相应的演化策略。

6.1.5.2　合作绩效演化机理分析

传统研究合作绩效的文章多集中于单纯探讨系统内部，如果系统是孤立的或封闭的，此种研究方式是合适的，而对于 PPP 项目来说，它是一个开放的复杂系统，PPP 项目内部各要素不断地与外界的物质、能量、信息进行交换，通过判断本体系统和环境系统之间的匹配程度对绩效水平进行调节。所以对于社会公众导向下的 PPP 项目合作绩效演化来说，应以一个全新的视角，将环境不确定性所需要的柔性水平作为参照点来探讨 PPP 项目合作绩效系统的演化和改变。图 6-2 给出了 PPP 项目合作绩效的演化动态分析。这里的环境不确定性，包括公众的满意度。

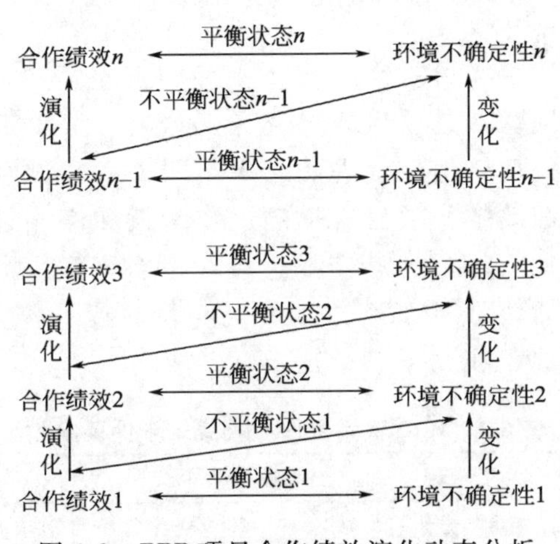

图 6-2　PPP 项目合作绩效演化动态分析

任何组织都存在于一定的环境之中，PPP 项目作为一个开放系统，它与环境在不断地进行着物质、能量和信息的交换，努力维持自身与环境之间的平衡，以求得适应性生存和持续发展。PPP 项目合作绩效的形成是一个逐步发展、演变、积累的过程，在这个过程中，PPP 项目不断地进行调整，最大限度利用本体系统的资源，进行策略组合有限捕获外部资源来达到柔性和环境不确定性的相对平衡。PPP 项目合作绩效演化与环境不确定性是处于动态平衡的过程，这正是 PPP 项目合作绩效动态特性的体现，新的合作绩效需求是由环境变化产生的，而环境的变化打破了这种平衡状态，这就驱使 PPP 项目合作绩效的演化，以达到再次的与环境不确定性平衡。当平衡再次被打破时，新一轮的演化又开始了，这是一个循环往复的过程。根据以上分析可以构建 PPP 项目合作绩效演化研究框架图，如图 6-3 所示。

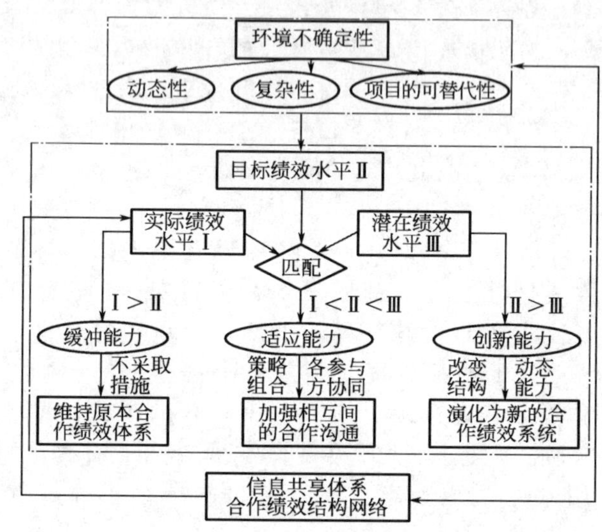

图 6-3 PPP 项目合作绩效演化研究框架

合作绩效演化应起始于项目特许经营企业对环境的感知，所谓感知环境是指外部环境在感知系统中的反映，是项目通过选择性理解、信息汇聚和判断等一系列活动组成的感知过程对有关环境信息处理的结果，即项目特许经营企业感受和认知环境变化的过程。通过目标绩效与项目合作的现实绩效和潜在绩效的对比，来进行绩效演化决策。环境的变化有缓慢、渐变的过程，也有剧烈、突变的情况发生，由于环境的变化，使得 PPP 项目原有的合作绩效空间被打破，产生新的绩效水平。具体演化条件及措施如表 6-2 所列。

表 6-2 PPP 项目合作绩效演化条件及措施

前提条件	行动或措施	体现能力
实际绩效水平＞目标绩效水平	PPP 项目各参与方具有吸收或减少环境变化对项目影响的能力，PPP 项目合作关系自身可不受环境变化影响，在不采取任何措施即不改变现状的情况下就能应对变化，能够继续有效地运行	体现为缓冲能力
实际绩效水平＜目标绩效水平＜潜在绩效水平	PPP 项目合作各方根据所感知的反应强度在不改变合作主体结构及基本特征的前提下，通过各方的合作协同，在充分利用现有资源进行策略选择与转换并做出相应的调整，适应变化	体现为适应能力
目标绩效水平＞潜在绩效水平	各方构成的合作系统不能应对环境变化，需要通过动态能力采取新举措、改变其结构或重构合租关系来提升自身对环境变化的适应能力并影响和改变外部环境	体现为创新能力

若环境变化不大时，PPP项目现有合作的基本结构和特性就可应付，这体现出合作关系结构的缓冲能力，即PPP项目各参与方能够保持自身结构及功能不改变的情况下应对环境变化；若环境的变化使得PPP项目合作关系在现有结构下可通过策略选择与转换来应对，策略选择的难易程度及所体现绩效的一致性反映了合作结构的适应能力；若环境变化过大时，合作关系现有结构可能不能应对，要形成新策略，而此种响应效率就反映了合作关系对环境的影响力或支配力，它体现的是一种创新能力。

6.2 合作绩效的衡量与影响因素

从合作绩效的演化过程可以看出合作绩效随环境变化的动态变化，除去环境的因素外针对PPP项目由于合作参与方比较多，还有影响因素。同时合作绩效的衡量与评价也有一些对应的方法。

6.2.1 合作绩效的衡量

在合作绩效的衡量方面，Mcgee，Dowling，Megginson研究中把合作绩效划分为两种，即绝对绩效和相对绩效。他们用顾客满意度、盈利能力、物流成本和关系长期性来衡量绝对绩效；用目标完成情况、利润率和利润增长速度来衡量相对绩效。Krause研究中用质量、成本和交付的及时性及灵活性来衡量买方企业所获得的绩效。武志伟、陈莹研究用企业间合作目标的完成程度、获利水平、合作满意程度以及持久合作的意向等主观方面的指标来衡量合作绩效。Anderson，Faff注意到由于企业间合作目的及方式等方面是存在差异的，导致合作实现的价值无法合理量化，因此不能只用客观指标来衡量合作绩效，还应该用一些主观指标来衡量。陈伟、张旭梅研究把合作绩效划分为两个维度衡量，即主观绩效和客观绩效。用合作目标完成程度、企业之间协调程度和合作满意程度来衡量主观绩效，用企业利润水平、新产品品种和成本的减少来衡量客观绩效。

6.2.2 合作绩效的影响因素

关于合作绩效的影响因素方面，Bradach研究结果表明信任、信息共享、共同受益和沟通有利于促进供应链成员企业间的合作顺利展开，进而促进合作绩效的提高。陈志祥、赵建军通过研究得出激励手段在一定程度上影响着供需双方的合作绩效，其中激励手段包括订单激励、信息激励、荣誉激励以及支付激励，而这四种激励手段的影响作用及影响程度是不同的。王承哲研究发现企业之间的合作绩效是由合作过程中的成本控制和价值创造决定的，只有在合作成本得到控制，合作价值能够创造出来的条件下，其成员企业自身的目标才能得以实现，才能获得持续的竞争优势。杨水利、郑建志等通过研究得出动态能力正向影响着合作绩效和关系质量，而关系质量也正向影响着合作绩效，因而动态能力可以通过关系质量来影响合作绩效。

6.2.3 合作行为与合作绩效的关系

Brennan，Turnbul 研究指出适应性意味着合作中一方或者双方对合作进行了大量专项投资，当企业在选择合作伙伴或顾客时适应性起到一定限制作用，因此可以使合作企业之间形成一种长期的经济约束。Gulati，Lawrence，Phanish 研究表明较强的共同行动能力有利于在合作过程中不断拓宽资源整合的范围，可以有效提高企业应对各种竞争形势和不确定性的能力，另外较强的共同行动能力更容易使其所具备的柔性优势发挥出来。Srinivasan，Brush 通过研究发现合作行为具有能够促进合作伙伴间合作绩效提升的作用。宋常、郭天明通过研究指出，供应链成员企业间的信息共享程度对合作绩效具有显著的影响，若某一方单独采取行动则会带来较高的机会主义成本，彼此之间的信息公开程度越大，彼此之间持久合作的愿望越强烈。向源江通过研究发现供应链合作行为，即专用资产投资、信息共享和联合行动对合作绩效起到明显的正向作用。通过对以上学者的研究总结可知合作行为对合作绩效具有积极的影响作用。

6.3 PPP 项目合作绩效评价的理论分析

6.3.1 PPP 项目合作绩效评价的定义与特征

6.3.1.1 合作绩效评价的定义

绩效评价，从人力资源管理上来定义，是对员工一个既定时期内对组织的贡献做出评价的过程，从数量和质量两方面对其工作的优缺点进行系统地描述，绩效评价是一个复杂的过程。从企业管理上来定义，是对企业占有、使用、管理与配置经济资源的效果进行的评判。从公共部门管理上来定义，是指绩效评估指政府体系的产出产品在多大程度上满足社会公众需要。

PPP 项目绩效评价是在项目确定实施 PPP 模式之后，从项目投资人、承包商、项目施工方、供应商、政府部门、社会公众等要求和关心的项目目标利益出发，对项目实施、运营相关的经济、社会、风险分担、环境和技术等各方面因素，从项目投入、过程控制、结果、影响等角度进行全面和客观的评价。绩效包括效果、效率、组织成员的满意度。效果是指产出效果的实际影响，即客观的成功；效率指的是资源的有效利用，即项目实施过程中投入产出比；而组织成员的满意度是项目对于干系人的满意程度，体现了公平的考虑。

6.3.1.2 PPP 项目合作绩效评价的特征

应用 PPP 模式投资项目属于公共项目，随着对公共项目绩效评价的研究的不断深入，众多文献论述了公共项目绩效评价与一般项目的绩效评价的区别，总结起来，这种区别主要体现在以下两个方面。

(1) 评价标准的不同　一般项目的评价标准是“3E”即经济（Economic）、效率（Efficiency）、效果（Effectiveness）。其中，经济是从节约的角度来进行说明的，指获取一定资源的成本耗费程度；效率描述了输入和输出间的关系，是指获得一定输出的输入程度；效果是指输出实现组织预期结果的程度。而公共项目的公共品性质决定其必须采取“4E”标准，即在前三者的基础上加上公平（Equity），公平是指输出在项目各相关利益主体间的公正性程度。这种评价标准的不同必然会导致评价结果的不同，正如 Bates&Holton 指出：绩效是一种多维建构，测量的因素不同，其结果也会不同。

（2）评价对象不同　一般项目的评价对象是项目的结果，这样做的原因是对一般项目而言，结果是易于测度的，而项目的过程是难以衡量的。而公共项目的评价对象不仅是项目的结果还包括项目的过程。因为对 PPP 项目而言，过程的衡量是相对容易的，如政府出台了何种政策，采取了何种措施，而结果的衡量是相对困难的，一般项目的效益可以通过定量指标来体现，PPP 项目的效益不仅包括经济效益还包括社会效益、环境效益等，很难通过定量指标来体现，只能通过定性指标定量化或定性指标与定量指标相结合来体现。此外由于项目绩效不仅取决于管理者的努力和水平，还取决于项目的内部环境和外部环境等因素，因此，仅仅对项目的结果进行考察，有时并不能准确反映管理者自身的素质以及在管理过程中付出的努力。所以不应将 PPP 项目的绩效仅仅定义为一种结果，而应该采用“过程＋结果”的含义。PPP 项目合作绩效构成如图 6-4 所示。

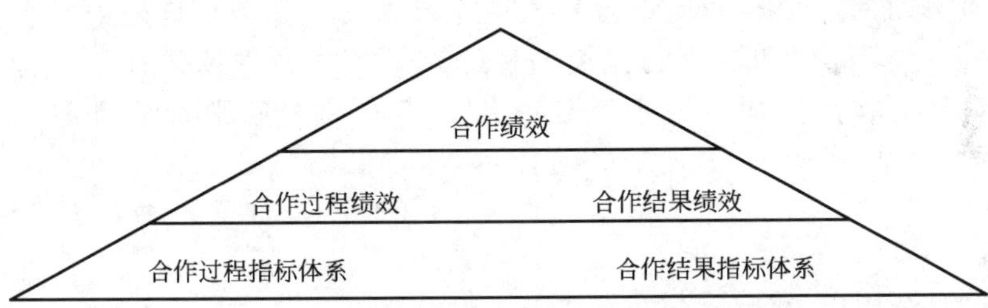

图 6-4　PPP 项目合作绩效构成

6.3.2　合作绩效评价的理论框架

6.3.2.1　合作绩效评价的目标

绩效评价目标是整个绩效评价体系的方向标和构建指南，由于 PPP 项目的特性，评价目标具体包括两个层次：一是针对 PPP 项目微观组织的评价目标。这类目标主要包括：对于完成的目标，衡量其成功程度；对组织以后的改造，提供建议或修正措施；提供反馈信息给管理者；评价组织内部的输入与产出。二是针对 PPP 项目宏观组织即政府主管部门的评价目标，这类评价目标主要包括：改进财政经济决策与资源配置水平、帮助确定适度的支出规模；优化支出结构、确保预算和财政经济决策得到实施，提高资金用效率。

6.3.2.2　合作绩效评价主体

绩效评价主体是影响绩效评价有效进行的重要部分。其选择标准要符合：具备相应能力对评估对象进行测量；可以全面反映评估对象实际情形；评估整体有助于消除或降低其构成单元的偏见。如果评价主体的选择不恰当，绩效评价结果的准确性、客观性、公正性就会受到影响。PPP 项目绩效评价主体主要包括政府机关、专家组、第三部门和社会公众。本书采用第三部门作为 PPP 项目合作绩效的评价主体。

6.3.2.3　合作绩效评价的客体

绩效评价的对象即绩效评价客体，是绩效评价活动实施作用的载体。客体是由绩效评价主体根据绩效评价要求和目的来确定的，主体与客体构成一个矛盾的双方。从主体需求可以看出绩效评价客体主要包括 PPP 项目和 PPP 项目的组织和组织管理者。不同的客体之间在特性上存在着较大的差异，这些差异在人们研究制定具体绩效评价体系时会直接干扰绩效评价指标体系的确立和绩效评价方法的正确选择。即针对不同性质的 PPP 项目，在对其绩效进行评价时，所构建的指标和采用的评价方法也是不一样的。

6.3.2.4　合作绩效评价指标

评价指标是绩效评价内容的载体，也是绩效评价内容的外在表现，其含义必须明确，如果含义不清楚就会影响评价的结果，甚至是评价工作无法进行。为了进行评价，必须确定评价指标和建立评价指标体系，科学、合理的评价指标体系是对绩效进行全面分析和评价的先决条件。PPP 项目合作绩效评价指标的建立应根据 PPP 项目的特点、项目管理特点，依据指标设置原则，结合项目三个过程阶段中所包含的具体子过程应完成的任务，按照工作分解结构和文献检索及借鉴已有的研究成果，首先建立初始指标集，再经过筛选而形成的最后的评价指标体系。

6.3.2.5　合作绩效评价方法

项目评价有其自身的方法论体系，项目评价结论的科学性，很大程度取决于评价方法。评价方法研究是建立评价工作体系的重要组成部分。评价方法选择得当与否，直接影响到评价结果。对于同一类项目或同一个项目运用不同的评价方法可能会有不同的评价结果，故在选择代建项目过程绩效评价方法时要考虑到项目自身的特性，采用合适的评价方法。考虑到评价方法的实用性及 PPP 项目的特点，经过对评价方法的筛选，拟采用因子分析法以及专家评价法对代建项目过程绩效进行评价。

6.3.2.6　合作绩效评价原则

绩效评价的目的和 PPP 项目的本质特征，决定了 PPP 项目绩效评价不仅要关注 PPP 项目作为私营部门投资项目的投入产出效率，又要关注 PPP 项目作为基础设施项目的社会公平性。2004 年英国财政部颁布了《资金价值评估指南》，将资金价值最大化作为 PPP 项目前期评估的指导思想，来判定是否采用 PPP 模式还是采用传统投资模式。但在判定项目经济性和可行性的基础上，PPP 项目评价应该进一步回答 PPP 模式进行建设运营是否有助于提高资金效率的问题，从而为决策者提供决策依据。学术界借用了政府资金效益审计中的 3E 原则来概括 PPP 项目评价的基本原则。鉴于已有 PPP 项目运作的经验，又加入了社会公平（Equity），即构成本 4E 原则。

公平性是一种价值判断，是社会发展的根本动力，包括文化公平、经济公平、政治平等和社会公正。基础设施项目关系到社会民生基本社会运行，PPP 项目的根本目的也是充分利用社会资源满足人民基本的物质文化生活，因此 PPP 项目运营过程中体现的公平有效也成为公众越来越关注的焦点。

对 PPP 项目的绩效评价用 4E 原则，从项目的经济性、效率性、效果性、公平性四个维度对 PPP 项目进行绩效评价。合作绩效评价体系理论框架如图 6-5 所示。

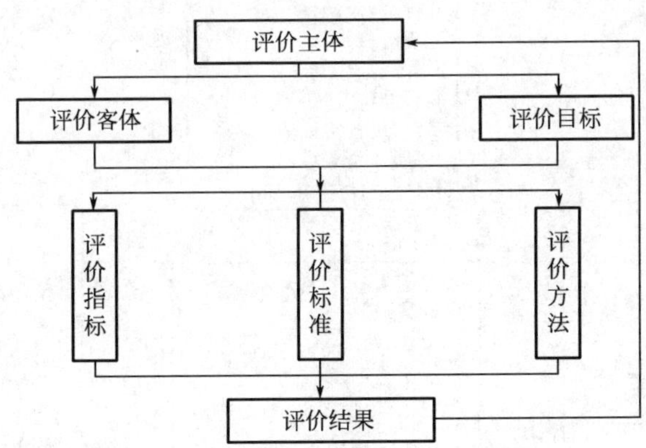

图 6-5　合作绩效评价体系理论框架

6.4　PPP 项目合作绩效指标体系构建

6.4.1　PPP 项目合作指标体系选取的原则

构建 PPP 项目合作绩效评价指标体系必须遵循一定的原则。

（1）可测性原则　PPP 项目绩效评价指标的可测性主要包括绩效评价指标本身的可测性和指标在评价过程中的现实可行性。绩效评价指标本身具有可测性是指评价指标可用操作化的语言定义，所规定的内容可以运用现有的工具测量获得明确结论。

（2）整体性原则　首先，整体性原则要求指标体系内指标全面、系统地反映 PPP 项目合作绩效的数量和质量要求。它要求指标体系不遗漏任何一项重要指标，通过各项指标的相互配合、系统体现 PPP 项目合作绩效的数量和质量要求。其次，指标体系中的各个具体指标之间，在其含义、口径范围、计算方法、计算时间和空间范围等方面，要相互衔接，综合、系统地反映地方政府公共事业管理绩效各构成要素之间的数量关系、内在联系及其规律性。

（3）可比性原则　首先，指标体系中的指标要具有相互独立性。同一层次上的指标之间必须相互独立，不能交叉重叠，否则就无法比较。其次，指标必须反映PPP项目合作绩效的共同属性，反映PPP项目合作绩效属性中共同的东西。

（4）可行性原则　可行性原则对PPP项目合作绩效评价指标体系构建做出两个方面的规定。一是指标要有针对性。根据特定项目目标来设定绩效评价指标，做到有的放矢。二是评价指标要有可操作性。能够量化的指标尽量量化，不能量化的指标，尽量使用如“优”、“良”、“一般”、“较差”、“差”等多阶段标准。

6.4.2 PPP项目合作绩效关键绩效体系

根据绩效指标选取的原则，在文献综述和调查问卷的基础上得出关键绩效指标体系，如图6-6所示。

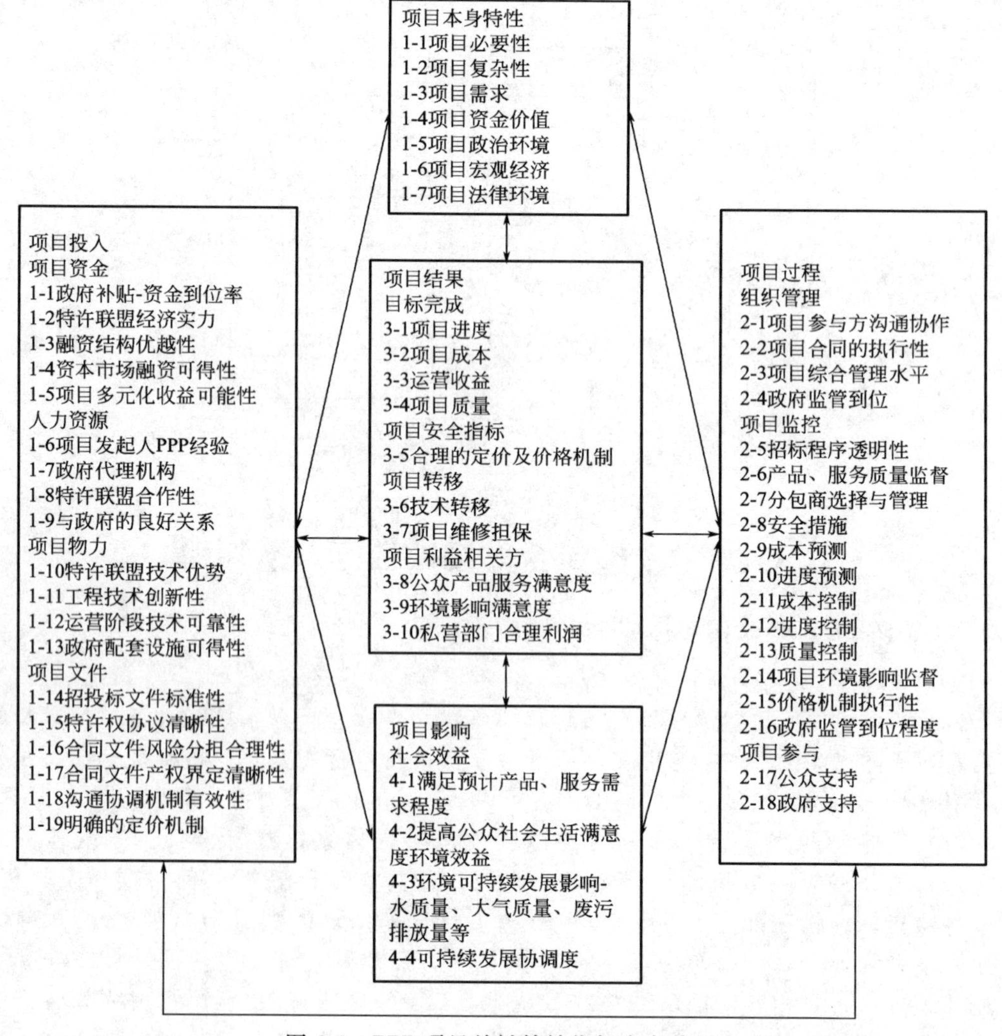

图6-6　PPP项目关键绩效指标内在关系

指标共分为可以五类，第一类是与项目本身特性相关的，这些包括项目自身的内部特性和外部特性，内部特性包括项目本身的需求，项目复杂性等，外部特性包括项目所处的政治经济环境，这些指标在项目立项过程中具有重要的影响作用，但是作为项目自身特点，只能是被动接受，很难实际提高其效率水平。第二类是项目的投入性指标，包括人力、物力、财力以及无形的文件、合同等；第三类是项目过程类指标，包括项目的组织管理、项目监控、项目参与等；第四类是项目结果类指标，指的是项目参与各方的直接满意度；第五类是项目结果类指标，指的是从项目长期影响角度出发的项目影响指标，包括项目环境、社会效益等。

（1）定量指标　在 PPP 绩效评价指标中，既有定量指标，也有定性指标。不同类型的指标其确定的方式和相应的指标基准是不同的。评价指标标准一般可以根据不同类型项目的实际情况查阅相关资料获取。对于其中不能通过查阅文献获得的指标数据，可以通过设立相关的测度指标或进行专项调研的方式获得，这些指标需要依赖于定性研究，单一的量化缺乏实用性。本研究中可量化指标的定义主要基于两个方面，一方面是现有英国 KPI 体系中现有指标，另一方面是查阅相关指标研究或项目评价的文献得到。各个阶段可以量化指标的计算方式和定义，如表 6-3 所示。

表 6-3　PPP 项目绩效评价定量指标

阶段	KPI 维度	KPI	KPI 定义
立项	本身特点	项目资金价值	PPP 项目　VFM/传统项目　VFM
招投标	项目投入	政府补贴	补贴比例
特许权授予	项目投入	与政府沟通有效性	特许谈判实际进度/预期进度
		政府补贴安排	补贴的资金价值比例
建设施工	项目投入	政府补贴到位率	政府到位资金/政府承诺资金
		项目资金可得性	实际到位资金/预期到位资金
	项目过程	沟通协调	沟通有效次数/沟通次数
		进度预测	累计预定天数/累计实际天数
		成本预测	（实际成本—估算成本）/估算成本
		成本控制	已完成工程实际成本/已完成工程预期成本
		进度控制	本期实际进度/本期预计进度
		质量控制	本期通过检验次数/本期检验次数
		安全控制	本期工程安全事故发生件数
项目运营阶段	项目投入	政府补贴到位率	政府到位资金/政府承诺资金
		政府配套设施到位率	政府实际提供配套设施/政府承诺配套设施
		运营技术可靠性	规定时间设备发生故障的次数

续表

阶段	KPI 维度	KPI	KPI 定义
项目运营阶段	项目过程	成本分析	同期成本变动幅度合理性
		安全控制	本期安全事故发生的次数
		沟通协调机制	沟通有效次数/沟通次数
		政府运营监管	解决投诉次数/投诉次数
		政策支持度	投资回收期期内政府政策的变动
	项目结果	私营部门合理利润 项目收益率	项目收益率
		政府投资控制率	实际投资/计划投资

（2）定性指标　PPP 项目绩效指标体系中有一定数量的定性指标如表 6-4 所示，对某些不能明确可测只能进行定性评价的指标如何定量化的问题，国内外进行了许多研究，定性指标定量化方法很多，但由于问题的复杂性，至今仍没有一个完善解决的方法，在应用中常根据实际情况综合使用多种方法。为实现定性指标的定量化，通常的做法是：首先给定性指标以明确定义，再根据指标定义和实际情况给指标评分，作为该指标的标值。定性指标的评价主要依据上一节对指标的含义，通过专家访谈、实地调研等方法得出，其中对于指标值的评价采用了凯里（Kelly）1955 年提出的格栅获取法，每一个格栅是由元素和属性组成，每一个元素都可以被属性的一极或是另一极描述。一个元素的属性通过 1～5 级或是 1～7 级来表示的。本书采用了 1～5 级的表示法，1 级表示最好/最满意，2 级表示比较好/比较满意、3 级表示可以接受，4 级表示比较差/比较不满意，5 级表示很差/很不可接受。

表 6-4　PPP 项目绩效评价定性指标

项目阶段	KPI 维度	KPI 指标
项目立项	项目复杂性	类似项目经验
		项目需求
		项目政治环境
		项目法律环境
		项目本身特性
		项目经济环境
招投标阶段	项目投入	发起人经济实力
		发起人技术实力
		融资结构
		项目方案经济技术适用性
		多元化收益可能性
		发起人 PPP 经验
		政府招标代理机构能力

续表

项目阶段	KPI 维度	KPI 指标
招投标阶段	项目过程	招投标透明性
特许权授予	项目投入	特许权协议清晰性
		政府补贴安排
		合理的价格机制
		风险分担合理性
		产权界定清晰性
建设施工	项目投入	承包商实力
		承包商经济技术能力
	项目结果	公众产品服务满意度
		项目维修担保
	项目影响	项目环境影响
运营阶段	项目过程	公众支持度
		政策支持度
	项目结果	公众产品服务满意度
	项目影响	社会效益
		环境影响
项目移交	项目结果	技术转移
		运营转矿
		维修担保

PPP 项目合作绩效评价结果的准确性以及评价过程的繁简程度，在很大程度上取决于最终合作绩效评价指标选取得当与否以及指标数量的多少。在分析各项定量与定性指标的基础上，遵循了几个基本原则选取最终的评价指标：第一，选取的指标必须能够反映当前我国 PPP 项目的现实状况，指标涉及的内容应是 PPP 项目企业普遍关注的重点问题；第二，选取的指标应与我国的会计及统计制度相衔接，其计算依据资料具有较强的可得性，即较易从企业现有的会计核算资料中获得；第三，所选取的各指标之间，应在涵盖的内容上不重叠，而在解释功能上互相配合互相补充；第四，PPP 项目合作绩效评价体系必须囊括能对过程绩效、结果绩效和 PPP 项目整体绩效做出评价的指标；第五，选取的指标应易于量化。根据以上原则结合工程实践经验对分析的绩效指标作最终的筛选，建立表 6-5 的 PPP 项目绩效评价指标体系。

表 6-5 PPP 项目合作绩效评价指标体系

一级指标	二级指标
A. 项目前期决策	A1. PPP 项目 VFM/传统项目 VFM
	A2. PPP 项目经济环境
B. 项目建设过程合作能力	B1. 融资结构、资金比例
	B2. 项目方案经济技术适用性
	B3. 沟通有效次数/沟通次数
	B4. 合同履约率
	B5. 工期控制能力
	B6. 成本控制能力
	B7. 质量保障能力
	B8. 风险控制能力
C. 运营能力	C1. 运营技术可靠度
	C2. 政府运营监管
	C3. 政府补贴到位率
	C4. 现金流周转时间
	C5. 公众支持度
	C6. 建设项目成本水平
D. 盈利能力	D1. 市场占有率
	D2. 私营部门合理利润项目收益率
	D3. 政府投资率
	D4. 安全生产控制能力
E. 公众满意度	E1. 竣工准时度
	E2. 故障频率及处理及时度
	E3. 环保控制能力
	E4. 公众抱怨率
	E5. 返工率
F. 合作伙伴密切程度	F1. 供应商产品合格率
	F2. 供应商准时交货率
	F3. 合作方的界面处理
	F4. 合作企业间信息沟通水平
	F5. 仲裁或诉讼的比率
	F6. 停工等待时间

6.5　PPP 项目绩效评价体系构建

6.5.1　标杆法评价的基本理论

6.5.1.1　标杆的含义

《牛津高阶英汉双解词典》对标杆（benchmark）解释是“mark cut in rock concrete post，etc. By surveyors for use in measuring comparative levels，etc”。中文即测绘人员为测量相对高度而由此在岩石、混凝土立柱等建筑物上刻画出的标记，也就是基准点，即供比较之用的样板或参照点。实质上，标杆最早就是运用在测绘领域。由于社会科学知识体系的相互融通性，在 20 世纪 70 年代，标杆的含义不仅仅只局限在测量参照的范畴，更多地使用在其他的领域。如今的标杆，已立足于广义的理解，是指可供参照的标准或者基准。帕特里夏基利指出，标杆是标杆管理机构所建立的绩效或绩效水准。此定义说明标杆隶属于绩效的范畴之内，通过建立标杆的形式达到改进绩效的效果，标杆的实质就是绩效问题。标杆无处不在，并且随时随地可见。施乐公司首创的标杆管理被定义为：企业通过向行业内、行业外优秀企业学习，帮助企业本身改善经营绩效，提高竞争力，是个系统性的、可持续的评估过程。它是一个模仿—学习—创新的过程。

标杆管理方法产生于企业的管理实践，目前对于标杆管理还没有一个统一的定义。Camp 提出标杆管理是组织寻求导致卓越绩效的行业最佳实践的过程。这个定义包括所有不同水平和类型的标杆管理活动，应用于跨国度、跨行业的产品、服务以及相关生产过程的可能领域。该定义的另一个好处是简单易于理解。可运用于任何层次以获取卓越绩效。它强调卓越的绩效，促使雇员将寻找最佳实践概念深存于脑海之中，唯有最佳实践才能导致卓越绩效。

6.5.1.2　标杆法的优势

目前普遍采用的项目绩效评价方法，可以划分为定性分析和定量分析两大类。单纯的定性分析主观性大，容易受到各种主观因素的影响，精确性不高，所以近年来学者纷纷转向定量分析，其中主成分分析法、模糊综合评判法、数据包络分析法（DEA 算法）应用较为广泛。但是，这几种方法也有其内在缺陷。例如，主成分分析法需要收集大量的数据；模糊综合评判法不能解决评价指标间相关造成的评价信息重复问题，且各因素权重的确定带有一定的主观性；DEA 算法在建模过程中，指标选择不当可能会导致无解以及精度不高的缺陷，其数学意义也过于高深，实际操作难度很大。标杆法本质上是一种以实践与过程为导向的管理方式，其基本思想包括系统优化、持续改进和不断完善。与其他绩效评价方法相比较，标杆法的突出优势在于：

（1）避免了纯粹定量或纯粹定性分析的缺陷，通过参照同类标杆指标（定性和定量指标均有）更为直接、方便地找出其本身存在的不足。

（2）标杆法有助于企业从长期战略角度思考和确定企业的未来目标，克服其他评价方法只能从短期策略角度进行考量和评价的缺点。标杆法可以清楚地显示各参与方在其行业中所处的竞争地位，从而便于决策者制定有针对性的中长期竞争战略。

(3) 标杆法实现了定性和定量分析的有机结合，有助于提高 PPP 项目合作绩效评价的科学性和系统性，减少主观因素的影响，能够真正实现基于事实的比较，而且由于标杆法的针对性很强，PPP 项目的管理者和利益相关者能基于标杆法的评价结果提出更具针对性的管理改进方向。

6.5.1.3　标杆的核心-最佳实践

最佳实践即标杆管理中的标杆。最佳实践是优于组织目前做法的实践；是最适合组织的独一无二的实践方法；是受到业内人士和媒体广泛关注的实践方法；是一种能够受到奖励的成功做法。对最佳实践的界定，完全来源于组织本身，因为运用实践的主题就是组织，组织对于最佳实践标准是最有发言权的。一般采用如下的标准：具备可以被跟踪的记录；具备可量化的结果；具备革新性；最佳实践的成果要被认为是具有积极意义的；具有可重复性；具有局部的普遍性。

6.5.2　PPP 项目合作绩效的标杆评价

6.5.2.1　PPP 项目的最佳实践和绩效目标

进行标杆管理的关键是寻找、确立标杆。要实施标杆管理，首先要解决的关键性的问题是标杆瞄准的内容。重点正是寻找与选择标杆瞄准的目标，搭建标杆与绩效评价之间的桥梁。标杆管理不是盲目的学习而应该基于明确的目标。在 PPP 项目的绩效管理中，追求“最佳实践”是项目的终极目标。PPP 项目中的最佳实践强调质量、效率、效能、物有所值（VFM）和高质的绩效水准。这些价值元素的重点在于集成利益相关者细致而复杂的需求，形成特定项目最佳实践。

PPP 项目的绩效目标作为 PPP 项目具体的绩效管理目标，用以指导 PPP 项目的绩效管理。PPP 项目的绩效目标集成了 PPP 项目各个利益相关者需求，这些需求是由绩效目标中一系列子目标组成，把识别的不同的子目标划分为不同的等级，等级的设置是为了适应在不同项目中和不同激励水平下产生的不同的利益相关者需求，是具体项目中所有利益相关者共同确定的一个适合本项目的努力方向和应当达到的水平。

基于“最佳实践”的 PPP 项目绩效目标使得新建的基础设施可以充分满足公共部门的战略规划和任务的需求、私营机构长期的发展和收益战略需求（如成本目标、进度目标和盈利目标）以及社会大众对高质量公共设施和服务的需求。可以发现，“最佳实践”和绩效目标代表了 PPP 项目两个目标水平。前者是一个普遍性的适用于各类 PPP 项目的目标，是所有 PPP 项目都希望达到的最高境界；后者是项目的利益相关者在项目内部自我确定的项目目标，是针对具体项目设定出的内部目标。

6.5.2.2　标杆法进行 PPP 项目整体绩效评价的步骤

绩效目标是对 PPP 项目过程绩效和结果绩效的评价，基于标杆法的 PPP 项目最佳实践合作绩效评价的实施步骤具体如下。

（1）建立绩效评价指标体系　这也就是建立的 PPP 项目合作绩效评级指标体系。

（2）属性值标准化　属性值标准化是指要确定各项绩效评价指标的目标值，并以该目标值作为参照标准。目标合作绩效可以是该行业中居领先地位的 PPP 项目的合作绩效，或是行业中符合所有或绝大多数成功标准的 PPP 项目，也可以是公司期望达到的合作绩效水平。在进行属性标准化这一步骤时，需要计算供应链的每个标准化属性值 S_j^d，分别有两种不同的情况：一种是属性值趋向于最大化（即指标值越高越好，例如收益率等），另一种是属性值趋向于最小化（也就是指标值越低越好，如返工率）。各绩效评价指标的行业目标值用 a_j^d 表示，各指标的当前值用 a_{*j}^d 表示。属性倾向于最大化的：$S_j^d=10a_j^d/a_{*j}^d$；属性倾向于最小化的：$S_j^d=10a_{*j}^d/a_j^d$。

（3）建立模型计算综合评价值　用 β 来表示 PPP 项目整体合作绩效的标杆评价值：

当 $80\leqslant\beta\leqslant100$ 时，表示项目的整体合作绩效为优，处于行业优秀水平；

当 $70\leqslant\beta\leqslant80$ 时，表示项目的整体合作绩效为良，处于行业较好水平；

当 $60\leqslant\beta\leqslant70$ 时，表示项目的整体合作绩效一般，处于行业平均水平；

当 $\beta<60$ 时，表示项目的整体合作绩效较差，达不到行业平均水平。

β 的具体数值是通过将 PPP 项目整体合作绩效各标杆评价指数进行加权平均得出，综合绩效评价模型为：

$$\beta=\sum_{i=1}^{p}\left[\varepsilon_j\sum_{j=1}^{[f(t)]}\theta_{ij}\left(\frac{m_{ij}}{s_{ij}}\rho(i,j)\right)\right]$$

$$st.\begin{cases}\sum_{i=1}^{p}\varepsilon_j=1\\ \theta_i=\sum_{j=1}^{[f(t)]}\theta_{ij}=1\\ 0\leqslant\left(\frac{m_{ij}}{s_{ij}}\right)\leqslant1\end{cases}\tag{6.1}$$

其中：$\rho(i,j)=-1$ 或 1；$i=1,2,\cdots,p$；$j=1,2,\cdots,[f(i)]$。

β 表示供应链整体绩效的标杆评价值；

ε_i 表示第 i 个一级指标的权重值；如果认为第 i 个一级指标是无效的，则令 $\varepsilon_i=0$；

θ_{ij} 表示第 i 个一级指标中的第 j 个二级指标的权重值；如果认为第 ij 个二级指标是无效的，则令 $\theta_{ij}=0$；

θ_i 表示第 i 个一级指标中的 $[f(i)]$ 个二级指标的权重值的和；

m_{ij} 表示第 i 个一级指标中的第 j 个二级指标的实际运作值；

s_{ij} 表示第 i 个一级指标中的第 j 个二级指标的标杆值；

$\rho(i,j)=-1$ 或 1 用来表示第 i 个一级指标中的第 j 个二级指标与目标值之间是正相关还是负相关。如果两者为负相关的话，则令 $\rho(i,j)=-1$；如果两者为正相关的话，则令 $\rho(i,j)=1$；$j=[f(i)]$ 表示 j 与 i 之间存在一定的函数关系，并且应取正整数。如果 $\left(\frac{m_{ij}}{s_{ij}}\right)\rho(i,j)>1$，则以 $\left(\frac{m_{ij}}{s_{ij}}\right)\rho(i,j)=1$。

6.5.3 建立 PPP 项目合作绩效标杆的持续改善模型

基于标杆管理的 PPP 项目合作绩效改善模型如图 6-7 所示，将标杆管理的思想应用到 PPP 项目管理活动的改善中。由于标杆管理注重过程的评价，因而可以对合作工作的各个流程进行考核，避免了传统评价中重视结果考核的不足，从而提出改善意见。在这一持续改善模型中，可根据前述分析找到相应的最佳实践内容，而目前 PPP 项目合作绩效水平可采用问卷调查的方式（强度可用 1～5 表示，5 表示非常符合，1 表示非常不符合），利用相应的统计数据分析可以得到目前的绩效水平情况。

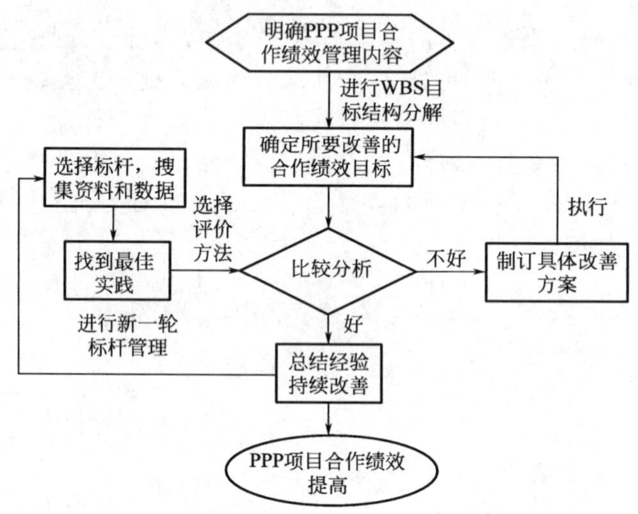

图 6-7 基于标杆管理 PPP 项目合作绩效持续改善模型

6.5.4 PPP 项目合作绩效结果评价的说明

可推出 PPP 项目结果的评价主要包括两个方面，公众满意度的评价和经营结果的评价。每一个结果类都要测量其实际完成情况以及实际与目标之间的差距，这些差距包括实际结果与计划目标以及与竞争者或同类中最佳实践者之间的差距，是进行条件因素诊断分析的出发点。

6.5.4.1 公众满意结果的评价

以公众利益为关注焦点是 PPP 项目的最初目的。公众满意结果的评价包括对公众满意结果的直接感受测量和间接测量。直接感受测量用于反映公众真实的满意性感受，包括产品服务质量、使用过程质量、对公众需求的响应速度、抱怨的处理等指标。间接满意测量用于反映公众保留、公众忠诚等情况，包括顾客保持率、顾客库波动率等指标，可以作为对顾客直接满意性指标的调整或修正。公众满意结果数据的收集可以通过顾客投诉、与顾客直接沟通如座谈会、个人访谈、电话访谈、顾客论坛、问卷调查、相关部门的报告如行业研究报告、各种媒体的报告等多种方式进行。顾客满意结果的信息收集应尽可能宽广和全面，包括来自企业一线人员的意见、对组织顾客或竞争对手顾客的直接调查、顾客数据库的变化等数据中获得的信息等。

基于对公众满意结果的收集，组织可以按照图 6-8 进行评价。一方面将公众满意结果与组织的计划目标进行比较，另一方面与可比较的对象如竞争者或一流水平进行比较，分析已经达到或没有达到的目标，并对未达到目标进行差距及原因分析，从而为合理评价顾客满意结果和制订下一步改进计划提供信息支持。

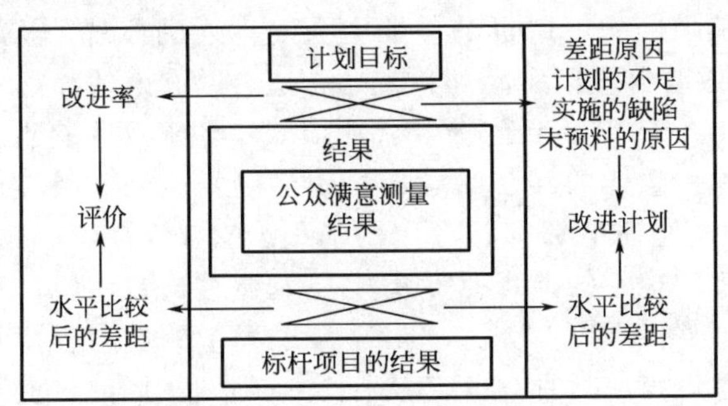

图 6-8　公众满意度的评价

6.5.4.2　经营结果的评价

经营结果的评价主要衡量组织达到其经营目标的程度，经营目标主要针对组织期望获得的收益目标，包括财务类目标和非财务类目标。目标必须是可测量的，以便管理者进行有效和高效地评审。评价过程中，一方面要检查与经营目标相关的结果，确定结果和目标之间的绩效差距，并对绩效差距展开分析，另一方面还要与一流水平进行水平比较，为下一步改进目标的制定提供决策信息。为便于指标的收集整理，按照财务性和非财务性两类对经营结果进行评价。

(1) 非财务性评价由于没有直接给出经营结果指标的分类，因此，参考我国卓越绩效评价中的分类，按照市场结果和过程结果两类对非财务性经营结果进行评价。其中，市场结果的评价指标主要包括市场占有率、市场覆盖率、业务增长、新增市场等过程结果的评价指标主要是对过程有效性和效率的评价，包括过程能力、反应时间、生产周期、可信性、技术应用、废物减少、费用降低、投入产出比、人员的有效性和效率等指标。

(2) 财务性评价包括质量成本分析指标和效益性指标两类。质量成本分析指标包括预防和鉴定成本分析、不合格成本分析、内部和外部故障成本分析、寿命周期成本分析等各方面效益性指标包括投资收益、主营业务收入、利润总额、资本保值增值率、资产负债率等通用指标，但又不局限于这些指标，组织可以根据《国家会计准则》、《财务通则》和行业特点选择具有代表性的评价指标。

6.5.5 基于合作绩效评价的激励机制

绩效评价的激励机制，就是参与PPP项目的私人部门和公共部门采用多种方法，按照特定的标准和程序激发绩效评价的主体的动机，引导其努力实现绩效评价目标的一整套制度安排。其核心功能在于调动绩效评价主体和客体进行绩效评价的积极性、主动性和自觉性，使PPP项目的绩效评价成为一种自觉的行为。

从激励理论可以看出，激励因素无非就是物资上和精神上的激励。物资激励的主要形式是经济激励，当然还有其他形式的物资激励，是显性的，“双因素理论”认为薪金虽然是一保健因素，但经济激励永远不能被忽视，这也体现了经济激励的重要性。精神激励是一个人或团队所付出的劳动在社会中的体现，是能否被社会认可的一种激励机制，是隐性的，这也是“社会人”本质的体现。从这一点可以得知对于PPP项目合作绩效改善应用激励理论是非常适合并有效的。

依据激励理论，在PPP项目的绩效管理模式中，对私人企业的有效激励可以分为显性激励（如对私人企业的经济激励即物资激励）以及隐性激励（如企业的声誉激励即精神激励）。任何理论都有其应用的前提，对于PPP项目也不例外，PPP项目管理中应用这一激励理论的前提是政府委托人能够通过实际的观测以及分析得到的一些具体信息来了解代理人在公共项目建设过程中的努力程度和公共部门的投入及产出效果，而企业过程绩效评价正解决了这一问题。因此，利用过程绩效评价结

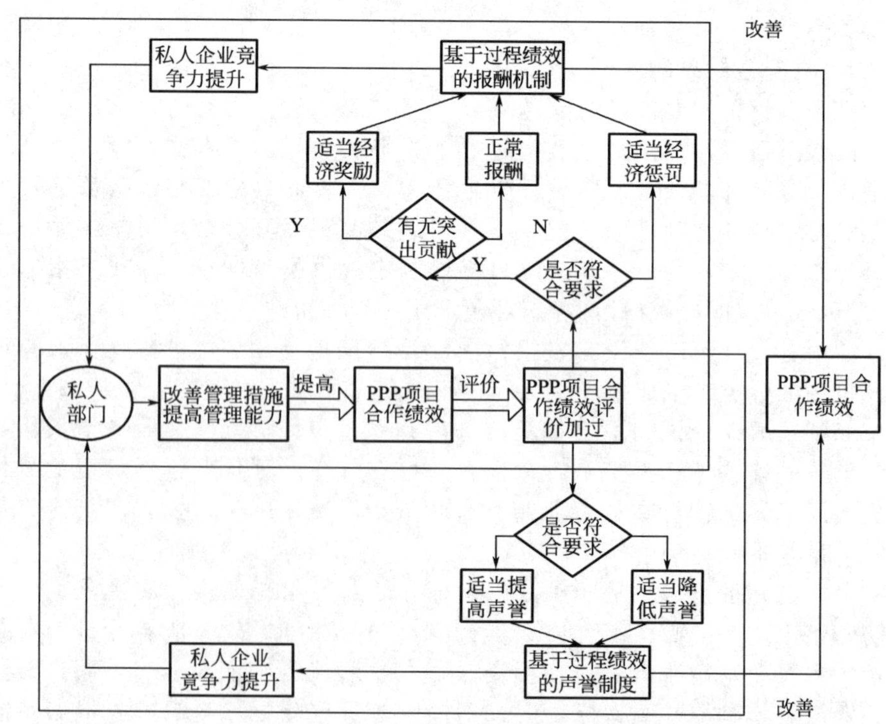

图 6-9 基于合作绩效评价的激励机制框架

果可以考核企业项目的管理情况以及实际的产出结果，在此基础上提出了将企业的过程绩效与企业的报酬和声誉挂钩，从而对 PPP 项目的企业部门产生有效的激励，使其积极采取有效措施，提高 PPP 项目的合作绩效，进而达到改善 PPP 项目合作绩效的目的，基于合作绩效评价的激励机制框架如图 6-9 所示。

从图 6-9 可以看出，提出的 PPP 项目合作绩效评价的激励机制，包括基于报酬的显性激励和基于声誉的隐性激励。这两种激励机制均通过对 PPP 项目参与者的过程行为的记录，通过一定的手段得到过程绩效评价结果，再依据过程绩效评价结果进行激励，从而提高 PPP 项目的合作绩效，最终达到 PPP 项目整体合作绩效改善的目的。基于过程绩效评价结果的激励机制，能够对 PPP 项目合作绩效评价的对象，即当期的 PPP 项目的合作绩效具有改善的作用，从而解决了由项目的一次性特征所导致的一般意义上的后评价对项目合作绩效改善滞后的局限性。

6.6　本章小结

本章对于 PPP 项目的合作绩效与合作治理的关系进行了详细的阐述，找出了两者之间的联系，为更好地进行合作绩效的管理提供了理论支持。分析了 PPP 项目合作绩效的演化过程，确定了合作绩效演化与环境不确定性之间的逻辑关系。构建了合作绩效指标体系及利用标杆法构建了过程合作绩效的评价体系，并在合作绩效研究的基础上构建了 PPP 项目的动态激励机制。

第7章　PPP项目互动机制设计

7.1　基本概念

7.1.1　互动的内涵

“互”是交替，相互的意思，“动”有使起作用或变化的意思。归纳起来，“互动”就是指一种相互作用而彼此发生作用或变化的过程。因此，“互动”应该是一种使对象之间相互作用而彼此产生改变的过程。互动首先是多主体之间发生的相互作用，并且互动是一种双向关系，而不是单向的因果关系。根据应用领域的不同，互动在不同的学科有不同的含义。

物理学较早地阐述互动的概念，以解释物体或系统之间的作用或影响，说明能量守恒定律。社会学在19世纪即应用互动的概念来解释社会学现象，并形成了具有丰富理论内容的“社会互动论”学说。伴随着现代化、社会化程度的提高，人与人之间、事物之间、系统之间的相互影响无论在广度和深度上，都进入了新的层次。因此互动关系的研究、互动概念的使用也涉及了越来越多的领域。

一般意义上，互动是对象之间彼此相互作用而产生变化的过程。互动是各种存在相互影响与制约的交互运动，主观地位视条件而定，有积极良好的正向互动和消极恶性的负向互动，一般常指良性互动。

互动研究目前已经扩展到了许多学科领域。互动研究隶属于国家创新系统研究，在教育、管理、工程等方面开始较早，与社会学中的“互构”类似。目前，互动研究引起了社会的广泛关注，互动关系的研究、互动概念的使用涉及越来越多的领域，“互动机制”概念的使用也具有较高的频率，互动研究已经扩展到计算机科学、教育学、心理学、地理学、社会学、经济学、生态学与环境科学、科技创新等各个领域，但应用于PPP项目中则是近年的新进展，因此需要不断发展和完善。

关于互动结构，按照形态可分为互动源（包括双源、三源、多源）、互动带（包括双带、三带、多带）、互动汇（包括单汇、双汇、多汇）三种，由点到线再到面，不断高级化，互动的对象和要素渐趋繁多。按照结构可以分为互动链（包括直接互动、二次互动、多次互动）、互动圈（环）、互动网（包括生态系统网、社会网、区域网等），由直线型到循环型再到网状，系统渐趋复杂和稳定。

7.1.2　PPP项目互动机制的内涵

PPP模式中政府与企业以特许权协议进行全程的合作，为项目运行的整个周期负责。PPP模式中政府部门可以利用私人企业的高效管理与技术，提高项目的运营效率，而私人企业借助政府这个平台既可以获取利益，并且由于政府部门是政策法规的制定者，可以减轻风险。政府部门的目标是公众利益的最大化，私人企业的目标是个人利益最大化，由于 PPP 项目投资大，周期长，政府有可能为了自身的利益成为“规制俘虏”出现逆向选择和道德风险，此时为了确保公众的利益，社会公众作为第三方来对政府和私人企业进行监管是必不可少的。PPP 公私伙伴关系模式的出发点就是在整个工程项目的实施过程中，充分考虑各参与方的利益，设定其共同的目标，发挥最大的资源效益，共同解决问题，避免诉讼，培育合作、信任、健康的工作关系，使项目取得超常的效益，并使参与各方的利益都得以实现。

我国正处于社会转型的关键时期，政府改革的越来越深入，私人企业在经济社会发展中的作用越来越大。政府的改革促进着企业的发展，而企业的发展同样推动着政府职能的变革，两者的良性互动可以起到双赢的效果。PPP 项目的互动是指政府、私人企业、社会公众形成的一种良性合作伙伴关系，相互监督，优势互补、职能互补、在最短的时间内最大限度的整合社会资源，从而更加高效创造社会价值，实现社会公众和私人企业利益的最大化。

在我国社会转型的大背景下，PPP 项目管理日趋复杂，需要多元化的治理主体，政府与企业、社会公众有必要构建一种良性互动机制，从社会的政治、法律、文化、组织机构层面上，规范由政府占主体地位、企业独立行使一定权利的合作关系，但通过对我国的现实情况分析，这种机制的形成不是一朝一夕的。现代社会要求治理主体的多元化，这是社会的必然趋势，只有政府与企业、社会公众沟通参与治理，才能达到“善治”的理想状态。在保持各自一定独立性的基础上，政府与企业、社会公众之间应当是有机统一的关系，唯有良性互动合作，才能全面提高 PPP 项目管理能力。在我国政府与企业、公众组织的关系上，各方在彼此保持独立性的基础上建立良性互动的机制符合社会发展规律，三者的合作才可以达到共赢。公众组织自身的组织性、公益性、民间性等特征及灵活性、专业化、低成本等优势，能有效弥补政府行为的不足，使更大范围的社会群体的利益都得到切实的保障。因此，在政府与企业、公众良性互动机制的规范下，进行互助合作，共同参与到公共事务的管理中，更能起到相互监督、相互制约的作用。

7.2　PPP 项目利益相关者分析

PPP 项目的利益相关者的定义应该从广义上来理解，即因项目的建设活动而受益或受损，能够影响项目目标的实现或被项目目标实现而受影响的人或团体，都是 PPP 项目的利益相关者。

7.2.1　PPP 项目合作关系

PPP 模式下政府公共部门通过与私营企业建立伙伴关系提供公共产品或服务。在联合投资中，政府既保留最终管理者的身份，同时又是运营公司的股东，公共和私人股东对投资共同负有责任，双方共担风险和共享收益，PPP 横向合作关系如图 7-1 所示。

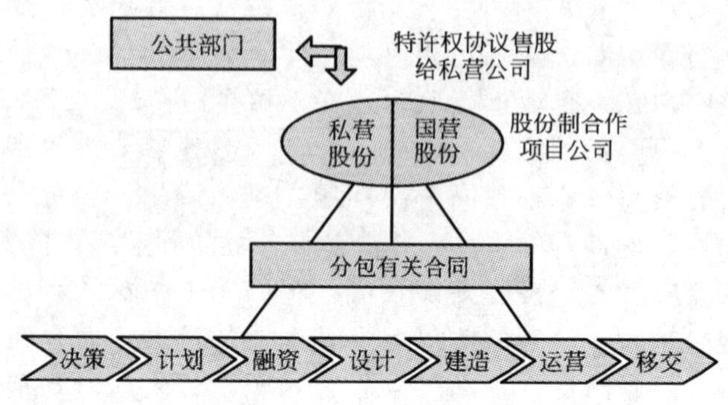

图 7-1　PPP 横向合作关系

美国“民营化之父”E. S. Savas 认为采用公私合作的形式建设基础设施，需要处理好几个重要问题：各参与方的角色和职能、竞争、规制、风险、招标和投融资。叶晓甦认为中国的 PPP 伙伴关系内涵是中国特色经济模式与国际通用惯例的有机统一。合作主题包括：公共部门，包括政府及政府管理部门、公用事业管理部门、事业单位等项目发起主体或投资主体；私人部门，我国界定为企业、公司或个人等参与方的投融资主体；社会第三方监督主体，包括公众、独立监督专业咨询组织和政府监管人。可以清楚地看到，PPP 伙伴方划为三大利益主体，由于我国并未设立完善的独立监督专业咨询组织和政府监管人，社会公众既是监督主体也是直接利益主体。

7.2.2　PPP 项目合同关系和干系人

PPP 本身是一个内在结构相对灵活的模式，其本质上就是政府部门和私营企业之间一系列复杂的合约安排。典型的 PPP 组织结构及合同形式如图 7-2 所示。合同包括特许经营协议、股东协议、工程承包合同、材料设备供应合同、保险合同、工

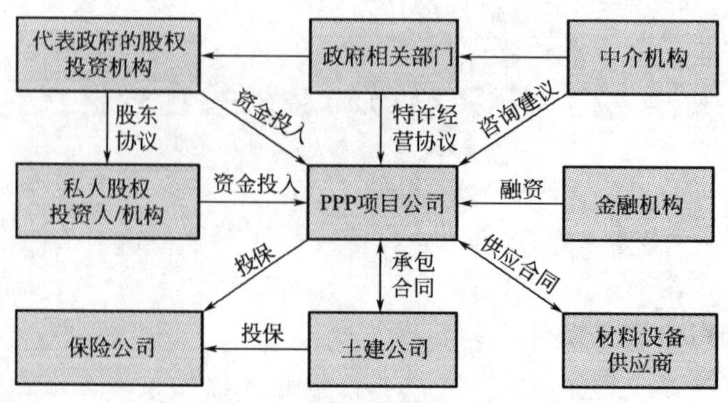

图 7-2　PPP 项目组织结构及合同形式

程咨询合同等。任何可以影响项目目标的实现或受该项目影响的群体或个人称为项目干系人。PPP 项目的参与方很多，一般包括政府或其专门负责 PPP 的机构、代表政府的股权投资机构、私人股权投资人、中介咨询机构、承包商、银行、保险公司等。由于 PPP 组织结构复杂，各干系人利益往往有直接与间接、显性与隐性、功利与理想等方面的差异。

7.2.3　PPP 项目利益主体

PPP 项目涉及项目发起与确立、项目资金的筹措、项目设计、建造、运营管理等诸多方面和环节。整个过程中涉及的利益相关者主要有项目发起人、公共部门（为项目公司提供特许经营权，最终可能拥有项目）、私人投资者（项目公司的主要股东）、委托代理中的项目公司（负责项目的建设、运营）、金融机构（主要是贷款银行和财团）、最终用户（产品购买者或使用者）。此外还可能会涉及为项目公司提供保险的保险公司，承包商、建设商、供应商、运营商等。他们在项目中分享不同的利益、相应承担不同的风险，共同构成了政府特许经营项目的利益相关者。PPP 项目利益相关者见图 7-3。

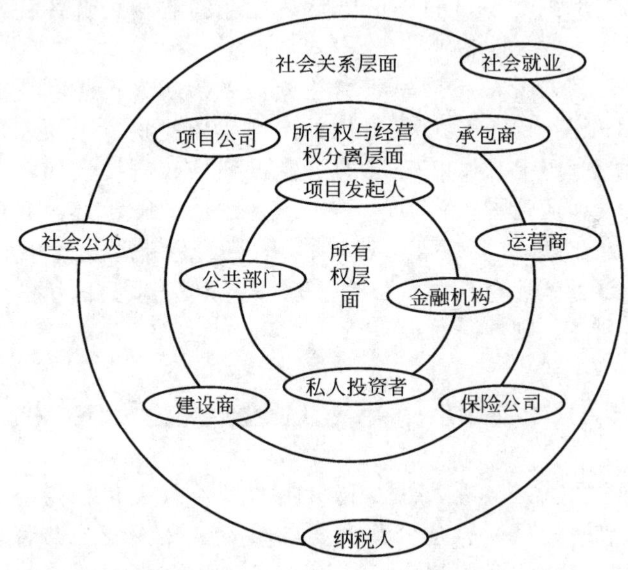

图 7-3　PPP 项目的利益相关者

从图 7-3 可以看出，PPP 项目中众多的利益相关者以合同、协议等方式联系在一个项目体系中，各角色之间形成了复杂而明确的互动协作关系，PPP 项目的成败得失将完全取决于这些互动关系是否顺畅。他们必须有效地、成功地合作才能实现其总体目标。

根据 PPP 项目利益相关者的实际情况，并吸收利益相关者管理理论发展的新成果，借鉴米切尔分类法，提出了四个维度的评价指标作为利益相关者分类的依据，即契约性、重要性、风险性、利益所在。

契约性即某一群体是否与项目有直接的契约关系；重要性即某一群体与项目建设运营的重要性关系；风险性即某一群体对其投资所承担的风险程度；利益所在即利益相关者首要关心的问题。因此，PPP 项目利益相关者做了进一步的界定，根据在 PPP 项目中利益相关者的参与及影响程度，PPP 项目中的核心利益相关者主要包括：公共部门，私人部门，社会公众。PPP 项目利益相关者分类见表 7-1。

表 7-1　PPP 项目利益相关者分类

核心利益相关者	一般利益相关者	边缘利益相关者
政府、私人投资者 项目公司、社会公众	项目发起人、银行、 承包商、经营商、供应商 担保公司	纳税人、社会就业

核心利益相关者是项目不可或缺的群体，与项目有着直接的利害关系，甚至可以直接左右项目的开展；一般利益相关者是与项目有着较为密切的关系，所付出的专用型投资使得他们承担着项目的一定风险；边缘利益相关者往往被动地受到项目的影响，而自身对项目的影响很小。

无论是核心利益相关者，还是一般利益相关者，或是边缘利益相关者，他们都会影响到 PPP 项目的和谐发展或受其发展的影响，但是这三个层次所处的地位和发挥的作用是不一样的。PPP 模式核心层的组成过程是政府授权部门与私人投资者就特定的基础设施建设和运营进行沟通，在充分协商的基础上，委托 PPP 项目公司与建设商和运营商的合作来完成项目。PPP 项目的目的是社会效益和企业效益最大化，社会效益的直接受益者是社会公众，社会公众作为 PPP 项目的第三方，如果项目不能满足社会公众的利益，则项目难以进行。

7.3　公共部门与社会公众的互动关系

PPP 项目的根本目标是实现公共与私营企业利益最大化。传统上认为政府就是公共利益的代表，政府的目标就是公共利益的目标。然而新公共管理理论指出，政府会出现目标与公共利益的目标偏离，甚至为了维护自身利益而侵害公共利益的现象。所以单独依靠政府来保证公共利益目标的实现是不现实的。由此，由公民社会的代表——社会公正组织介入 PPP 项目的管理，实现 PPP 项目的多中心治理结构，即合作治理结构。

7.3.1　政府与社会公众互动关系建立的理由与基础

PPP 模式下的公私合作伙伴关系不是依靠政府的权威，而是合作网络的权威，最终目标就是通过政府、私人部门、社会公众对 PPP 项目的合作管理，以实现和推动公共利益的最大化，实现建立美好政府和美好社会的共同愿望。

7.3.1.1　PPP 项目的特殊性

随着我国城镇化进程的加快，城市基础设施，公用事业及公共服务的增加，单靠政府来投资建设已经不能满足社会发展的要求，应鼓励私人资本的参与。PPP 模式已成为我国基础设施、公用事业建设的重要途径。现阶段我国采用 PPP 模式建设的项目大多是基础设施项目，基础设施是关系到经济发展和居民生活的条件，关系到每个社会公众的切身利益，社会公众参与基础设施的建设，对于保障公共利益最大化有很大的作用。尤其是对于基础设施的价格合理和质量优良有很大的促进作用。

在 PPP 项目中，公共部门与社会公众之间的关系是建立在供给需求上。社会公众的需求是基础设施项目发起的根本原因，政府为满足公众物质文化所需而提供的公共服务职能，因此政府与公众保持着提供服务、利益共享的和谐关系。PPP 项目规模大，投资多，建设周期长，由于政府、企业和社会公众之间的信息不对称，私营企业可能为了获取更多的利益，而出现寻租现象。政府与私营部门合作表现出自身效用最大化的自私行为，即"道德风险"，合作经营以不对称信息优势，对公众利益导致逆向选择，公众利益受损。这对 PPP 项目的质量和价格的公正有很大的阻碍作用。社会公众作为第三方，参与 PPP 项目的建设，监督项目质量，政府部门的工作，为项目后期的成功运行提供保障。

对于采用 PPP 模式的项目，由于政府对私营企业的监管不到位和政府的寻租等原因导致项目失败的案例也很多。这也从另一个侧面说明社会公众参与 PPP 项目的监管、建设和运营的重要性，以及政府与社会公正互动的必要性。

7.3.1.2　双方间的相互依赖与发展需要

对于政府而言，"政府失灵"和"不可治理性"是官僚体制自身无法克服的顽症，政府通过与社会公众的互动，可以弥补在公共服务上的缺失与困境，减少在财政上及政治上的危机；对于社会公众而言，通过与政府间的合作与互动可以得到稳定的资金、顾客、税赋减免及有关政策上的优惠待遇，可以更好地践行其利他主义和公益为先的行动理念，更好地维护自身的利益。政府与社会公众部门虽然活跃在不同的社会生活领域，但其有着共同一致的目标追求——公共利益的维护与实现。维护社会公正和实现公共利益，既是政府的使命，也是社会公众的目标追求。因此，在紧扣公共利益和公共目的的核心价值下，社会公众以其"取私为公"、"去私存公"和"公益为先"的行动理念以及其对公共事业的高度责任感，使其具有与政府合作的价值基础，从而能够担当起与政府一道共同维护公共利益的崇高使命。

7.3.2　政府部门与社会公众在价格规制中的互动

政府部门作为基础设施价格的规制者，在价格的规制过程中增加社会公众的参与，对于实现项目利益最大化有很大帮助。1971 年斯蒂格勒发表了《经济规制论》，首次尝试运用经济学的基本范畴和供给-需求的标准分析方法来推导规制需求与供给之间的博弈结果决定规制政策的选择，开创了规制经济理论。后来经配尔兹曼、贝克尔等人的努力，进一步发展和完善了规制经济理论。该理论把政治行为纳入经济学的分析框架内，回答了公众如何促进规制发生和产业如何控制规制的问题，揭示了最终的规制政策是规制机构在市场参与各方间寻求规制均衡的结果。

7.3.2.1 规制经济理论的前提假设

假设一：政府的基本资源是强制力，各个利益集团通过说服政府使用其强制力来提高自己的福利。

斯蒂格勒提出：国家通过唯一为文明社会的法律所允许的方法，即税收来获取金钱；还可以规定各种物质资源的运动方式，并在不经其同意的情况下确定家庭和厂商的经济决策。这些权利会使得某一产业能够利用它的势力来扩大自己的利润。并且认为正是国家或政府的强制权力使得社会福利在不同人群之间的转移。

假设二：各个组织在选择效用最大化的行动过程中是理性的。假定各种政治体制都是按照理性的逻辑建立起来并且被富于理性地利用着，也就是说都可以作为实现社会成员之愿望的适宜工具，并不认为国家会服从任何个人的公共利益观念。因此，规制机构被假设为自我利益最大者，利益集团能够通过向政治家或者规制者提供金钱或者其他支持来影响规制的程序和结果，同时利益集团也会合法利用国家的权力来达到自己的目的。

7.3.2.2 规制经济理论的分析模型

在斯蒂格勒的理论假设前提下，规制经济理论形成三大分析模型即斯蒂格勒模型、配尔兹曼模型和贝克尔模型。

(1) 斯蒂格勒模型 “规制作为一种规则被某个行业所获得，它也就按照这个行业的利益来设计并运行”是斯蒂格勒模型的中心论题。在该模型中有三个主要因素：其一，规制立法重新分配财富；其二，立法者行为是为了追求政治支持最大化；其三，利益集团为获得可接受的立法而以提供政治支持的方式进行竞争。竞争的结果究竟实施有利于哪个集团的规制或什么样的立法被通过则取决于在竞争中两个利益相反的集团的力量的对比，力量强大的集团往往是赢家。斯蒂格勒模型的一个结论是规制使组织良好的利益集团获益；生产者对规制过程的影响较消费者有明显的优势，因此是生产者而不是消费者获得对自己有利的规制，规制不会增加社会福利，消费者即便从规制中获益也是偶然的。

(2) 配尔兹曼模型 配尔兹曼试图把斯蒂格勒模型加以一般化，构建了规制均衡的模型（见图 7-4）。假设规制者会选择使其政治支持最大化的政策，从而讨论由于利益集团之间的竞争，规制者对被规制产业的产品如何定价的问题。在配尔兹曼模型里，利益集团被简化为厂商与消费者两方。规制者通过调节利益集团间的价值转移以使自己得到最多数量的选票。在图 7-4 中，纵轴代表利润，横轴代表价格，分别代表厂商和消费者的偏好。AB 曲线表示厂商利润随价格变化的函数。规制者追求选票最大化，在厂商和消费者之间寻求价值转移。图 7-4 中 V 曲线是规制者选票数量的无差异曲线，$V_1 > V_2$。如果规制价格选择在 A 或者 D 上，都不能达到一种政治均衡，除非厂商或者消费者的利益可以被完全忽视。因此，一个规范的政治均衡是由 E 点给出的，E 点是规制者的无差异曲线与 AB 曲线的交点。在这一点上，最优价格规制政策是厂商和消费者的力量均衡。所以说规制者不会将价格定在使产业获得利润最大化的一点上。

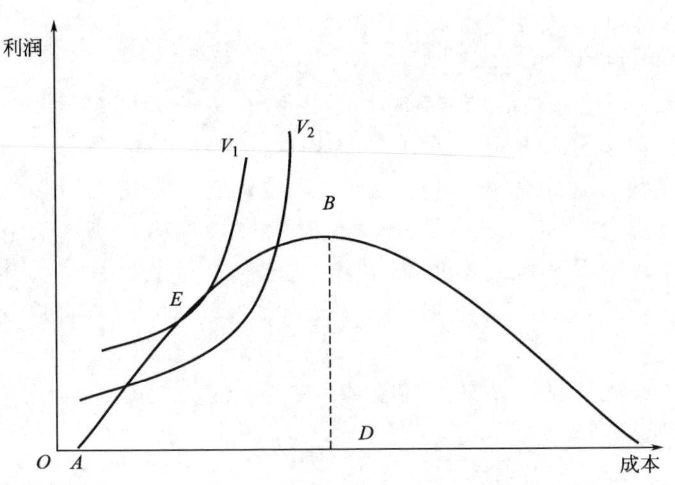

图 7-4　价格规制均衡模型

（3）贝克尔模型　上述两个模型是建立在规制者为了实现最大化政治支持而选择规制政策的基础上，而贝克尔模型则集中讨论利益集团之间的竞争及其所决定的再分配，由此建立了利益集团竞争的政治决策均衡模型。该模型认为规制是被用来提高更有影响力的利益集团的福利。贝克尔假定集团之间的竞争是一种古诺-纳什式的零和博弈，即一个集团的压力增加不影响其他集团的政治支出，每一个集团的目标都是最大化它的成员的收入。每个利益集团取得的福利转移不仅取决于它对立法者和规制者施加的压力，还取决于其他利益集团施加的压力，压力的大小由利益集团内成员的数量和他们所使用的资源决定。贝克尔模型最终的结论是，由于压力集团追求政治影响的竞争，政治均衡取决于每个利益集团生产压力的效率、额外压力对政治影响的作用、不同集团中的人数以及税收和补贴的无谓成本。

规制经济理论的分析框架，注重规制过程本身及规制过程中的参与者。在政府规制过程中，规制者易倾向于保护小的利益集团而以牺牲更大团体的利益为代价。这一结论可以用奥尔森的集团理论来揭示。根据奥尔森的集团理论，由于在其他条件相同时，集团中个体数量越多，个人成员的收益占团收益的份额就越小，“搭便车”现象比集团中个体数量少的来得严重，集团中的个体采取行动的激励越少，而“搭便车”的激励就越大，而且大集团通常成员数量众多，缺乏严密组织，组织成本极大，从而形成集体行动难以跨越的壁垒。成员数目多的集团其效率一般要低于成员数目少的集团，因此在规制政策形成过程中往往是小规模的利益集团的利益受到保护，这也就是在政治均衡状态下，规制结果必然有利于生产者的原因。为了提高规制政策中消费者的利益，加强公众参与机制，有利于提高消费者在政策制定过程中的影响力，从而形成让市场参与者都能满意的规制政策。

7.3.3 政府与社会公众互动的优势

社会公众作为公共利益的代表介入 PPP 项目是完全必要的。社会公众引入 PPP 项目的管理的优势可以从两方面来进行阐述。

7.3.3.1 推进政府职能转变

中国已进入一个新的社会转型时期。机构改革的关键是政府职能的转变，它涉及政企分开、政事分开、政社分开，政府强制性权力在经济、社会领域的有序退出，逐步形成政府、企业和其他社会组织之间的“自主与互赖”的关系。这一过程最基本的特点就是原来集中于中央政府的许多权力，渐渐转移到社会各种利益集团、自治团体以及独立承担风险和收益的个体身上。社会稳定不光取决于一个稳定而强大的中央政府，而且取决于社会利益集团行为的有序化和个人行为的理性化。

PPP 项目本身就是我国投资体制改革的一项措施。引入社会公众的参与后，有利于推进政府职能转变。

7.3.3.2 提升政府控制能力

政府控制能力取决于信息传递的真实性，一方面，政府的决策的真实信息能够准确地传达到企业，保证企业能够正确地执行政府的决策；另一方面，市场中的信息和企业的真实情况能够如实地反映到政府，保证政府决策的正确。当一种信息被传输时，很可能会因为市场缺陷而受到其他因素的影响和干扰，或被其他信息覆盖或冲减，使信息发生扭曲。其结果是决策信息发生严重的“变形”，无法达到预期的效应，或者因为微观活动信息“失真”，造成决策者判断上的失误。为了防止信息的“变形”和“失真”，必须建立起一个信息中继站，以传递信息、减少损耗、增强反应的灵敏度、缩短反馈的时间差。

社会公众总处于政府和企业的中间地带，其有利地位完全可以承担信息中继站的职能。在 PPP 项目中，社会公众部门可以将政府的目标、决策的信息传达给企业，同时广泛搜集、整理企业信息、市场动态和经济参数以及来自各方面的愿望和建议，及时反映给政府，加强信息的聚集和反馈，为政府正确决策提供可靠的依据，保证信息的畅通。

7.4 公共部门与私人部门的交互作用

公共部门与私人部门是基于基础设施项目建立的共同投资、建设、运营的合作关系，他们合作的目标基于基础设施服务的公众，在基础设施的全生命过程中存在着对立统一的伙伴关系。对立体现在各自利益者目标、利害关系和利益行为的冲突，多利益主体会对组织目标产生影响并受到组织目标影响。PPP 项目中不同利益主体之间形成良好、和谐的伙伴关系，互动机制是 PPP 项目成功的重要保证，进一步可以说明是实现公私部门合作治理的前提条件。

7.4.1　核心利益相关者的冲突及冲突产生的原因

7.4.1.1　公共部门与私人部门的利益要求

公共部门，是指项目所在国或所在地政府。一般而言，政府拥有赋予或否定私营合作方特许经营权的权利，充分理解公共部门的利益要求是确保利益分配有效性的重要基础。公共部门的利益需求可以代表社会公众的利益需求。公共部门采取PPP 模式的主要动机通常使利用民间资本解决基础设施短缺的问题和发挥民营公司的高效率，从而使项目能够达到质量要求地按时完工，且最终能够满足公众的需求，获得项目所带来的社会经济效益，改善设施和服务水平。公共部门的根本利益要求是保护公共利益。

在 PPP 模式下，公共部门不再是仅仅以授权者、管制者、监督者、推动者、支持者等外部角色参与项目，而是强调公共部门是 PPP 项目的合作者。公共部门在具体的 PPP 项目的实施过程中的作用表现在两个方面：一方面作为 PPP 项目的一个重要参与方参与项目的开发和运营，另一方面作为公众利益的代表对 PPP 项目实施规制。对于公共部门而言，由于其特殊的行政地位，其更为注重从宏观层面上进行项目考察，更关注国民经济影响、社会影响之类的相关指标。通过 PPP 项目融资，政府期望可不增加财政负担而进行公用设施建设；将政府承受的项目风险和责任转移给投资者；可引进人才和管理技术；可避免政府直接投资的管理机制缺陷如投资额无法控制、产品质量无保障等。

私人投资者是 PPP 项目的主要股东，充分理解私人投资者的利益要求有利于确保项目利益分配的成功。私人投资者参与 PPP 项目的主要动机是为了寻求与风险相匹配的项目收益。为了维护其根本利益要求，私人投资者会寻求各种法律、政策环境方面等保护，从而产生围绕法律法规及政策环境方面的利益要求。PPP 项目核心利益相关者项目角色及利益要求见表 7-2。

表 7-2　PPP 项目核心利益相关者项目角色及利益要求

核心利益相关者	项目角色	利益要求
公共部门	合作者、促进者 参与者、监管者	基础设施服务提供的持续性 项目产品或服务的适当价格 对客户、用户的非歧视与公平对待 满足环境保护、健康安全及质量标准 项目适应现在及将来国家经济发展的状况 对未来条件变化的适度弹性
私人投资者	项目主要股东	完善的法律法规 对私人投资的保护 及时从公共部门获得建设和运营项目的同意或认可 可实施的协议 良好的冲突解决机制

私人投资者期望通过 PPP 项目融资获取项目的投资收益且开拓新市场；从项目

本身获得较一般项目更为稳定的经营利润；因政府介入和支持度高，一定程度上降低政策和法律方面的风险及成本。

7.4.1.2 核心利益相关者的利益冲突产生原因

在基础设施项目融资中，私人投资者的投资收益必定以产品或服务收入得以体现。而基础设施的产品或服务的收益均来源于消费者。因此，项目投资收益最终是由消费者承担或由消费者和政府共同承担的。无论是消费者还是政府，都属于社会的组成部分，都是政府关注的项目社会成本的组成部分。私人投资者希望投资收益越大越好，公共部门希望社会成本越低越好，而私人投资者投资收益的增加势必意味着政府关注的项目社会成本的同时上升。因此，PPP项目必然在私人投资者利益收入和公共社会利益之间进行权衡，公私双方的利益冲突不可避免地产生了。而冲突产生的原因，一般来说有以下几个方面：

合作伙伴目标的不一致。组成PPP项目的协作成员之间存在合作关系，但缺乏建立在如合资、合并、合营等关系之上的行政的或经济的控制体系，各协作成员通常只有部分目标重合，很难使所有成员的目标都完全一致。PPP项目的利益相关者很有可能为谋求自身利益的最大化而置合作伙伴利益于不顾，最终导致项目的失败。

合作契约的不完备性。由于各成员企业所掌握的信息是不完备的，客观世界又是复杂多变的，人们在决策前往往难以掌握相关的全部信息，导致PPP项目利益相关者签定的契约往往是不完备的。契约的不完备直接导致契约各方利用不完备契约损害其他成员企业的利益，进而导致合作的失败。从某种意义上说，PPP项目的执行过程就是利益相关者之间的利益冲突、协调和实现的过程。冲突的解决和共识的达成能够扩大项目的成果，它使利益相关者自愿为预期的成果投入资源。

7.4.2 PPP项目再谈判机制

PPP项目核心利益相关者之间存在利益冲突，契约的不完备性等决定了项目运行过程中的再谈判机制。

7.4.2.1 PPP项目再谈判机制概念

不完全契约是契约经济学中一个重要名词，它指因设立契约时契约各方不能将所有未来事项预知和评估，因此只约定某些可评估事项，对不可评估事项采取再谈判解决策略的契约。PPP项目契约的不完全性在于由于PPP是周期比较长，参与方较多，建设和经营中所遇到的不确定性因素众多，因此，在最初签订契约时，契约各方不能完全判断和确定在某些特定情形触发时双方如何进行权利义务安排，因此只能依靠再谈判来进行处理。例如，企业中公司《招股说明书》中的募集资金使用计划变更以及每年的利润分派或者重大经营事项决策等。

PPP模式中的再谈判主要是指在PPP特许权授予后，由于原合同的设计漏洞或者突发事件的影响，公共部门与民营部门在利益分配或者投资比重上产生分歧，从而进行二次或者多次谈判。根据发起者的不同，再谈判可分为3种：一是政府发起的再谈判；二是私营企业发起的再谈判；三是二者共同发起的再谈判。前两种是主要类型。再谈判会导致项目建设期，特许经营期的延长，项目运营期增加，政府投资责任加重等问题。

7.4.2.2　PPP 项目的再谈判结果分析

PPP 作为政府授权私营财团从事某些原本由政府负责的项目建造和运作的一种长期合作关系，可以更好地发挥政府与企业的各自优势，从而实现共享收益、共担风险以及提高效率的目的。因此，PPP 模式相较其他融资模式而言有很多优点，但也同时存在着一些问题，如 PPP 项目授予私营财团之后，因为项目的经营期限较长，所以双方签订的合同很难解决项目建设与运营期的所有问题，也就是说，当一些问题或争端发生后，双方签订的契约很难有效地处理这些问题。再谈判是 PPP 项目实施过程中的一个重要问题，再谈判的高发会导致资源的浪费以及管理效率的降低。

再谈判问题之所以越来越引起人们的注意，主要原因有以下几点：一是消除了授予特许权的竞争性效果，模式的可信度受到质疑；二是再谈判背离了双边（政府和私营企业）环境的竞争性压力；三是竞争性招投标被扭曲；四是降低了特许权的效益和用户的福利，可能造成财政影响，如临时负债增长等；五是最可能中标的不一定是最有效率的，而是最擅长谈判的；六是尽管有些谈判是有效的，很多则是投机的，要阻止。对于合乎合同规定的、有利于提高项目效率的再谈判，应该鼓励。但是大部分再谈判则是违反合同合法性的，如果政府轻易屈从，就会使得私营企业得寸进尺，周而复始导致恶性循环。

PPP 项目存在再谈判会导致费用增加，绩效不高，即再谈判的发生是 PPP 项目效率低下的一种表现。授予私营企业特许经营权，虽然可以缓解政府的财政压力、提高管理效率，但 PPP 还是存在很大的问题。在这些问题中，最突出的是对消费者利益的损害。因为重新谈判会对用户产生严重的负面影响，如服务中断、不遵守扩展指标、当成本过高时向用户收取过高的价格等。墨西哥高速公路项目始于 20 世纪 90 年代初，最终在 1997 年由政府花费高价将特许权买回，花费占墨西哥国民生产总值的 1.5%左右，政府付出了惨重的代价。

7.4.2.3　PPP 项目再谈判的影响因素分析

孙慧等指出国家宏观政治、经济、法律环境，特许权合同是否完善，监管机制是否合理，激励机制，合作伙伴之间的关系，合理的风险分担机制是影响 PPP 项目再谈判机制的关键因素，其中公私伙伴关系的影响是指 PPP 项目各投资方之间要保持紧密的合作关系，具有良好的信息沟通。在项目执行过程中良好的沟通极其重要，它是保持项目顺利实施的润滑剂。首先，通过良好的沟通可以使项目成员对项目目标、计划和工作任务达成一致认识；其次，良好的沟通能够促进更广泛、更多的信息交流，能够保证项目利益相关者及时准确地得到有用的信息，从而促进项目任务的顺利实施，减少再谈判的发生。监管主要是指广泛应用各种监管工具，加强国家有关部门的监督管理和会计监管准则。充分发挥司法、工商管理等部门的监管作用，严查政府部门的腐败行为。根据北京市发改委赴英考察的《PPP 模式发祥地考察报告》，英国采用传统模式进行的公共项目建设中，只有 30%的项目按期完工，也只有

27%的项目没有超过预算。其中一个很主要的原因是缺乏足够的激励机制。政府应该明确奖惩机制，确保产品或服务符合公共部门的标准。在PPP模式下，如果私人部门提供的服务不能达到最初合同规定的标准，政府应该对其进行惩罚，削减支付额，甚至终止合同。另外还可以提高关税，因为公私合营项目很多原材料都需要进口来完成，如果政府对其征收高关税，会使得成本费用增加，私营部门必须保证足够的质量才能减少原材料的浪费。一旦质量不合格，就必须重新进口原材料，私营投资方利润也会降低。Guasch通过调查发现，较低关税的情况下再谈判的发生率为60%，高税率下为11%。所以，采取较高的关税可以有效地降低再谈判的发生。

再谈判对PPP项目造成的工期延误，费用增加的影响及再谈判的关键影响因素，可以看出各利益相关者之间的互动对于PPP项目取得成功的重要性。各利益相关方的动态互动可以随时监控对方的行为，同时有利于及时解决项目出现的各种问题，增加各方的相互沟通，以及信息的透明度。为了减少PPP项目再谈判的次数，PPP项目各利益相关方应该加强沟通及相互间的监管，形成良好的互动机制，确保PPP项目达到预期的目标。

7.4.3 PPP项目公私双方的匹配交互

从PPP模式的解释可以知道，政府和私人企业是PPP项目建设的主要参与方。政府和私人企业的合作匹配当前主要是通过招标或者竞争性谈判的方式进行。政府对私人企业的综合能力要求较高，包括经济实力、信誉等级和融资能力等，私人企业对一个PPP项目进行投资建设也要进行多方面的考虑，例如当地政府补贴能力、资金回收期和项目收益率等。目前国内外学者对PPP模式进行了大量研究，但主要集中在运行机制、风险防范、对比分析和实例应用等方面，缺乏对政府和私营企业的双边匹配模型与方法的研究。

7.4.3.1 双边匹配的基本含义

双边匹配研究起源于古典的婚姻匹配问题，最早研究匹配概念的是美国布朗大学学者Gale和美国著名经济学家Shapley，他们在1962年发表的文章“College admissions and the stability of marriage”中根据实际问题提炼出婚姻匹配和学生入学匹配的决策问题，但未明确提出双边匹配这一词汇。最早公开提出双边匹配这个词的是Roth，他在1985年的“双边匹配市场中的共同和冲突利益”中首次用到该词。之后，有关双边匹配的研究逐渐兴起并得以发展。在国外部分学者运用相关理论研究了现实生活中存在的双边匹配问题，如商品买卖问题、大学招生录取问题、风险投资商与企业的匹配问题，员工与岗位匹配问题等。国内的部分学者则通过建立数理模型解释双边匹配的决策问题：乐琦、樊治平从有关匹配偏好序信息的角度，引入了主体满意度及支付（中介收益）概念，构建并求解双边匹配问题的多目标优化模型，采用基于隶属函数的加权和方法获得双边匹配方案；陈希、樊治平、韩菁从满意度评价指标具有关联性的角度，提出了使用Choquet积分集结并计算出匹配主体的满意度，构建多目标优化模型并得出双边匹配的结果；乐琦、樊治平从考虑主体期望值角度，构建了基于累积前景理论及规范化公式的规范化前景矩阵，并在此基础上通过建立并求解优化模型获得合适的匹配方案。国内在实际运用方面，陈希、樊治平、李玉花提出 IT 服务供需双边匹配的模糊多目标决策方法；王朔、李西平、王新在双边匹配理论的基础上研究了人员与岗位的适配性。Korkmaz 等在 2008 年指出双边匹配模型是一个试图匹配雇员和雇主以使每一边都接受匹配结果，并对匹配结果都满意的机制，并指出如果这样的匹配发生，匹配便是稳定的。总结学者的观点，可知双边匹配指在决策过程中需要充分考虑双方匹配主体的满意度要求，从而尽量使双方主体间形成稳定的匹配对。

7.4.3.2　PPP 项目双边匹配问题的描述

在 PPP 项目政府与企业匹配过程中，主要存在三方主体：政府授权的项目代表、私人企业和招标代理机构。根据 PPP 项目的政府和企业的需求信息，招标代理机构进行必要的决策分析，并得出较为合理的政府项目代表与企业的匹配方案。双边匹配问题包括一对一双边匹配（1∶1），一对多双边（1∶M），和多对多双边匹配（M∶M）。在 PPP 项目政府与企业的匹配中，根据招标和竞争性谈判的原理，每一个 PPP 项目政府代表只能与一个企业匹配，一个企业可以同时与几个政府项目相匹配，即属于一对多双边匹配。设政府项目代表集合为 $G=\{G_1, G_2\cdots, G_m\}$，$G_i$ 表示 G 中第 i 个政府项目代表（$i=1, 2, \cdots, m$），私人企业集合为 $E=\{E_1, E_2, \cdots, E_n\}$，$E_j$ 表示 E 中第 j 个私人企业（$j=1, 2, \cdots, n$），则 PPP 项目政府与企业的匹配问题见图 7-5。虚线表示双边主体形成的组合关系，实线表示双边主体形成的匹配关系。

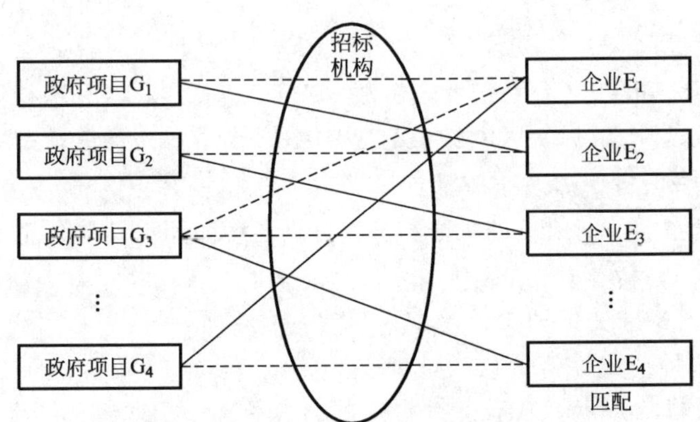

图 7-5　政府与企业的双边匹配示意图

由于 PPP 项目周期长，金额大，参与方对对方的信息关注点较多，采用基于多种形式评价信息的模糊多指标双边匹配，依据多种形式信息的特点，将参与方对对方的评价信息分为三种：0-1 特征信息、区间数信息和语言评价信息。0-1 特征信息可以用函数形式表示为：

$$^{u}A(x)=\begin{cases}1, x\in A\\0, x\notin A\end{cases} \tag{7.1}$$

0-1 特征信息在集合中明确规定对象的类属或状态，评价判断要么属于集合，要么不属于集合，建立在“是”和“否”的绝对属于或绝对不属于的基本方式上。

设 R 为实数域，则称闭区间 $[X^L, X^U]$ 为区间数，用 $\widetilde{X}$ 表示，X^L，$X^U\in R$，且 $X^L\leqslant X^U$。

在许多实际的综合评价过程中，由于判断事物的模糊性和不确定性，决策者对事物进行判断时最容易给出语言形式的评价信息，语言评价信息非常适合表达定性指标。语言评价信息的简单描述为：假定不同的匹配主题是从一个预先定义好的语言评价集 S 中选择一个元素作为其偏好评价。这里，S 是由奇数个元素构成的有序集合，$S=\{s_0, s_1, \cdots, s_T\}$，其中 $s_i\in S$ 表示集合 S 中第 i 个语言短语，$i=\{0, 1, \cdots, T\}$ $T+1$ 称为 S 的粒度（S 中元素的个数），记为 $t(S)$，$t(S)=T+1$。如 5 粒度语言评价信息，即 $S=\{S_0=VP$（很差/很低），$S_1=P$（差/低），$S_2=M$（中等），$S_3=G$（好/高），$S_4=VG$（很好/很高）$\}$。

设政府项目代表对私人企业进行满意度评价指标集为 $I=\{I_1, I_2, \cdots, I_h\}$，其中 I_f 表示第 f 个评价指标（$f=1, 2, \cdots, h$）；$o=(o_1, o_2, \cdots, o_h)$，是评价指标 I 的权重向量，o_f 表示指标 I_f 的权重，$0\leqslant o_f\leqslant 1$，且 $\sum\limits_{f=1}^{h} o_f=1$，$f=1, 2, \cdots, h$。同样的，私人企业对政府项目代表的评价指标为 $X=\{X_1, X_2, \cdots, X_k\}$，其中 X_g 表示第 g 个评价指标（$g=1, 2, \cdots, k$）；$r=(r_1, r_2, \cdots, r_k)$ 是评价指标 X 的权重向量，r_g 表示指标 X_g 的权重，$0\leqslant r_g\leqslant 1$，且 $\sum\limits_{g=1}^{k} r_g=1$，$g=1, 2, \cdots, k$。假定指标权重可以采用层次分析法（AHP）或专家打分法得到，I_f 与 X_g 可以为 0-1 特征信息型的指标、区间数信息型的指标或语言评价信息型的指标中的一种或者几种。记政府项目代表对企业的评价矩阵 $\overline{A}_f=[\overline{a}_{fij}]_{m\times n}$，其中 $\overline{a}_{fij}$ 表示政府项目代表 G_i 对于企业 E_j 给出的关于指标 I_f 的满意度评价结果；企业对政府项目代表的评价矩阵 $\overline{B}_g=[\overline{b}_{gij}]_{m\times n}$，其中 $\overline{b}_{gij}$ 表示企业 E_j 对于政府项目代表 G_i 给出的关于指标 X_g 的满意度评价结果。

7.4.3.3　多种形式评价信息的处理

依据 PPP 项目的特点，政府选择合适的合作企业是重点，所以政府项目代表对企业的匹配满意度设计指标需要考虑多种形式的信息，包括 0-1 指标信息、区间信息和语言评价信息；企业对政府的满意度可以是模糊化的定性指标，可以设定为语言评价信息的一种形式。

对 0-1 指标信息，如是否有同类项目建设运营经验，若是，评价值为 1，否则为 0。0-1 指标信息评价矩阵为 $\overline{W}_t=(\overline{w}_{tij})_{m\times n}$，$\overline{w}_{tij}$ 为在评价指标 I_t 下政府项目代表对企业的满意度测评信息。

区间信息型的指标如特许经营期。设 $\tilde{a}=[a^L, a^U]$ 和 $\tilde{b}=[b^L, b^U]$ 为任意两个正闭区间，则它们之间的距离为：

$$D_{\tilde{a}\tilde{b}}=\sqrt{\frac{(a^L-b^L)^2+(a^U-b^U)^2}{2}} \tag{7.2}$$

在评价指标 I_q 下，政府项目代表对企业的区间数值损益矩阵 $\widetilde{X}_q=(\tilde{x}_{qij})_{m\times n}$ 。$\tilde{x}_{qij}$ 为在评价指标 I_q 下政府项目代表对企业得匹配满意度评测信息。将区间数值形式的损益矩阵 $\widetilde{X}_q=(\tilde{x}_{qij})_{m\times n}$ 进行规范化，得出规范化后的区间数值损益矩阵 $\widetilde{W}_q=(\widetilde{w}_{qij})_{m\times n}$，其中

$$\widetilde{w}_{qij}=\frac{\tilde{x}_{qij}}{x_q^{U*}}(i=1,2,\cdots,m;j=1,2,\cdots,n) \tag{7.3}$$

其中，$x_q^{U*}=\max\limits_{\forall i,j}\{x_{qij}^U\}$，为矩阵 $\widetilde{X}_q=(\tilde{x}_{qij})_{m\times n}$ 中各区间数上限的最大值，则规范化后的无量纲区间数值在 0-1 的范围内，即存在 $0\leqslant w_{qij}^L\leqslant w_{qij}^U\leqslant 1$。

对语言短语的评价信息可转化为三角模糊数，若将语言短语转化为三角模糊数并记为 $\tilde{t}_i=(t_i^l, t_i^m, t_i^r)$，则转化的计算公式为 $\tilde{t}_i=(t_i^l, t_i^m, t_i^r)=\left[\max\left(\frac{i-1}{T}, 0\right), \frac{i}{T}, \min\left(\frac{i+1}{T}, 1\right)\right]$，$i=0, 1, 2, \cdots, T$ 。采用 5 粒度语言评价指标，则 $T=4$，其对应的三角模糊数如表 7-3 所示。

表 7-3　5 粒度语言评价集及其对应的三角模糊数

语言短语	对应的三角模糊数
很差/很低	(0,0,0.25)
差/低	(0,0.25,0.5)
中等	(0.25,0.5,0.75)
好/高	(0.5,0.75,1)
很好/很高	(0.75,1,1)

设政府项目代表对企业的语言评价矩阵为 $S_h=(s_{hij})_{m\times n}$，可转化为三角模糊矩阵 $\widehat{W}_h=(\widehat{w}_{hij})_{m\times n}$ 。对于两个正三角模糊函数 $\hat{a}=(a^1, a^2, a^3)$ 和 $\hat{b}=(b^1, b^2, b^3)$，它们之间的距离可定义为：

$$D_{\hat{a}\hat{b}}=\sqrt{\frac{(a^1-b^1)^2+(a^2-b^2)^2+(a^3-b^3)^2}{3}} \tag{7.4}$$

企业对政府的语言评价矩阵为 $K_g=(k_{gij})_{m\times n}$，可转化为三角模糊矩阵 $\widehat{Z}_g=(\hat{z}_{gij})_{m\times n}$ 。

7.4.3.4　信息集结和满意度计算

利用理想点来表示政府项目代表 G 对企业的最理想匹配满意度信息，理想点为

$w^+=(w_1^+, w_2^+, \cdots, w_t^+)$，$w^+$ 的定义如下：

$$w^+=\begin{cases}(1) & \text{企业信息为 0-1 判断信息}\\(0,0) & \text{企业信息为时间型的区间数值信息}\\(1,1,1) & \text{企业信息为语言评价信息}\end{cases} \tag{7.5}$$

$\overleftrightarrow{w}_{fij}$ 为政府对企业在指标 I_f 下的匹配满意度评价信息，$\overleftrightarrow{w}_{fij}$ 的形式分别对应 0-1 判断信息、区间数值、三角模糊数形式，相应的 $D(\overleftrightarrow{w}_{fij}, w^+)$ 如下：

$$D(\overleftrightarrow{w}_{fij}, w^+)=$$

$$\begin{cases}|\overline{w}_{tij}-1| & (\overline{w}_{tij}\text{ 为 0-1 判断信息})\\\sqrt{\dfrac{(\widetilde{w}_{qij}^L-w^{L+})^2+(\widetilde{w}_{qij}^U-w^{U+})^2}{2}} & (\widetilde{w}_{aij}\text{ 为区间数})\\\sqrt{\dfrac{(\widehat{w}_{hij}^1-w^{1+})^2+(\widehat{w}_{hij}^2-w^{2+})^2+(\widehat{w}_{hij}^3-w^{3+})^2}{3}} & (\widehat{w}_{hij}\text{ 为三角模糊数})\end{cases} \tag{7.6}$$

计算在各指标下政府对企业的评价信息与正理想点的距离，得到评价矩阵 $\varphi^+=(\varphi_{ij}^+)_{m\times n}$，其中 φ_{ij}^+ 的计算公式如下：

$$\varphi_{ij}^+=\sum_{f=1}^{h}[o_f D(\overleftrightarrow{w}_{fij}, w^+)], (i=1,2,\cdots,m; j=1,2,\cdots,n) \tag{7.7}$$

定义政府对企业的匹配满意度用 α_{ij} 表示，其中：

$$\alpha_{ij}=1-\varphi_{ij}^+, (i=1,2,\cdots,m; j=1,2,\cdots,n) \tag{7.8}$$

$\alpha_{ij}\in[0, 1]$，当 φ_{ij}^+ 等于 0 时，政府对企业的匹配满意度最高，相应的 α_{ij} 等于 1；φ_{ij}^+ 等于 1 时，政府对企业得匹配满意度最低，相应的 α_{ij} 等于 0。

同理，使用理想点来表达企业 E 对政府项目代表 G 的最理想匹配满意度信息，定义理想点为 $v^+=[1, 1, 1]$ 表示 E 对 G 的最理想匹配满意度信息，则 $D(\hat{v}_{gij}, v^+)$ 的计算公式为：

$$D(\hat{v}_{fij}, v^+)=\sqrt{\frac{(\hat{v}_{hij}^1-v^{1+})^2+(\hat{v}_{hij}^2-v^{2+})^2+(\hat{v}_{hij}^3-v^{3+})^2}{3}}, (\hat{v}_{hij}\text{ 为三角模糊数}) \tag{7.9}$$

计算在各指标下企业对政府的评价信息与正理想点的距离，得到评价矩阵 $\delta^+=(\delta_{ij}^+)_{m\times n}$，其中 δ_{ij}^+ 的计算公式如下：

$$\delta_{ij}^+=\sum_{g=1}^{k}[r_g D(\hat{v}_{fij}, \hat{v}^+)] (i=1,2,\cdots,m; j=1,2,\cdots,n) \tag{7.10}$$

定义企业对政府的匹配满意度用 β_{ij} 表示，其中：

$$\beta_{ij}=1-\delta_{ij}^+ (i=1,2,\cdots,m; j=1,2,\cdots,n) \tag{7.11}$$

$\beta_{ij}\in[0, 1]$，当 δ_{ij}^+ 等于 0 时，企业对政府的匹配满意度最高，相应的 β_{ij} 等于

1；δ_{ij}^{+} 等于 1 时，企业对政府的匹配满意度最低，相应的 β_{ij} 等于 0。

7.4.3.5 多目标双边匹配模型的建立

在 PPP 双边匹配问题中，双边匹配主体均希望匹配满意度最大化，可以建立一个使双边匹配主体各自评价的匹配满意度最大的决策模型。引入 0-1 变量 x_{ij} ，其中，$x_{ij}=1$ 表示 G_i 和 E_j 匹配，$x_{ij}=0$ 表示 G_i 和 E_j 不匹配，因此可以构建如下优化模型：

$$\max Z_1=\sum_{i=1}^{m}\sum_{j=1}^{n}\alpha_{ij}x_{ij} \tag{7.12}$$

$$\max Z_2=\sum_{i=1}^{m}\sum_{j=1}^{n}\beta_{ij}x_{ij} \tag{7.13}$$

$$s.t.\ \sum_{i}^{m}x_{ij}\leqslant 1,(j=1,2,\cdots,n) \tag{7.14}$$

$$\sum_{j=1}^{n}x_{ij}\leqslant q_i,(j=1,2,\cdots,m;x_{ij}=0\text{ 或 }1) \tag{7.15}$$

式（7.12）和式（7.13）是目标函数，其含义分别是尽可能使 G_i 对 E_j 和 E_j 对 G_i 的满意度最大。式（7.14）是约束条件，政府项目代表最多与一个企业配对；式（7.15）是约束条件，表示私人企业最多同时投资 q_i 个项目，即最多与 q_i 个政府项目代表匹配。本模型为一对多双边匹配模型。

7.4.3.6 模型的求解

由式（7.12）～式（7.15）构成的多目标线性优化模型，采用基于隶属函数的加权和方法，将问题转化为单目标函数问题。在单独考虑 Z_1 和 Z_2 的情况下，设 $Z_1^{\max}$、$Z_2^{\max}$ 为相应的单目标最优化值，$Z_1^{\min}$、$Z_2^{\min}$ 为相应的单目标满意度最小值。则两个目标函数的隶属函数如下：

$$u_{Z_1}=\frac{Z_1-Z_1^{\min}}{Z_1^{\max}-Z_1^{\min}} \tag{7.16}$$

$$u_{Z_2}=\frac{Z_2^{\min}-Z_2}{Z_2^{\max}-Z_2^{\min}} \tag{7.17}$$

$$0\leqslant u_{z_i}\leqslant 1,i=1,2$$

对式（7.16）、式（7.17）通过隶属度函数的加权和方法建立新的目标函数为

$$\max Z=w_1u_{z_1}+w_2u_{z_2} \tag{7.18}$$

$$0\leqslant w_1,w_2\leqslant 1\text{ 且 }w_1+w_2=1 \tag{7.19}$$

通常情况下，遵循双边平等的原则，w_1、w_2 相等，为 0.5。至此，可得出该模型的结果，同时该线性规划可通过软件如 Lingo14.0 求解。

7.4.3.7 实例分析

某地政府现有 2 个大型基础设施项，为了减轻政府债务负担采用 PPP 模式来建设。授权两个项目代表，当地一家权威的招标代理机构负责项目代表与企业的匹配，采取公开招标的方式选取中标人，经过资格审查，共有 4 家企业符合要求。招标机

构收到来自政府项目代表（G_1，G_2）和私人企业（E_1，E_2，E_3，E_4）的有关信息，政府项目代表对私人企业的满意度评价指标有：具有相关建设项目经验（I_1），曾获国家或省级奖项（I_2），特许经营期（I_3），融资能力（I_4），技术实力（I_5），经济实力（I_6）、资信等级（I_7）、最终产品价格（I_8），由专家给出的指标权重为 w =（0.08，0.08，0.16，0.16，0.14，0.08，0.1，0.2），其中前 2 个为 0-1 指标，I_3为区间指标，I_4～I_8为语言评价信息指标。私人企业对政府项目代表的满意度评价则主要从以下四个语言评价指标考虑：政府信用（X_1）、政府担保（X_2），投资回报率（X_3）、风险分担（X_4），各个指标权重为 v=（0.3，0.2，0.2，0.3），其中前三个为正向指标，最后一个为负向指标。使用 $T=4$，5 粒度的语言评价信息，S = {$S_0=VP$（很差/很低），$S_1=P$（差/低），$S_2=M$（中等），$S_3=G$（好/高），$S_4=VG$（很好/很高）}。

表 7-4 为政府项目代表对私人企业的匹配满意度多指标评价信息，表 7-5 是私人企业对政府法人的评价信息。表 7-4 和表 7-5 可以构建多目标匹配模型，构建的是一对多匹配模型，即是每个项目只可由一个企业投资建设，一个企业最多可同时投资建设两个项目。

表 7-4　政府项目代表对私人企业的匹配满意度多指标评价信息

G	E	I_1	I_2	I_3	I_4	I_5	I_6	I_7	I_8
G_1	E_1	1	0	[16～18]	M	VG	VG	G	VG
	E_2	0	0	[15～20]	G	G	G	M	G
	E_3	1	1	[18～20]	VG	M	M	G	M
	E_4	0	1	[17～19]	VG	VG	P	VP	G
G_2	E_1	1	0	[15～18]	M	G	G	VG	M
	E_2	0	0	[13～15]	M	M	G	G	M
	E_3	1	1	[12～14]	G	M	G	VG	G
	E_4	0	1	[16～19]	G	G	M	P	M

表 7-5　私人企业对政府法人的评价信息

E	G	X_1	X_2	X_3	X_4
E_1	G_1	G	VG	VG	P
	G_2	G	G	G	M
E_2	G_1	M	G	G	G
	G_2	G	G	M	M
E_3	G_1	M	G	G	P
	G_2	G	VG	G	P
E_4	G_1	M	G	M	M
	G_2	M	VG	P	M

依据满意度测定方法，首先将各个指标下不同形式的评价信息进行转化，并进行多指标信息的集结运算，得到 G 对 E 的满意度评价结果 α_{ij} 和 E 对 G 满意度评价结果 β_{ij} ，对应的数值评价矩阵 $[\alpha_{ij}]_{m\times n}$ 和 $[\beta_{ij}]_{m\times n}$ 为：

$$[\alpha_{ij}]_{m\times n}=\begin{bmatrix}0.6978 & 0.6368 & 0.6177 & 0.5633\\0.6137 & 0.5479 & 0.6357 & 0.5146\end{bmatrix}$$

$$[\beta_{ij}]_{m\times n}=\begin{bmatrix}0.6179 & 0.6050 & 0.5688 & 0.5971\\0.5727 & 0.6084 & 0.6329 & 0.6013\end{bmatrix}$$

依据式（17.12）～式（7.16）中建立的政府项目代表与企业得匹配优化模型，将该模型转化为由式（7.17）～式（7.19）构成的单目标线性规划模型，这里考虑 $w_1=w_2=1/2$，然后采用 Lingo14.0 进行模型的求解，可以求得 $x_{11}=1$ 和 $x_{23}=1$，其余 $x_{xj}=0$。由此可知，G_1 和 E_1 匹配，G_2 和 E_3 匹配。

7.4.4　PPP 项目公私的博弈交互

PPP 模式即使实现了公私合营，但各参与人最根本的出发点仍然是自身利益，尤其在特许权协议、合作协议签订之前，公共部门和私营企业之间存在着利益、责任、出资比例及风险分担等一系列问题，公私合营实质上是政府公共部门与私营企业博弈均衡的结果，PPP 公私博弈框架如图 7-6 所示。

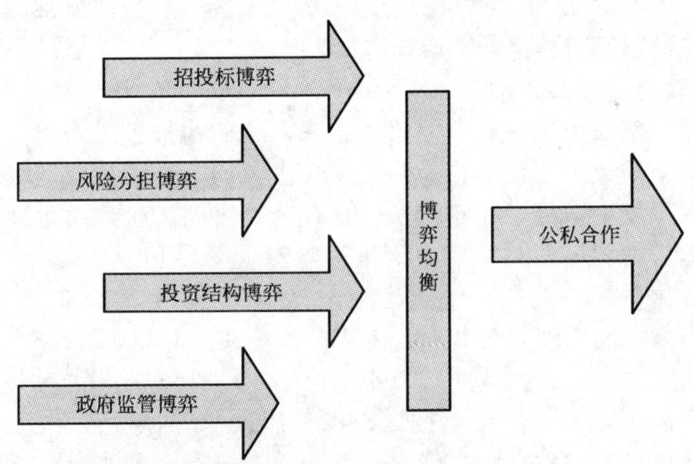

图 7-6　PPP 公私博弈框架

7.4.4.1　PPP 项目招投标博弈

PPP 项目招投标是公共基础设施项目市场化改革中市场准入的一个问题。PPP 项目招标与一般工程项目招标不同，评标因素还包括运营方案、融资方案和移交方案等。私人投标单位（通常为投标联合体）以中标为目的，在投标过程中会扬长避短，隐瞒一些信息。以 PPP 项目招投标活动为研究对象，以不完全信息静态博弈为研究方法，综合考虑投资估算、财务分析、建设方案、融资方案、运营方案和移交方案等因素，建立政府招标人和投标人之间的招投标博弈模型。

7.4.4.2 公私投资结构博弈

PPP 项目是由代表政府的公用企业和私营部门合作成立的特别目的公司（SPC）组织实施的，SPC 的组建形式主要为公司型合资结构（Incorporated Joint Venture）。不同的投资结构，投资者对项目资产的拥有形式、对项目现金流量的控制以及对项目所拥有的权益和承担的义务有很大的差异。

PPP 项目中公共部门和私营企业各自的出资形式和出资比例，需要一个反复讨价还价和决策的过程。综合项目特许经营期、投资回报率和政府转移支付等因素，通过对博弈模型的分析，可建立公私合作投资双方的合理投资比例模型。

7.4.4.3 公私风险分担博弈

PPP 的基本特征即风险共担，由于 PPP 项目所具有的投资沉没性、融资的有限追索特征和项目干系人众多，使得 PPP 项目的风险分配和管理极为重要。本质上政府部门与私营企业间如何分担风险是一个博弈的过程，如何公平合理地分担风险，使项目的目标达到最优是 PPP 项目成功的关键之一。由于 PPP 项目的风险特征与一般项目有很大差别，从项目的不同阶段识别 PPP 项目风险，在风险分类、风险评估的基础上，基于 PPP 项目参与方风险偏好系数的不同，构建政府部门与私营企业双方风险合理分担的不完全信息动态博弈模型。

7.4.4.4 政府监管博弈

阿尔钦和德摩塞茨用对策论研究团队合作，他们构造了几个对策模型，并证明了合作团队工作会导致个人偷懒行为，称这种现象为“社会虚度”效应。德摩塞茨最早提出有效监督理论，由于政府与私营企业各有不同的价值追求和责任分工，只有形成良好的监管框架，并且能有效地执行监管，一个 PPP 项目才得以顺利完成。PPP 成功的关键之一就是有效的监管框架，政府必须对私营企业进行有效的监督，避免其片面追求高利润而忽视公共利益。

（1）政府监管与否的演化博弈模型的建立　在复杂的环境中 PPP 项目的建设活动受到许多因素影响，为了方便研究做出以下假设：政府和私人企业都是理性的；博弈参与人之间信息不对称在双方博弈过程中，政府行为的策略集为｛监管，不监管｝，而企业的策略集为｛自身利益，公众利益｝。设政府在企业追求公众利益是所获得效益是 H，其在企业追求自身利益时获得的收益是 L（$H>L$）；不论企业追求自身利益还是公众利益收益主要是合同规定的工资 W，如果公众利益，企业获得一些奖励 R，自身利益可能受一定惩罚 P，但可以获得额外利益 E；政府的监管成本为 C_1，追求公众利益的成本为 C_2。政府监管的概率为 x，不监管的概率为 $1-x$，企业追求公众利益的概率为 y，追求自身利益的概率为 $1-y$（$0<x$，$y<1$）。双方的得益矩阵见表 7-6。

表 7-6　政府与企业的博弈得益矩阵

博弈对象	企业		
政府	博弈得益	自身(y)	公众($1-y$)
	监管(x)	$H-C_1-R, W-C_2+R$	$L-C_1+P, W-P+E$
	不监管($1-x$)	$H-R, W-C_2+R$	$L, W+E$

(2) 双方博弈行为分析　根据以上的得益矩阵可以得出，政府采取监管时的得益期望为 $U_{a1}=H_y-R_y+L$，不监管时其得益期望为 $U_{a2}=H_y-R_y+L-L_y$，政府的复制动态方程为 $\mathrm{d}X/\mathrm{d}t=x(1-x)(P-C_1-Py)$；企业采取追求公众利益策略的得益期望是 $U_{b1}=W-C_2+R$，自身利益时其得益期望是 $U_{b2}=W-Px+E$，企业的动态复制方程为 $\mathrm{d}Y/\mathrm{d}t=y(1-y)(Px-C_2+R-E)$。

两个动态复制方程模拟博弈主体策略形成过程，进化。稳定策略点是博弈双方逐步形成的一个不动点，对随机扰动具有一定稳定性，只有通过演化博弈理论中的“稳定性定理”来判定。

令 $\mathrm{d}X/\mathrm{d}t=0$，$\mathrm{d}Y/\mathrm{d}t=0$，得到政府与企业博弈动态系统的 5 个均衡点：$A$（0，0），$B$（1，0），$C$（0，1），$D$（1，1）和 $E(C_2-R+E/P$，$P-C_1/P)$，政府与企业博弈相位图见图 7-7。

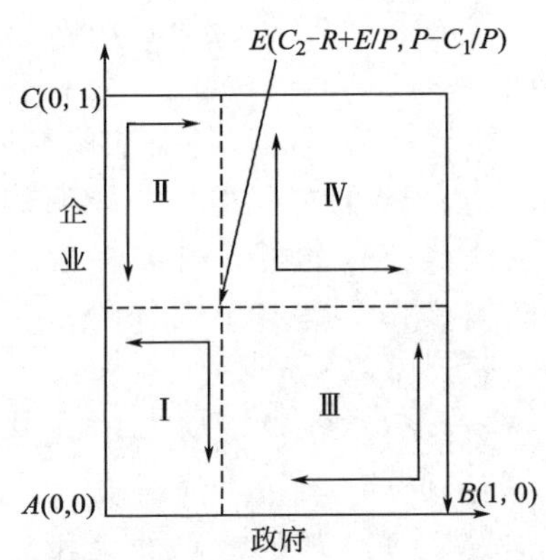

图 7-7　政府与企业博弈相位图

当 $x<C_2-R+E/P$ 且 $y<P-C_1/P$，区域Ⅰ的面积占总体面积比为双方选择{不监管，自身利益}时的概率，政府选择不监管的原因主要有两个因素：第一，政府承诺给企业在合同实施过程中较多的奖励 R，让企业能追求公众利益；第二，政府由于项目合同比较完善，使得其只追求自身利益时额外收益 E 较小。而企业选择自身利益策略主要是由于政府对于其只顾自身利益工作时所做出的处罚 P 较少，使其为较多的额外收益而采取只看自身收益的策略。

当 $x<C_2-R+E/P$ 且 $y>P-C_1/P$ 时，双方选择{监管，自身利益}策略，

政府选择该策略主要是由于现有的法律法规缺乏对企业只顾自身利益方面的相关界定使得政府监管成本 C_1 较高，因此，对其惩罚 P 较少，在此情况下政府只能选择监管策略，但这样也造成政府的损失，而企业正因为法律缺失，受惩罚 P 的可能性小，采取只追求自身利益的策略。

当 $x>C_2-R+E/P$ 且 $y<P-C_1/P$ 时，双方选择 {不监管，公众利益} 策略，政府采取不监管策略主要是在法律法规及合同中规定很明确，对企业惩罚 P 较重，而企业由于各方面限制比较明确，并且其只顾自身利益时所获得的额外收益较少，只能选择追求公众利益。

当 $x>C_2-R+E/P$ 且 $y>P-C_1/P$ 时，双方选择 {监管，公众利益} 策略，项目实施过程中企业额外收益 E 的可能性很大，政府由于监管成本较小或者是以加大惩罚 P 的策略来保证项目实施质量，而企业在政府严格监管或者较重惩罚下选择追求公共利益。

从以上四种情况的分析不难看出，影响双方策略选择的主要因素是监管成本 C_1 的大小，对企业工作做出惩罚 P 和奖励 R，企业追求自身利益所获得的额外收益 E 等，这些因素都在一定程度上影响着双方策略的选择。

7.4.5 公私双方基于博弈的合作机制

PPP 模式中公私合作双方不可避免会产生不同层次和类型的利益和责任分歧，如何达到双赢的初衷，需要设计各种机制来抑制和消除机会主义行为。根据公私博弈的均衡结果，可构建 PPP 项目的公私合作机制。公私合作机制主要包括清晰的市场准入机制、合理的激励约束机制、公平的风险分担机制和有效的政府监管机制。

（1）市场准入机制　在应用 PPP 的过程中，清晰明确的准入机制是选择合适的私营合作伙伴的基本保证。特许经营权的授予既要考虑公共项目的行业特点，又要有严格的程序，从而避免“暗箱操作”等不正当行为，一个公开、公平、竞争的市场准入机制将有效解决这一问题。

（2）激励约束机制　为吸引社会投资者参与 PPP 项目，政府采取包括土地捆绑开发、税收减免或政府贴息等转移支付政策，通过支付（收益）的转移可以使项目各参与方实现合作的共赢，但要建立合理的激励约束机制，兼顾公平和效率，协调项目的公益性和私人部门利润两者之间的平衡关系。

（3）风险分担机制　设计 PPP 项目的风险分担机制时应把握这样的原则：在不损害项目经济平衡的前提下，分别根据政府和私营企业各自不同的风险管理能力来分配项目风险，即把风险分配给最有利承担的一方，使项目参与的各方包括政府部门、私营公司、贷款银行及其他投资人等都能够接受，这样的项目才具有可操作性。

（4）政府监管机制　政府监管一方面要保证企业可以回收成本并有合理的利润，保证企业生产和经营的可持续性；另一方面要保护公众的利益不受损害。政府在进行监管时首先要制定良好的监管框架，制定监管框架要咨询和 PPP 项目有关的利益各方，只有各利益方都进入监管过程，才能形成有效的监管模式；其次，要保证监管活动的顺畅进行，政府的管理不是人治，而是法治，因而需制定和实施有效的法规。

7.4.6　基于三方满意的目标体系

公私部门间的合作在于更好地实现各自目标。经济合作与发展组织（OECD）认为公私伙伴关系是公共部门与私营部门之间的协议，通过协议促使提供公共物品与服务的供给与私营部门追求利润得以协调，公共部门通过向私营部门转移风险来实现其目标。公私伙伴关系合作项目周期长，建设复杂，影响公私伙伴关系成效因素众多，如何协调公私伙伴关系下各方利益，利用有限资源，充分发挥各自优势，平衡风险与收益、公平与效率间的关系，建立互惠的长效机制，不仅有着重要理论价值更也有着重要的实践意义。

所谓三方是指公私伙伴项目的利益相关方政府、公众与企业。由于三方间在公私伙伴关系建设中的目标不同，当公私合作项目环境发生变化后，从政府角度出发，政府作为公共项目的发起人，追求的是社会效益，对公共物品与服务的质量负责。为确保公共物品与服务及时供应，满足公众的需求，因此可能会依据公众的消费能力对公共物品与服务采取价格调整，并在价格调整中依据项目的准公共性特征，在财政支付能力容许的前提下，增加社会总福利。私营部门参与公共物品与服务的主要目的在于获得尽可能多的投资回报，这就应充分考虑私营部门利润的合理性，从而保障公私伙伴项目的可持续性发展；从公众角度出发，价格调整应充分考虑公众的承受能力，以公众收入水平与消费结构变化进行考量。因此，公私合作建设中对政府、企业和公众三方各自利益进行综合权衡，其运作效果与稳定程度以满意度加以表示，各方合作行为直接影响满意度的高低。如城市基础设施公私合作项目的特许价格调整就是政府根据财政收入与补贴能力综合调整私营部门与公众间的利益分配，私营部门依据约定分担特许协议风险，约定范围之外风险则由政府分担或通过价格调整方式由公众承担，通过约定使三方在各自行为改进中逐步达到帕累托改进与最优。

7.5　PPP 项目互动机制分析

7.5.1　PPP 项目公私部门互动特征分析

依据我国 PPP 项目伙伴关系特征与伙伴关系内涵，PPP 项目公私部门互动的实质是分析公共部门、私人部门、社会公众三方之间的目标一致性、合作长期性、平等协调性和利益风险共享四个关系特征，以及对 PPP 项目成功的影响。

7.5.1.1　目标一致性

目标一致性表达了 PPP 项目公私投资合作主体为实现基础设施项目全生命周期保持公益与经济总目标的共识。因为，公共部门是社会公众利益的集中代表，公共部门的决策通常是从社会公众的角度上做出，即公共部门与社会公众在基础设施项目的目标上是保持一致的。而影响合作治理关系的重要两个因素，一方面是政府的“经济人”思维和行为；另一方面，是政府与企业的目标冲突。

从政府的角度来看，PPP 项目的建设是为了满足公众的社会需求，并带动相应地区的经济发展，侧重的是公益性和发展性的目的，适当地考虑经济性问题。反之，企业则更侧重把与政府合作建设 PPP 项目看作是一项投资，并且能取得一定投资收益，故企业持有的是一种经济性和盈利性目的。由于公私双方的立场和目的不同，PPP 项目的目标往往就需要两者的共同协调来达成。要想实现一个目标的均衡点是很难的，既不能完全从私人部门的角度去实现利益最大化，也不能只考虑最好地满足公众实现社会效益最大化而牺牲私人的利益。

公共部门与私人部门两者组成 PPP 项目最主要的合作主体，从决策、设计、建造、融资、运营、拥有的全部过程两者都是共同参与并决策，因此，两者在 PPP 项目中的相对关系对 PPP 项目其他方面起决定性的作用，PPP 项目公私双方及社会公众对项目的决定作用如图 7-8 所示。

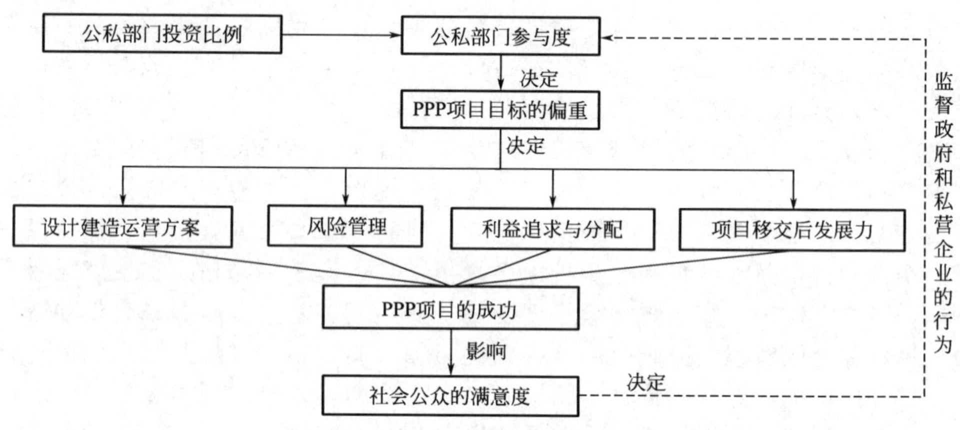

图 7-8 PPP 项目公私双方及社会公众对项目的决定作用

通过图 7-8 可以清楚地表明，在 PPP 模式机制中，公私部门互动最根本的问题就是公私部门合作的目标一致性，伙伴关系的合作长期性、平等协调性和利益风险共享对项目可持性的影响都是建立在合作目标的基础上。只有保证合作目标的一致性，并列入成功评价关键因素，才能实现 PPP 项目后续合作阶段的可能性。

图 7-8 也表明公共部门与私人部门互动目标的一致性又与公私部门的参与度有关，而参与度很大程度上是由公私部门的投资比例决定。当公共部门参与度大于私人部门时，在公共部门明确 PPP 项目互动的前提下，公私部门达成 PPP 项目互动性目标的一致性程度就会高很多，那么互动的目标就可以成为一个项目的主要目标。反之，PPP 项目的互动性目标就会被弱化。

7.5.1.2 合作长期性

公共部门代表社会公众发起 PPP 项目，就某个项目而言，公共部门与涉及的社会公众天然形成长期性的合作，从项目开始直到项目报废。伙伴关系的合作长期性是针对 PPP 项目私人部门的加入，在项目合同特许经营期内，私人部门分别与公共部门和社会公众的合作长期性影响项目生产和经营的合作治理。

PPP 项目建立伙伴关系不同于一般性合作关系，由于 PPP 项目本身的特点决定其应该建立一种长期稳定的伙伴关系，这样才有助于项目稳定持久的发展。PPP 项目开始时，公私双方就投入了大量的人力、物力、技术等资源，若任何一方不能维持伙伴关系合作的长期性，由于基础设施项目都是规模较大的项目，进行资源的重新获取是相当困难的，既是降低资源配置的效率，也是造成资源的浪费。公私合作的长期性一方面既要通过合同层面来保证，另一方面则是通过双方兑现承诺形成互信来维持。公私双方之间若没有为实现项目长期稳定运转的约束和信任，则造成政府想控制项目而不愿向私人提供保障和私人的任何举措都会防备政府的强烈对抗出现，这样公私双方就不可能形成良好的互动关系，最终的结果是项目受损。例如，英国 Fazakeley 监狱和 Bridgend 监狱 PPP 项目，由于政府违背担保承诺，当发生犯人骚乱和暴动时致使私人部门运营成本上升，最后项目终止。

另外，PPP 项目的运营过程，私人部门与社会公众之间合作的长期性往往被忽略或者很少被考虑。在长期的运营中，能够实现私人部门投资回收并且获取收益的目标主体就是社会公众。在特许经营期内，私人部门提供服务，社会公众进行消费。认识到私人部门与社会公众合作的这种长期性，实现私人部门与社会公众的良性互动，提供完善的服务，提高社会群众的满意度，也就提高了项目的社会价值和项目的社会经济协调性，实现项目的成功。

7.5.1.3　平等协调性

PPP 伙伴关系的平等协调是要公共部门、私人部门、社会公众之间有良好的沟通，“平等”是基础设施公私合作伙伴关系的合作基础，“协调”是公私合作伙伴为实现目标而实施的信息沟通、协同管理与和谐组织。

长期公私合作投资 PPP 项目，平等是合作组织之间的认识关系和认识行为。即政府与企业共同实现 PPP 项目从投资、建设、运营等合作的关系基础，而非领导与被领导、控制与被控制、管理与被管理的关系。因此在 PPP 项目全生命周期过程中，合作主体双方通过法律规范、合同与契约约定，实现各自权利与义务，共同促进 PPP 项目的社会效益与经济利益。合作主体的平等绝非是投资数量上的相等或均等，而是当政府与企业达成合作协议后，当各自目标发生冲突时进行调协的条件与前提，同时也是确保双方实现 PPP 项目成功的条件与前提。

政府与企业这对目标不同的组织共同组成 PPP 项目的投资主体、建设主体和运营管理主体后，必然形成信息不对称和利益冲突，PPP 项目实施过程背后隐藏的必然是道德风险和逆向选择，将必然导致项目从资源配置、信息沟通、建设效率、公众影响和运营经营等出现各种障碍，甚至直接导致基础设施项目公私合作破裂。例如我国的杭州湾跨海大桥项目投资总额为 118 亿元，资本金占总投资额 35%，其余 70 亿元为银行贷款。最初资本金结构中国有企业占 49.75%，民营企业占 50.25%，共计民营企业组成的 17 家企业集团参与大桥建设及建成后的运营。由于在建设过程中双方存在着利益与风险分配、建设管理等组织问题，民营企业投资集团自身的经营与管理问题等，最重要的是合作初期出现了在投资、建设和经营认识、组织和理念上的冲突，经过协调最后建成时，国有企业资本金结构占到 70.62%，而民营企业投资资本仅占 29.38%。最后，2007 年杭州湾跨海大桥建成通车。但我国在尝试 PPP 合作过程中仍然有目前法律与合作中无法解决的制度障碍和合作中协调机制不能解决的问题。

PPP 项目模式的平等协调是 PPP 项目复杂的系统工程，而非仅仅是解决投资融资资金问题，最为重要的是公私合作思想认识、合作理念和合作目标的一致性，公私部门之间良好的互动，才能实现 PPP 项目公私合作的成功。

7.5.1.4 利益风险共享

利益与风险共享是 PPP 项目公私合作伙伴共同遵循的基本原则，私人部门与社会公众的互动，最大限度地实现伙伴关系中的利益共享，有助于促进项目社会经济协调性，以及公共部门与私人部门的良好互动实现风险共担，有助于推进基础设施项目的稳定发展。

在 PPP 基础设施项目中，社会公众是最大的利益群体，私人投资收益的获得最终由社会公众中的广大消费者承担。因此，伙伴关系利益的共享要在长期的运营中协调。这种利益共享的良好状态就是私人部门保证自身在项目上的预期效益，社会公众享受到具有功能性和价值性服务，公共部门实现政府财政的有效利用和社会公众较高满意度。伙伴关系中的利益共享是社会成本与投资收益的均衡，使得各利益主体通过项目获得需求。PPP 项目中伙伴关系的利益共享是某一方不会出现谋求自身利益最大化而置合作伙伴利益于不顾，利益共享是以实现整体利益最大化为主旨。一旦不能实现利益共享，私人部门与社会公众不能良好互动，则将会导致两种结果：一是损害私方利益换取公共利益，导致合作破裂，项目就此终止；二是通过牺牲一定的公共利益来换取投资收益，可能出现质量问题、项目能效降低等情况。前者是已经投入资源的浪费和社会需求得不到满足，后者是降低资源的利用率和社会满意度，因此都会导致 PPP 项目的失败。

利益共享实现的基础是风险共担。PPP 项目中寻求的是合作伙伴，而不是可以承担全部项目风险的承包人。因此，公私部门之间要形成有效的风险分担机制，在风险识别与风险分配上达成一致。公私双方在各自承担的风险上，既要有承担风险的意愿，同时具备承担风险的能力，对于双方均未能有效承担的风险，风险转移和以及转移的对象要达成一致。尤其是当私人部门不具有对 PPP 项目进行设计、采购、施工的良好能力时，公私双方进行风险转移选择承包商时要有三个方面的认可：第一，各承包商技术水平与项目本身的成功相关联；第二，各承包商的管理水平影响到项目与资源环境、生态环境、社会环境协调；第三，各承包商社会意识和社会责任是在基础设施项目建设过程中推进项目可持续性的能动性因素。

7.5.2　PPP 项目互动机制框架

在 PPP 项目中，社会公众需求与私人部门提供资源满足需求是在公共部门的作用下实现的，公共部门也是伙伴关系中私人部门与社会公众的调解者。PPP 项目要实现成功，重点应从公共部门着手。从公共部门的核心作用出发，是构建 PPP 项目动态互动机制实现途径的基础。通过分析 PPP 伙伴关系特征对项目成功的影响构建 PPP 项目动态互动机制。PPP 项目互动机制实现路径如图 7-9 所示。

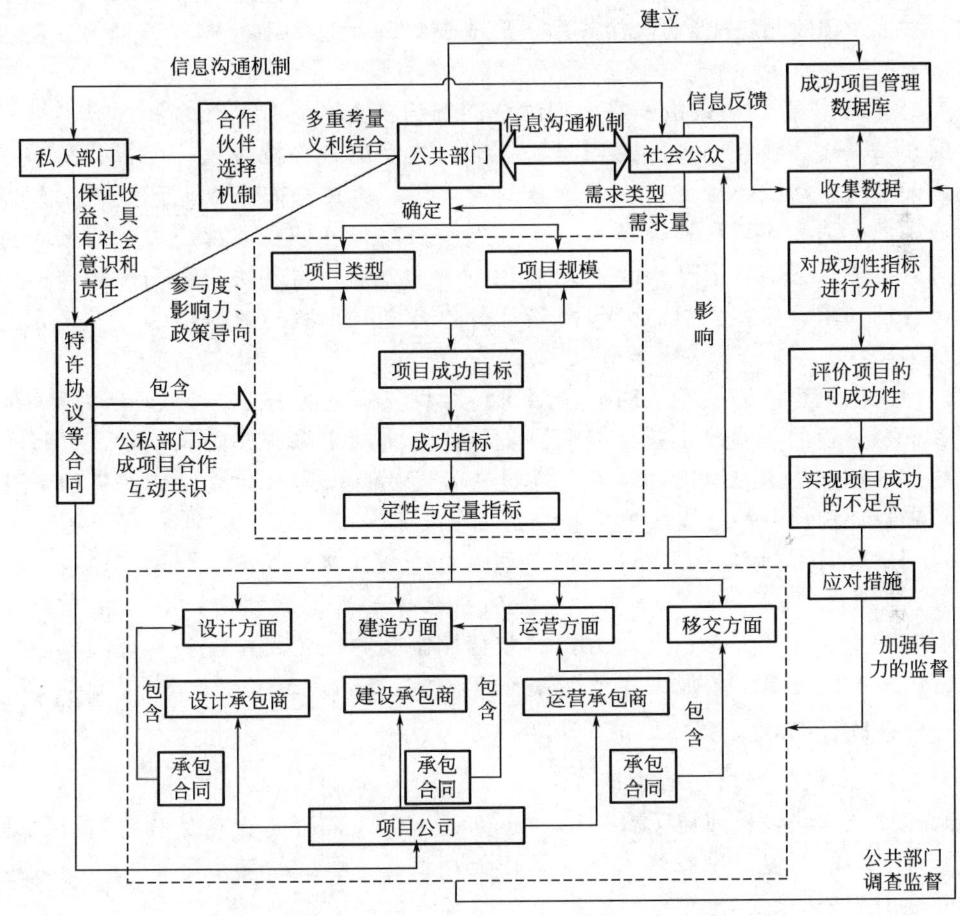

图 7-9　PPP 项目互动机制实现路径

在 PPP 项目互动机制实现途径中，包含三方主体之间伙伴关系特征的形成、维持，以保证 PPP 项目的成功。

(1) 具有多重考量标准的选择机制　评估私人合作伙伴的融资能力和资金来源是一方面，同样重要的是私人部门能否在一定收益的前提下，提倡让利于民，这需要评估私人部门承担和履行社会责任的能力、社会信誉、企业价值。只有选择一个公私兼顾的私人合作伙伴，在共同的协商、谈判、决策过程中项目的合作治理目标才能有效地达成一致。

（2）完备的各方之间沟通渠道或机制的建立　这是维系各主体间的核心，同时也是实现平等协调性唯一路径。充分利用现代化信息沟通工具，提高社会公众部门对于项目的参与度。通过社会公众的信息反馈，进行项目前期的真实需求分析以确定项目及规模，在项目建设运营阶段作为衡量社会效益的依据。而私人部门与社会公众的信息沟通，增进社会公众对私人参与部门的了解和私人部门对于服务提供上的改进，建立PPP项目完善的伙伴关系，形成良好的互动关系，提升项目的社会协调性。

（3）充分利用PPP模式主要采用契约合同制的特点，完善公私之间的风险分担与收益共享　其中主要包括公共部门与私人部门之间的特许权协议，项目公司与各分包商之间的分包协议。因此，在各种合同内容中，通过合同条款的形式将一些促进项目成功的行为和可量化指标纳入。尤其当政府参与度较私人部门大的时候，更应该通过这种方式去引导PPP项目向合作治理方向发展。特许协议中明确相应的项目可持续性的要求，项目公司与分包商签订分包合同时，适时地提出一些可量化的项目成功的条件。

（4）保证全过程的连续性　PPP项目可持续性实现途径是三方沟通互动的循环过程，保证全过程的连续性，就是在项目全寿命期实现主体合作的长期性。其过程的重点是保证信息传递和反馈的畅通，通过有效的信息流通来建立互信，借助PPP项目成功项目评价流程的建立来连接和维持三方关系。

（5）明确公共部门在三方中对于PPP项目可持续性实现的主导作用　政府充分发挥引导、协调、监察和调解作用，加强项目合作治理的政策导向，强化在整个PPP项目过程中关于项目合作互动方面的监督控制能力。尤其是在公共部门参与度较私人部门小的情况下，要加大互动性方面的政策规范力度。

7.5.3　互动路径分析

7.5.3.1　沟通与信息互动方面

（1）建立政府与公民间持续有效的沟通机制　沟通机制的建立是政府与公民之间实现有效互动的前提，没有沟通，互动便无从谈起。因此，需从以下几个方面入手，建立政府与公民之间持续有效的沟通机制。

第一是政府与公民间协商机制的建立。协商机制的建立，一方面要求政府在工作方法上要走群众路线，拓宽公民参与的渠道，在涉及群众的利益上，政府必须以民本位思想替代原先的官本位思想，和公众建立起一种平等协商、交流沟通、讨论甚至是辩论的氛围，以促进关系大众利益的社会问题的顺利解决；另一方面，在协商过程要让不同群体的利益都能有平等的表达机会，使不同群体的合理的利益诉求都能够得以实现。协商机制作为政府与公民间的一种平等有效的沟通形式，它使得公民意见、建议与想法能够顺利有效地被政府知晓和采纳，从而实现政府与公民的良性互动。此外，政府与公民间的协商机制要用制度的形式确定下来，以适应公民参与的需要。

第二是政府与公民间信息共享机制的建立。信息共享机制要求在政府与公民之间建立一种无障碍的信息沟通系统，减少信息沟通中的不平等和不公开的现象，实行阳光下的政府信息化运作。因此只有这样，公民的意见、建议与想法才能够通过网络论坛等网络互动平台及时地反馈给政府相关部门，而政府也能够及时的向社会公众公布相关反馈信息，对公民提出的利益诉求进行及时有效的回应，只有这样，才能实现政府与公民之间的良性互动。

最后，政府与公民间合作伙伴关系的建立也是有效沟通机制建立的重要途径。合作伙伴关系是网络论坛中政府与公民良性互动的一种重要的制度设计。在这种制度设计中，政府将公民看作是治理公共事务的一个重要合作主体，从而有效地挖掘社会中对公共问题治理的巨大热情，共同参与治理。社会公共事务是复杂多变的，而每个群体所掌握的知识和信息量则是有限的，单靠某个群体的力量很难掌控瞬息万变的社会问题。因此，只有政府与公民建立一种有效的合作伙伴关系，才可以在政府力所不能及的地方动员和依靠社会公众的力量共同来参与社会公共事务的治理。尤其是在面临一些突发事件时，政府与公民更应当建立有效的合作伙伴关系，从而动员整个社会的力量来共同应对危机，实现政府与公民之间的良性互动。这正是政府要与公民建立一种有效的合作伙伴关系的原因所在。

(2) 以平等、对话、协商的理念构建政府与公民的新角色　要实现政府与公民之间的良性互动，政府和公民双方都应转变角色，相互配合，改变二者之间传统的按照等级制原则建立起来的政府与公民间关系，平等地参与到社会公共事务当中来，以全新理念来共同致力于社会治理，履行好各方职责。

首先是政府角色的转变。在网络时代中，政府更多的扮演的是公共利益的协调者、社会矛盾的化解者的角色，它不再是传统意义上的对公众发号施令者、控制者和命令者。在著名学者丹哈特看来，政府作为协调者与支持者的角色即是“官员不再只是扮演公共服务供给者的角色，他们将越来越多地扮演调解、协调甚至是裁判的角色”。政府角色转变是公民有更多的机会参与公共过程的重要前提，也是公民角色转变的前提。只有这样，公众才能够自由地就公共事务表达自己的意见、建议和想法；也只有政府角色转变后，政府才能从具体事务的干预中分离出来，实现自身职能的真正转变，将权力下放，去解决真正属于自己职责范围之内的问题，最终实现政府与公民之间的良性互动。

其次是公民角色的转变。在互联网时代，公民获取信息的机会、速度和能力有了前所未有的提高，公民作为传统意义上的政府服务的被动接受者的状况不复存在，取而代之的是有着主动精神与民主参与精神的自由主体。公民角色的转变表明，一种具有“完整公民资格的新公民角色”正在出现。这种新公民角色的特征如下：既不消极、被动接受政府管制和服务、听候政府的发号施令，也不是政府或统治者的工具或臣民，而是有着反思精神、善于思考、独立判断、理性选择，并积极要求参与社会治理的公民；他们关心公共问题和公益，而不仅仅关心和自身有关的事务和利益。正如博克斯所言，民众期望在公共生活中不只是充当搭便车者和看门人，而是要扮演更为积极的角色。新公民角色的出现，充分说明了政府与公民之间良性互动，共同参与社会公共事务治理的美好愿望。在网络时代，应注重传统的公民角色向新公民角色的转变，使政府与公民共同致力于社会治理。

7.5.3.2　价格规制互动

(1) 通过制度建设，拓展公众参与的方式　在政府制定各种政策过程中，要做好各项制度建设，培养有利于公众参与的机制，除了完善现有的听证会制度外，依据我国国情还要做好以下工作。第一，建立科学的民意调查制度。通过价格民意调查可以了解现行价格的执行情况和效果。政府部门可以通过民意调查将相关的政策分析有偿地交由大学、专业研究机构和咨询公司去做，以保证调查的公正性和科学性。第二，建立协商谈判制度。通过规制当事人的协商谈判程序，出台新的价格。第三，建立相关企业信息公开制度。应该尊重公众对于水、电、煤等企业生产经营的知情权和批评权，通过公布相关信息，借用公众舆论和公众监督，对这些企业施加压力，使他们能够加强内部管理，降低生产与管理成本。第四，建立用户满意度考核制度。这一制度的运行是政府质量管理的重要环节，可以考察相关价格方案的执行情况，传递消费者对政府规制的反馈意见。

(2) 创造和优化公众参与的良好环境　公众参与项目管理的关键在于政府要创造公众参与的良好环境。首先政府应主动提供给公众更多的参与机会。不仅让公众参与价格听证会，质量监管，还要让公众参与到申请调价或定价的政策依据、成本费用状况、调价或定价的可行性等价格规制的整个过程中来。其次要改善公众的信息获取环境。现代传媒发展迅速，传媒对公众生活的影响也越来越大。通过报纸、广播、电视、互联网等媒体发布水、电、煤行业的相关信息，可以降低公众获取信息的成本。最后，要加强法律环境的建设。修改现有法律中不利于公众参与的因素，制定部门规章，规定价格规制中公众参与的方式、适用范围与程序，使公用事业价格规制有可操作性的行动指南。

(3) 借助现代信息化手段，扩大公众参与面　全球化和信息化的迅猛发展为公众参与的进一步发展提供了可能性。持有不同意见的公众可以方便快捷地通过报纸、电话、手机短信、电视、互联网等参与公共讨论并最大限度地对公用事业价格的制定发表不同的意见，有助于水、电、煤价格所涉及的各种深层次的问题、矛盾逐一揭示出来，促使利益各方去思考、探索解决问题的最优方案，防止公用事业价格决策片面性和利益失衡，使水、电、煤等价格决策为广大公众所接受。还可以通过问卷调查、电话调查和网络调查等方式简洁方便地广泛征求公众和专家的意见，根据公众对公用事业价格问题的不同看法，划分不同的群体，为合理确定公众参与代表，提高代表的代表性提供基础。

(4) 积极培养、提高参与公众的素质　公众参与越广泛，对决策的影响力就越大。在公众参与的过程中，公众是参与的主体，公众素质的高低决定着公众参与的效能。在价格规制过程中要吸引公众积极参与以及提高公众参与的效能，关键是要提高参与主体的素质。首先，通过宣传教育，使公众充分认识其在价格规制过程中的作用，提高公众的法律意识，使其有序地参与到公用事业价格规制中来。其次，注意提高公众在公用事业价格方面的科学素养和自身综合素质，以提高参与水平，提高参与效能。在这方面，媒体将发挥不可替代的作用。如对水、电、煤生产、传输和销售涉及经济技术方面的专业术语，可以通过大众传媒广为介绍，让公众了解这些产业的特点。最后，大力培育民间组织与专业型服务型组织。公众参与主要是由个人组成的民间组织（消费者协会、社区的社团组织、公益性学术与评论组织）、营利性组织（如企业）、专业服务性组织（如咨询、设计、中介机构）等其他非政府的组织的参与。非政府的组织参与公用事业的规制过程和决策，在信息获取、分析、处理和专业技能等方面的优势是单个公众所不能比拟的。

7.6　本章小结

对于 PPP 项目，相关利益主体之间形成伙伴关系是核心，主体的伙伴关系对项目的成功有决定性的影响。PPP 项目实现成功的关键在于利益主体之间形成的合作状态，即公共部门、私营部门和社会公众三者之间是否形成良好的合作互动关系。因此，PPP 项目必须要从基于主体伙伴关系角度，来构建项目利益相关者互动的实现途径。PPP 项目互动机制实现途径的重点是形成和维持公共部门、私人部门、社会公众之间的目标一致性、合作长期性、平等协调和利益风险共享，从而实现项目资源的利用有效性、经济和社会协调性，最终实现 PPP 项目的成功。

第 8 章　PPP 项目公共部门和私营部门互动激励机制

8.1　理论分析

8.1.1　公共部门与民营部门的激励和绩效

对公共部门与民营部门之间在激励和绩效方面差异的理论解释，Baron &Myerson，Hal Rainey，William Niskanen Jr，Graham T. Allison 的文献中概括为公共部门缺乏追求良好的绩效动力；公共部门的资金预算和运营预算一般通过独立的程序运行，二者协调平衡机会有限；民营部门一般只有在满足顾客的需求情况下才能获得发展，而垄断性的公共机构即使在消费者不满意的情况下也可能兴旺发达。民营部门在经营欠佳时就可能破产，公共机构经营欠佳时却常常得到更多的预算，提出合同外包将比政府生产更优越，实质的问题就是垄断和竞争的问题。

PPP 项目公共部门和民营部门的职能平衡。公共部门需要移交一些职能给民营部门投资者，同时要确保达到自然垄断产业核心的指标，即产品的质量、产量和价格。既保护经济上的弱势群体而又不过度妨碍有效的私人运行。公共部门选择这种从经营者到规制者的角色转换，以利于产业的发展。另外，公共部门不愿意改变民营部门要求的那么多，或由于缺乏支持和能力而不能做到民营部门所需求的内容。

8.1.2　公共代理理论和私有化分析

目前我国处于转型时期，公共所有权与私人所有权是并存的，为了使自然垄断产业能够更稳固地进行公私合作关系的改造，进行私有化理论分析，以确定公共部门政策制定方向。

8.1.2.1　公共代理理论

一个代理人和两个委托人的契约，委托人 $i(i=1,2)$ 与代理人之间的合约规定了委托人对代理人的转移支付 t_i 和“交易”水平 x_i。代理人的效用函数取决于总的转移支付 t_1+t_2，交易和代理人的效用参数 β，代理人的效用函数为 $U(t_1+t_2, x_1, x_2, \beta)$。互补合约（$\partial^2U/\partial x_1\partial x_2>0$），替代性合约（$\partial^2U/\partial x_1\partial x_2<0$）。

8.1.2.2　私有化的分析

分析在公共所有权和对民营部门进行规制之间进行选择，在不完备合约下，所有权是重要的。

(1) 公共部门是否选择私有化；

(2) 民营部门沉淀了某些合约化的投资 $I \geqslant 0$；

(3) 民营部门的效用参数 β 服从累积分布 $F(\beta \mid I)$。在公共所有权下，民营部门和公共部门都可以达到 β，但是在私人所有权下，只有民营部门才能达到 β；

(4) 公共部门向民营部门提供合约 $t(c)$，公私合作关系泛指公共部门和民营部门的任何协议；

(5) 民营部门的生产成本 $c=\beta-e$（如果接受公共部门合约）。e 表示民营部门努力程度。

在公共所有权下，公共部门可以完美地抽取企业的租金，对所有的 β，有效用 $U(\beta)=0$。民营部门知道这个情况，在第二阶段就不会投资（$I=0$）。当投资无关紧要时，$F(\beta \mid I)$ 独立于 I，公共产权可以得到最优的结果。在私有产权下，民营部门经理拥有股份，也就是说，经理同时是所有者，民营部门的租金 $U(\beta)$ 与民营部门的效率同方向变化，因此民营部门具有投资的激励。如果抽取租金是无关紧要的（$\lambda=0$，λ 为公共基金影子价格），并且投资是重要的，那么私人所有权就会优于公共所有权。

8.1.3　工程项目的委托代理分析

委托-代理的一般理论假定，委托人的目标是单一的，即委托人的利润最大化。政府的多重并且是相互冲突的目标函数将会导致委托人行动的不确定性和有悖于理性，最终对代理人的行为产生影响。公共部门试图以社会福利最大化为目标，但在政策具体实施中，福利是很难度量的，并且公共部门的目标与效率、社会福利最大化之间往往不易协调。即使公共部门和公众认为利润最大化是企业的目标，要签订一份完整的适用于把对代理人的激励与目标之间联系起来的契约也存在一定困难。就宏观经济信息而言，由于公共部门所处的特殊地位，它可能具有相对优势；但就微观经济信息而言，公共部门并不具有相对优势。

自然垄断产业工程项目，既具有公益性，又具有一定的赢利性。自然垄断产业实施公私合作关系的运行模式，是按照特许经营权投资的管理方式，委托人公共部门把在特定区域内提供产品服务的全部责任移交给代理人民营部门（特许权持有人）——包括所有相关的建设、运营、维护、收费和管理活动，均建立在公私合约的基础之上。民营部门负责系统建设、升级或扩充所需的任何资金，负责除用户付费之外的这些资金的筹措，在一定条件下，公共部门给予税收等方面的优惠，或者给予一定政策性的补贴。公共部门进行监督，拥有所有权，是委托人，民营部门是特许权持有者，是受公共部门委托的代理人，这就构成了委托-代理关系。一旦委托-代理关系建立，如何设计出最优的激励合同（机制）及组织方案，使得代理人能最大限度地为委托人的整体目标努力，就是委托-代理理论所要解决的关键问题。

8.2 基础设施项目公共与民营部门的激励模型

8.2.1 基本假设和符号说明

公共部门与民营部门之间存在着委托代理关系，公共部门是委托人，民营部门是代理人，两者之间的利益目标是不一致的。公共部门追求社会福利最大化，民营部门追求自身效益最大化，两者之间存在着信息不对称，民营部门较公共部门而言，掌握着更多、更准确的关于企业运营的信息。公共部门对民营部门进行规制，企业产品和服务的价格由政府限价，在静态分析中设为常数。民营部门无法通过收费弥补全部成本，公共部门对其进行补贴。在自然垄断产业中，生产的产品和提供的服务的需求函数是外生的，需求价格弹性很小，为了分析方便，假设需求价格弹性为零，即价格确定后，消费量也随之确定，消费者剩余是确定的。

当民营部门去建设和运营时，委托人很难完全了解代理人的项目建设情况和运营方式，公共部门观察到的是民营部门对基础设施的筹建改造以及运营的产出、产品价格和质量等的业绩，而这些业绩是由民营部门的管理方式与市场情况决定的，具有一定的随机性，下面说明模型中符号的含义。

(1) s 消费者剩余，在这里为基础设施产品的总效用与其市场价值之间的差额，假定 s 为确定的；

(2) r 民营部门的收入，由于基础设施产品价格和消费量是确定的，所以 r 是常数；

(3) θ，$G(\theta)$，$g(\theta)$ θ 表示民营部门技术参数，一般假定 θ 是连续随机变量，描述不受代理人和委托人控制且影响其行动的量，自然状态的不可预见和不确定因素，是 θ 的取值（θ 可能为离散型或连续型随机变量），设作为随机变量的 θ 分布函数和密度函数分别为 $G(\theta)$ 和 $g(\theta)$；

(4) a 表示民营部门效率水平的一维变量，在民营部门技术参数一定的情况下，a 是由民营部门的部门经理及全体员工的工作努力程度决定的，一般假定 a 是连续变量；

(5) A 表示民营部门可以选择的所有行动（效率水平）的集合，$a \in A$ 表示民营部门的一个特定行动；

(6) c 表示民营部门的成本，是由民营部门的效率水平和技术参数确定，$c(a, \theta)$，且 $\partial c / \partial a < 0$，$\partial c / \partial \theta < 0$；

(7) e 民营部门在效率水平（民营部门经理和员工努力工作水平）下带来民营部门经理及员工的闲暇损失，$e(a)$，且 $\partial e / \partial a > 0$；

(8) $F(c, a)$，$f(c, a)$ c 的分布函数和密度函数，对于给定的 θ 的分布函数 $G(\theta)$，对应于每一个 a，就存在一个 c 的分布函数。$F(c, a)$，也就是说关于民营部门技术参数的信息都可以通过 $F(c, a)$ 和 $f(c, a)$ 来表示，这些函数被假定对于 a 是可微的；

(9) λ　政府征税所带来的影子成本，由于公共部门的货币补贴来源于税收，而税收会带来一定的社会成本，因此公共部门征税的影子成本为 $\lambda>0$，设 λ 是常数；

(10) b　公共部门给予民营部门的补贴，$b[c(a,\theta)]$；

(11) v　民营部门的效益，v 等于补贴额与销售收入之和减去民营部门成本部门经理及员工的闲暇损失，且 $v=b+r-c-e$；

(12) w　公共部门追求的社会福利，表示消费者剩余与不考虑民营部门经理及员工闲暇损失的民营部门效益之和，减去补贴及其社会成本，$w=s-(1+\lambda)b+v+e=s+r-\lambda b-c$。假定委托人和代理人都有一个定义良好的 V-N-M（满足效用最大化）期望效用函数 $w(\cdot)$ 和 $v(\cdot)$。当委托人是风险回避者或风险中性者时，存在 $v''(\cdot)\leqslant 0$；$w''(\cdot)\leqslant 0$。

8.2.2　模型设计

公共部门作为委托人，其委托是通过观测到民营部门的成本 c 来补贴 b，诱使民营部门提高效率水平 a，降低成本 c，从而达到社会福利最大化的目标，其期望效用函数可以表示为：$\max\limits_{a,b(c)}\int w\{-\lambda b[c(a,\theta)]-c(a,\theta)\}g(\theta)\mathrm{d}\theta+s+r$ 其中，积分部分 $\int w\{-\lambda b[c(a,\theta)]-c(a,\theta)\}g(\theta)\mathrm{d}\theta$ 代表公共部门的负效用。委托人——公共部门这时面临着来自代理人——民营部门的两个约束，第一个约束是参与约束，即代理人从接受合同中得到的期望效用不能小于不接受合同时能得到的最大期望效用。代理人“不接受合同时能得到的最大期望效用”由他面临的市场机会决定，称为保留效用，用 $\underline{v}$ 表示民营部门生存所必需的最低效益。参与约束又称个人理性约束（IR），表示如下：

$$\int v\{b[c(a,\theta)]-c(a,\theta)\}g(\theta)\mathrm{d}\theta-e(a)+r\geqslant\underline{v} \tag{8.1}$$

其中，第二个约束是代理人的激励相容约束（IC），给定委托人不能观测到代理人的行动 a 和自然状态 θ，在任何的激励合同下，代理人总是选择使自己的期望效用最大化的行动 a，因此，任何委托人希望的行动 a 只能通过代理人的效用最大化行为实现。如果 a 是委托人希望的行动，$a'\in A$ 是代理人会选择的任何行动，a' 是民营部门所选择的任何效率水平，激励相容约束意味着只有当民营部门从选择 a 中得到的期望效用大于从选择 a' 中得到的期望效用时，民营部门才会选择 a。因此激励相容约束表述如下：

$$\int v\{b[c(a,\theta)]-c(a,\theta)\}g(\theta)\mathrm{d}\theta-e(a)+r\geqslant$$
$$\int v\{b[c(a',\theta)]-c(a',\theta)\}g(\theta)\mathrm{d}\theta-e(a')+r,\forall a\in A \tag{8.2}$$

根据以上分析，用“状态空间模型化方法”建立公共部门和民营部门之间的基础设施建设和运营的激励机制，存在如下模型：$\max\limits_{a,b(c)}\int w\{-\lambda b[c(a,\theta)]-c(a,$

$\theta)\}g(\theta)\mathrm{d}\theta+s+r$

$$s.t.\int v\{b[c(a,\theta)]-c(a,\theta)\}g(\theta)\mathrm{d}\theta-e(a)+r\geqslant \underline{v}\quad（模型 1）\tag{8.3}$$

$$\int v\{b[c(a,\theta)]-c(a,\theta)\}g(\theta)\mathrm{d}\theta-e(a)\geqslant$$

$$\int v\{b[b(a',\theta)]-c(a',\theta)\}g(\theta)\mathrm{d}\theta-e(a'),\forall a'\in A\tag{8.4}$$

采用分布函数的参数化方法，可将上述模型转换为模型（2）：

$$\max_{a,b(c)}\int w[-\lambda b(c)-c]f(c,a)\mathrm{d}c+s+r$$

$$s.t.\int v[b(c)-c]f(c,a)\mathrm{d}c-e(a)+r\geqslant \underline{v}\quad（模型 2）\tag{8.5}$$

$$\int v[b(c)-c]f(c,a)\mathrm{d}c-e(a)\geqslant\int v[b(c)-c]f(c,a)\mathrm{d}c-e(a'),\forall a'\in A\tag{8.6}$$

以上两模型所求的结果是相等的。由于存在信息的不对称，公共部门观测不到民营部门准确的效率水平 a 和技术参数 θ，公共部门作为委托人的问题是选择激励方案 $b(c)$，解决下列最优化问题。对于任何给定的激励方案（补贴 b），民营部门作为代理人必须选择自己效益最大化的行动，即：$\max\limits_{a}\int v[b(c)-c]f(c,\ a)\mathrm{d}c-e(a)$。

因此模型 2 的激励相容约束可用其一阶条件来代替，即

$$\max_{b(c)}\int w[-\lambda b(c)-c]f(c,a)\mathrm{d}c+s+r$$

$$s.t.\int v[b(c)-c]f(c,a)\mathrm{d}c-e(a)+r\geqslant \underline{v};$$

$$\int v[b(c)-c]f_a(c,a)\mathrm{d}c-e'(a)=0\tag{8.7}$$

其中：$f_a(c,\ a)=\dfrac{\partial f(c,\ a)}{\partial a}$

令 η 和 μ 为上述参与约束和激励相容约束的拉格朗日乘子，构造拉格朗日函数如下：

$$L[b(c)]=\int w[-\lambda b(c)-c]f(c,a)\mathrm{d}c+s+r+\eta\{\int v[b(c)-c]$$
$$f(c,a)\mathrm{d}c-e(a)+r-\underline{v}\}+\mu\{\int v[b(c)-c]f_a(c,a)\mathrm{d}c-e'(a)\}\tag{8.8}$$

上式最优一阶条件为：

$$-\lambda w'[-\lambda b(c)-c]f(c,a)+\eta v'[b(c)-c]f(c,a)+\mu v'[b(c)-c]f_a(c,a)=0\tag{8.9}$$

对该一阶条件进行整理，得到：

$$\frac{w'[-\lambda b(c)-c]}{v'[b(c)-c]}=\frac{1}{\lambda}\left[\eta+\mu\frac{f_a(c,a)}{f(c,a)}\right]\tag{8.10}$$

当把民营部门效率水平简化成“低（a_L）”和“高（a_H）”两种类型时，结果

的解释更为简单。假定公共部门要想诱使民营部门选择高效率时，模型 2 的激励相容约束为：

$$\int v[b(c)-c]f_H(c,a_H)\mathrm{d}c-e(a_H)\geqslant\int v[b(c)-c]f_L(c,a_L)\mathrm{d}c-e(a_L) \tag{8.11}$$

在上式中，$f_H(\cdot)$ 和 $f_L(\cdot)$ 分别代表效率水平为 a_L 和 a_H 时 c 的概率密度。与对式（8.11）的推导相似，可以得到：

$$\frac{w'[-\lambda b(c)-c]}{v'[b(c)-c]}=\frac{1}{\lambda}\left\{\eta+\mu\left[1-\frac{f_L(c,a_L)}{f_H(c,a_H)}\right]\right\} \tag{8.12}$$

$$\eta\mu>0$$

由式（8.11）和式（8.12），不对称信息情况下的最优契约不同于对称信息情况下的最优契约。如果 $\mu=0$，式（8.11）和式（8.12）就成为公共部门对民营部门信息对称条件下（可观察到民营部门的行动）的最优契约条件。

f_L/f_H 被称为似然率，即 $f_L(c,\ a_L)/f_H(c,\ a_H)$，$f_L(c,\ a_L)$ 表示当民营部门低效率（$a=a_L$）时，民营部门成本 c 出现的概率，$f_H(c,\ a_H)$ 表示当民营部门高效率（$a=a_H$）时，民营部门成本 c 出现的概率。如果 $f_L/f_H>1$，表示民营部门选择低效率时的概率大于民营部门选择高效率时的概率，此时民营部门得到的补贴 $b(c)$ 要向下调整；反之，如果 $f_L/f_H<1$，表示民营部门选择低效率时的概率小于民营部门选择高效率时的概率，$b(c)$ 要向上调整；当 $f_L/f_H=1$ 时，表示民营部门选择低效率时的概率等于民营部门选择高效率时的概率，公共部门难以据此作出判断。

在民营部门技术参数 θ 没有大的幅度调整的情况下，一般来讲似然率 f_L/f_H 对成本 c 是单调递减的，较低的成本 c 意味着民营部门选择高效率水平的可能性较大，即效率越高成本越低。公共部门能够根据观测到的民营部门的成本来推断民营部门的效率是高还是低，通过调整补贴 b 对民营部门进行惩罚。因此，民营部门提高效率降低成本带来民营部门效益的增加，民营部门可以将增加的效益部分用于民营部门的发展（改进民营部门的技术参数 θ）和对员工的奖励，从而更好的发展本部门和形成产业良性发展的格局。

公共部门可以掌握国家政策调整和市场宏观调控变化的信息，解决上述问题的办法是设置一个民营部门运行环境有关的外生变量 x 以反映效率信息的变化，并将其写入激励契约中，x 是可观测变量。

设 $H(c,\ x,\ a)$ 为给定效率水平 a 时民营部门的成本 c 和外生变量 x 的联合分布函数，其密度函数为 $h(c,\ x,\ a)$，委托人——公共部门的效用最优规划问题是选择 $b(c,\ x)$ 解决下列问题的最优化：$\max\limits_{b(c,x)}\iint\limits_{c\,x}w[-\lambda b(c,x)-c]h(c,x,a)\mathrm{d}x\mathrm{d}c-e(a)+s+r$

$$s.t.(IR)\iint\limits_{c\,x}v[b(c,x)-c]h(c,x,a)\mathrm{d}x\mathrm{d}c-e(a)+r\geqslant\underline{v} \tag{8.13}$$

$$(IC)\iint_{c\,x} v[b(c,x)-c]h_a(c,x,a)\mathrm{d}x\mathrm{d}c - e(a') = 0 \tag{8.14}$$

其中：
$$h_a(c,x,a)=\frac{\partial h(c,x,a)}{\partial a}$$

上述最优化问题的一阶条件：

$$\frac{w'[-\lambda b(c)-c]}{v'[b(c)-c]}=\frac{1}{\lambda}\left[\eta+\mu\frac{h_a(c,x,a)}{h(c,x,a)}\right] \tag{8.15}$$

当民营部门只有两种效率水平——低和高（a_L，a_H）时，式（8.15）可以改写成为

$$\frac{w'[-\lambda b(c)-c]}{v'[b(c)-c]}=\frac{1}{\lambda}\left\{\eta+\mu\left[1-\frac{h_L(c,x,a_L)}{h_H(c,x,a_H)}\right]\right\} \tag{8.16}$$

为同时考虑了可观测变量 c 和 x 的似然率。通过将 x 写入激励契约，公共部门可以排除外生因素对推断的干扰，更准确地对民营部门的效率进行判断，通过调整补贴 b 的额度更有针对性地对民营部门进行奖惩，从而避免风险，减少承担的风险，节约风险成本，更好地调动民营部门的积极性，进而达到社会福利最大化的目标。

8.2.3 模型分析

（1）首先，可知道以模型 2 的约束条件优化是可以得到最优解的，但是考虑到激励相容的约束后，得到的解就是次优解。原因是多一个约束条件就有可能限制委托代理双方的一些改进机会，就有可能达不到最优。委托代理理论得出的这个结论是比较深刻的，对研究公共部门的委托代理的激励博弈很有意义。最优的结果表示公共部门中资源的配置是有效率的，而次优的结果表示资源的配置发生了扭曲。其主要原因是有价值的信息在公共部门和民营部门之间的分布不对称，其中一方拥有信息优势。信息不对称使监督变得很困难或成本太高昂，这样为满足激励相容，就必须让民营部门承担过多的风险。由此便产生了“激励-风险”之间的矛盾或替代，即满足最优风险分担的合约会损伤公司经理的工作积极性，而满足激励要求的合约又不可避免地让其承担过多的风险。这是一个由于信息的不对称带来的无法回避的“两难境地”。

（2）信息的不完备性和信息结构的非对称性使得在实施激励方案时，一定要研究导致当前效率水平的原因，不能盲目奖励或盲目处罚。为保险起见，公共部门在对民营部门建设者实施奖励或处罚时，应有一定的折扣率和加码率，以便给已做出的决策留有一定的复核或校正的余地。

（3）公共部门要实现预期的目标，那么支付给民营部门的报酬一般就要偏高。为了降低成本，委托人就要想方设法多获得有关代理人行为的信息，使损失尽可能减少。

（4）从有效性分析中可看出，在假设条件下，最优激励方案才具有单调性，也就是说公共部门支付给民营部门经理的报酬随产出水平提高而增加，这似乎是符合常理的。但是，在许多情形下，最优激励方案并不具备单调性。这一点对实际工作

非常有意义，它提醒物质刺激并不是万能的。应建立健全规章制度，规范行为，防治其寻租的发生。

(5) 建立公共部门与民营部门之间的现代委托代理关系，完善民营部门激励机制，可以充分调动民营部门的积极性，踊跃参与到自然垄断产业的市场中，减轻公共部门的负担，可最大限度地满足社会效益和民营部门利益最大化的需求，因此，激励机制是自然垄断产业公私合作关系改革的需要。

8.3　多阶段项目的激励机制模型

上面的委托-代理激励机制模型分析了基础设施工程项目，在公私合作关系运行中，按照一个整体方式设计激励机制。在现实中，建设项目管理应该是一个多阶段的复杂工程，代理人受委托建设基础设施项目工作是一个多阶段项目，例如一个基础设施项目建设，代理人要通过前期策划，可行性研究，然后对建设项目进行地基基础、主体结构、设备安装及装修和外围建设等不同阶段的履约建设实施。因为自然垄断产业基础设施公私合作关系运行结果是否最终获得成功，建立多阶段项目的激励机制是十分重要的，下面运用自然垄断产业基础设施项目管理公私合作关系多阶段项目的激励机制，建立一个基础设施建设项目管理的多阶段的激励机制设计。

8.3.1　基本假设和符号说明

假定项目多阶段的激励机制设计是一个不对称信息条件下的动态博弈。局中人为 $i=1$，2，在实际项目建设过程中，存在多方主体交织运行，业主和总承包商之间通过基础设施建设项目合约，构成经济伙伴关系，目前，基础设施建设的业主往往是由公共部门来承担。基础设施项目建设还存在着总承包商与其他分包商同样以合约方式的相互合作。这里为了使建立的模型具有一般性和涵盖性，又为使研究方便，公私合作关系下多阶段激励机制分析将业主和总承包商，总承包商与专业承包商，专业承包商与劳务作业分包商，以上各方通过合约方式可构成委托-代理合作方式，即发包人与受包人，这是建设工程项目管理的统一称谓，将委托人称为发包人，代理人称为受包人。假定项目建设存在 k 个阶段，$k=1, 2, \cdots, K$；用 e_k 表示民营部门在第 k 阶段的努力程度，$e_k \geqslant 0$。

用 $\alpha_k(e_k)$ 表示民营部门在第 k 阶段成功的概率，$1-\alpha_k(e_k)$ 表示民营部门在第 k 阶段不成功的概率，假定 $0 \leqslant \alpha_k(e_k) \leqslant 1, \alpha'_k(e_k) > 0, \alpha''_k(e_k) < 0, k=1, 2, \cdots, K$，$\alpha_k(e_k) \in [0, 1]$。

若第 k 阶段成功，发包人投资增值为 B_k，其中，$B_k = W_k - I_k$，W_k 表示第 k 阶段成功完成所需增加的期望投资增量，I_k 表示第 k 阶段的投资，I_k 是根据 k 阶段子项目的财务需要而确定的；发包人奖励受包人 $S_k \geqslant 0$，S_k 为发包人的决策变量，如发包人按期拨付工程投资和预付工程款等；反过来，如果第 k 阶段失败，发包人给受包人 F_k，且 $F_k \geqslant 0$，如发包人不按期拨付工程投资和预付工程款给予受包人以惩罚，并扣除一定的违约金。

这里“成功”是指受包人履行合约，对子项目的质量、进度、安全、环保等指标，按合约完成，“失败”是指受包人未履行合约，对子项目的质量、进度、安全、环保等指标，未按合约完成。

V_k 表示发包人在 k，…，K 的期望收益，当 $V_k>0$ 时，发包人投资，假定在整个项目建设过程中，$V_k\geqslant 0$；U_k 表示受包人在 k，…，K 的期望收益；假定受包人努力产生的成本 $C(e_k)\geqslant 0, C'(e_k)>0$，表示受包人努力成本增加，$C''(e_k)>0$，表示受包人边际成本增加，$k=1, 2, \cdots, K$；这里设定 $\alpha_k(\cdot)$，$C(\cdot)$ 是博弈双方共同信息。

8.3.2 模型设计

假设基础设施工程项目建设全阶段能够顺利完成，即

$$\sum_{k=1}^{K}(W_k - I_k) = \sum_{k=1}^{K} B_k \tag{8.17}$$

发包人的效用函数为：

$$V_k = \alpha_k(e_k)(B_k - S_k + V_{k+1}) - [1 - \alpha_k(e_k)]F_k \tag{8.18}$$
$$V_{K+1}=0, k=1,2,\cdots,K$$

受包人的效用函数为：

$$U_k = \alpha_k(e_k)(S_k + U_{k+1}) + [1-\alpha_k(e_k)]F_k - C(e_k) \tag{8.19}$$
$$U_{K+1}=0, k=1,2,\cdots,K$$

那么，发包人的目标函数为：

$$\max_{S_k,F_k} V_k = \max_{S_k,F_k}\{\alpha_1(e_1)(B_1 - S_1) - [1-\alpha_1(e_1)]F_1 + \sum_{k=2}^{K}\{\alpha_k(e_k)(B_k - S_k) - [1-\alpha_k(e_k)]F_k\}\}$$
$$s.t.\ B_k + V_{k+1} > 0, V_k \geqslant 0; V_{K+1}=0; F_k, S_k \geqslant 0; k=1,2,\cdots,K \tag{8.20}$$

受包人的目标函数为：

$$\max_{e_k} U_k = \max_{e_k}\{\alpha_k(e_k)(S_k + U_{k+1}) + [1-\alpha_k(e_k)]F_k - C_k(e_k)\} \tag{8.21}$$

$$s.t.\ U_{K+1}=0; e_k \geqslant 0, k=1,2,\cdots,K \tag{8.22}$$

每个受包人效益的多少，依赖于其履约的情况，工程项目建设应该是在保证项目质量的前提下，受包人能够完成的工程项目的工程量和降低施工成本情况，依据项目合约内容，受包人在项目的每一阶段博弈中，即子项目中，希望盈利最大，但又必须考虑今后项目建设阶段的效用，部门信誉对于受包人的效益是至关重要的，只有博弈时，对方不欺诈，发包人和受包人的最佳反应是继续合作，完成合约内容。受包人通过必要的风险控制和防范手段，项目信息化管理，以及人力资源和部门优势开发等方式，增强努力程度，项目实施达到合约所规定的项目控制目标，如对每个阶段子项目的质量标准、进度控制，安全防范，以及环保达标等。

为了将上述模型进一步予以说明，下面将基础设施建设发包人和受包人项目多阶段的激励机制模型，通过设计一个流程图的形式来表述，见图 8-1。

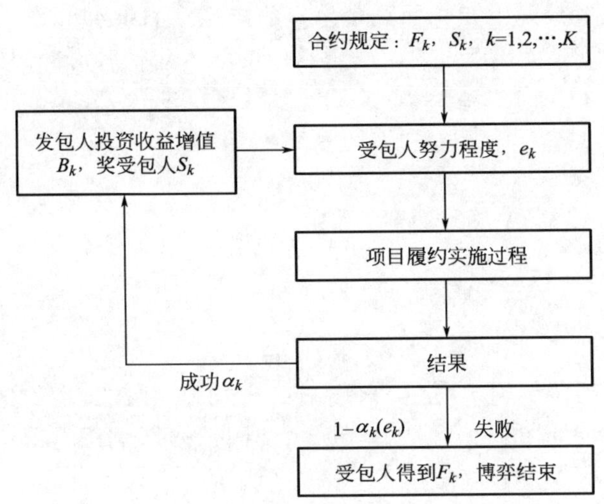

图 8-1　基础设施项目建设发包人与受包人项目多阶段的激励机制设计

8.4　自然垄断产业公私合作关系的政府规制激励模型

建立自然垄断产业公私合作关系的激励机制，将信息问题引入到自然垄断产业规制理论中是新规制理论的重要突破，自然垄断产业的规制改革的目标是实行激励性规制。Armstrong 认为在给定的信息条件下，自然垄断产业规制问题仅仅是分配和定价原则的均衡。依据文献对管制合约的研究，运用到自然垄断产业领域的公私合作关系中，建立自然垄断产业公私合作关系下的政府部门规制激励机制模型。

8.4.1　政府部门与民营部门的目标函数

自然垄断产业规制的信息问题主要是自然垄断产业规制者政府部门和被规制民营部门之间的信息不对称。民营部门比政府部门在以下方面更具有信息优势：一是产业的成本和需求条件；二是降低成本努力水平。在委托代理框架中，前者称为隐藏信息（逆向选择）；后者称为隐藏行动（道德风险）。隐藏信息问题主要涉及产业内的技术条件、成本和需求条件，强调内部人比外部人有优势，假定逆向选择导致的影响为效率参数 β。隐藏行动的问题主要是民营部门降低成本的努力水平的参数为 e。如果存在上述两种信息条件，被规制民营部门所获得的超额利润是信息租金。规制者政府部门将面临三种条件的两难选择：一是配置效率，边际价格保持接近于边际成本，选择最佳经济的市场过程或投入组合；二是释出效率，企业的成本尽可能的最小化；三是最小化由于逆向选择导致的信息租金。

从一般意义上，政府部门作为自然垄断产业规制者主要追求社会福利最大化，它包括了消费者剩余和生产者剩余（利润），被规制民营部门主要是以利润最大化为条件生产。假设民营部门生产一种数量为 q 的产品（如供水量等），民营部门成本函数 $C(q)$，政府部门的转移支付 b。民营部门的收入包括政府部门的转移支付 b 和销售收入 $P(q)q$，$P(q)$ 是反需求函数，τ 是变上限积分的积分变量。相应地，利润等于

$$\pi=P(q)q+b-C(q) \tag{8.23}$$

消费者的总剩余为：

$$S(q)=\int_0^q P(\tau)\mathrm{d}\tau \tag{8.24}$$

净剩余为：

$$S(q)-P(q)q-b \tag{8.25}$$

社会总福利是消费者剩余与生产者剩余（利润）总和。在给定了收入效应为零以及生产者不能影响价格条件下，用（1－λ）因子来影响民营部门利润，来表明自然垄断产业规制的政策影响途径。

政府部门的目标函数：

$$\begin{aligned}&\max\{S(q)-P(q)q-b+(1-\lambda)[P(q)q+b-C(q)]\}\\&=\max\{S(q)-(1-\lambda)C(q)+\lambda[b-P(q)q]\}\end{aligned} \tag{8.26}$$

再引入信息因素，政府部门和民营部门的目标函数的解释变量就发生变化。由于道德风险努力程度 e 和逆向选择效率参数 β 的存在，影响了民营部门的生产函数。

考虑自然垄断产业条件下，民营部门的成本函数：

$$C=c(\beta,e,q)+\tilde{\varepsilon} \tag{8.27}$$

其中，C 表示成本是可观测的，q 为民营部门产出，β 为逆向选择导致的影响的效率参数，政府部门一般不知道其大小。e 为民营部门不可观测的行为（道德风险行为，即努力程度），$\tilde{\varepsilon}$ 为随机变量，是指存在其他因素而产生的观测偏差。民营部门选择努力程度 e，会导致用货币衡量的负效用 $\psi(e)$，其中 $\psi'(\cdot)>0$，$\psi''(\cdot)>0$，$\psi'''(\cdot)>0$。

消费者从消费这些产品获得的满意度为：$S(\theta,\ s,\ q_1,\ \cdots q_n)$

其中，θ 是依赖于民营部门或消费者私人信息的参数，s 是民营部门或消费者的努力程度，$(q_1,\ \cdots,\ q_n)$ 是民营部门产出向量。因此，民营部门的负效用为 $\psi(e)$。

假设成本是通过民营部门的销售和转移支付补偿的，如果 b 为规制者政府部门转移给民营部门的支付（用货币计算），则民营部门的预期效用为：

$$U=b+R(q)-C(\beta,e,q)-\psi(e) \tag{8.28}$$

其中，b 表示民营部门的收入。

消费者的效用为：

$$U=S(\theta,s,q)-R(q)-(1+\lambda)b \tag{8.29}$$

其中，λ 为公共基金的影子成本（因为税收存在分配上的扭曲）。

政府部门预期社会福利函数为：

$$\begin{aligned}W&=S(\theta,s,q)-R(q)-(1+\lambda)b+EU\\&=S(\theta,s,q)+\lambda R(q)-(1+\lambda)[C(\beta,e,q)+\psi(e)]-\lambda EU\end{aligned} \tag{8.30}$$

其中，E 为社会福利与其理论最大值的比例，是社会公平程度的测度指标。

综上所述，在追求社会福利最大化条件下，规制者政府部门对被规制民营部门的影响方式主要有转移支付（补贴）和公共基金。在不对称信息下，民营部门努力程度和技术参数选择，通过影响成本，来影响整个合约的效率。

8.4.2　对称信息条件下的规制激励

假设单产品民营部门的成本函数为：$C=\beta-e$

其中，β 为效率参数，e 是民营部门为降低成本的努力程度。如果民营部门努力程度较高，民营部门就会降低成本，即成本大小与努力程度呈负相关，但努力程度会带来负效用 $\psi(e)$，负效用随着努力程度增大而递增地上升，即对于 $e>0$，$\psi'(\cdot)>0$，$\psi''(\cdot)>0$；当 $e=0$，$\psi(0)=0$ 且 $\lim_{e\to\beta}\psi(e)=+\infty$。

假定民营部门的成本可以被政府部门观测到，因此，成本可以进行某种类型的分摊。假定政府部门向民营部门进行 b 的转移支付，即为政府部门给民营部门的转移支付，$\psi(\cdot)$ 表示努力的负效用。则民营部门的效用水平为：

$$U=b-\psi(e) \tag{8.31}$$

当且仅当效用 $U=b-\psi(e)\geqslant 0$ 时，民营部门才愿意进行降低成本的努力，因此民营部门的保留效用是 $U=0$，理性约束大于等于零。

则消费者的净剩余为总剩余（消费者从产品中获得的效用）减去其支付的价格

$$S-(1+\lambda)(b+\beta-e) \tag{8.32}$$

其中，b 是政府部门转移支付，λ 是公共资金的影子成本。

因此，事后的社会总福利（消费者净剩余加上生产者剩余），即：

$$S-(1+\lambda)(b+\beta-e)+b-\psi(e)=S-(1+\lambda)[\beta-e+\psi(e)]-\lambda U \tag{8.33}$$

显然，社会福利包括了纳税人支付的成本和民营部门租金。假定在完全信息条件下，政府部门和民营部门之间博弈符合是斯塔科尔博格（Stackelberg）模型，政府部门是斯塔科尔博格先动者，规制者政府部门制定成本转移支付，企业要么接受，要么离开（take it or leave it）。

政府部门最大化社会福利水平，最优的转移支付为：

$$\max_{(U,e)}\{S-(1+\lambda)[\beta-e+\psi(e)]-\lambda U\} \tag{8.34}$$

$$U\geqslant 0$$

将式(8.34)对 e,U 求导,解为:$\psi'(e)=1$ 或 $e=e*$ 或 $b=\psi(e*)$　　(8.35)

上式表明，补偿的最优自然垄断产业规制合约包括了两个条件，负效用的边际水平等于成本降低的边际水平；民营部门的租金被耗散为零。在高强度激励合约中表现最为明显，政府部门给民营部门转移支付 b（C）并且只有当民营部门努力程度达到 $e=e*$ 时，$e*$ 为民营部门最优努力水平，才能导致最低成本 $c=\beta-e*$，同时这部分努力导致的负效用正好被转移支付 b 所补偿，即 $b=\psi(e*)$。若民营部门没有达到这个努力，就没有这种补偿。

8.4.3 不对称信息条件下的规制激励

8.4.3.1 离散型不对称信息条件下的规制激励

在不对称信息条件下，民营部门有隐瞒成本（道德风险）及选择技术参数（逆向选择）的动机。假定民营部门效率参数为 β，政府部门只知道民营部门 β 属 $\{\underline{\beta}, \overline{\beta}\}$，民营部门可能是高效率的 $\underline{\beta}$，也可能是低效率的 $\overline{\beta}$，且 $\underline{\beta}<\overline{\beta}$，下面用上划线表示高效率民营部门情况，上划线表示高效率民营部门情况，即 $\underline{\beta}$ 的成本比 $\overline{\beta}$ 的成本低，其概率分别为 v 和 $1-v$（$0<v<1$），政府部门转移支付分别为 $\underline{b}$ 和 $\overline{b}$，对应的民营部门成本分别为 $\underline{C}$ 和 $\overline{C}$，民营部门效用水平分别为 $\underline{U}$ 和 $\overline{U}$。在不知道 β 是高效率还是低效率，政府部门能够观测到成本 C 和能够进行转移支付 b。在这种情况下，激励相容约束表明对不同 β 的合约设计，主要是根据 β 本身的情况，符合显性原理，即对于 $e=\beta-C$，$\psi(\beta-C)$ 是努力程度 e 产生的成本，有：

$$\underline{b}-\psi(\underline{\beta}-\underline{C}) \geqslant \overline{b}-\psi(\underline{\beta}-\overline{C}) \tag{8.36}$$

$$-\psi(\overline{\beta}-\overline{C}) \geqslant \underline{b}-\psi(\overline{\beta}-\underline{C}) \tag{8.37}$$

式(8.36) 和式(8.37) 符合显性原理，式(8.36) 表示对于高效率水平 $\underline{\beta}$ 民营部门，如果民营部门提供给政府部门是低成本 $\underline{C}$ 运行，那么民营部门所获收益，大于其向政府部门表明高成本 $\overline{C}$ 运行情况；式(8.37) 表示对于低效率水平 $\overline{\beta}$ 民营部门，如果民营部门提供给政府部门是高成本 $\overline{C}$ 运行，那么民营部门所获收益，大于其向政府部门表明低成本 $\underline{C}$ 运行情况。

对于 $\psi''(\cdot)>0$，$\overline{\beta}>\underline{\beta}$；$\overline{C}\geqslant\underline{C}$。表明 C 随着 β 是非递减的。

保留约束：对于民营部门的高效率和低效率的 β 都有 $\overline{U}\geqslant 0$，$\underline{U}\geqslant 0$。

事后的社会福利则根据民营部门的高效率和低效率的 β，为：

$$\begin{aligned} W(\beta) = S-(1+\lambda)[b(\beta)+C(\beta)]+b(\beta)-\psi[\beta-C(\beta)] \\ (1+\lambda)\{C(\beta)+\psi[\beta-C(\beta)]\}-\lambda U(\beta) \end{aligned} \tag{8.38}$$

假定政府部门对 $\{\underline{\beta}, \overline{\beta}\}$ 存在一个概率分布 $v=pro(\beta=\underline{\beta})$。则政府部门在斯塔科尔博格条件下，最优福利为：

$$\begin{aligned} \max_{(\underline{C},\ \overline{C},\ \underline{U}\overline{U})} \ & v\{S-(1+\lambda)[\underline{C}+\psi(\underline{\beta}-\underline{C})]-\lambda\underline{U}\} \\ & +(1-v)\{S-(1+\lambda)[\overline{C}+\psi(\overline{\beta}-\overline{C})]-\lambda\overline{U}\} \\ & \overline{U}=0=\phi(\overline{\beta}-\overline{C}) \end{aligned} \tag{8.39}$$

式中，$\phi(\overline{\beta}-\overline{C})$ 为信息租金。

由式(8.39) 分别对 $\underline{C}$、$\overline{C}$ 求导，解得：

$$\psi'(\underline{\beta}-\underline{C})=1\text{，则 } \underline{e}=e^{*} \tag{8.40}$$

$$\psi'(\overline{\beta}-\overline{C})=1-\frac{\lambda}{1+\lambda}\times\frac{v}{1-v}\phi'(\overline{\beta}-\overline{C})\text{，则 } \overline{e}>e^{*} \tag{8.41}$$

式中，$\underline{e}$，$\overline{e}$ 是 $\underline{\beta}$，$\overline{\beta}$ 的努力水平；e^{*} 是假定民营部门的最优努力程度。

由于在$\underline{\beta}<\overline{\beta}$条件下

$$\underline{U} \geqslant \bar{t} - \psi(\underline{\beta} - \overline{C}) \geqslant \overline{U} + \phi(\bar{e})$$

$$\phi(e) = \psi(e) - \psi(e - \Delta\beta)$$

$$\bar{e} = \overline{\beta} - \overline{C}$$

$$\text{则 } \phi'(\overline{\beta} - \overline{C}) > 0 \tag{8.42}$$

上述结论，对于 $\underline{\beta}$，存在一个高效率水平和正的租金；对于 $\overline{\beta}$，存在一个低效率的水平和零租金。

总体上，不对称信息使民营企业获得租金，这种租金表现为信息租金，它降低了自然垄断产业规制合约的激励强度。激励强度越低，民营部门越倾向于低技术水平和低效率及零利润，激励强度越高，则民营部门会导致高技术水平高效率、垄断租金及社会福利损失。

8.4.3.2　连续型不对称信息条件下的规制激励

在成本不可证实的条件下，民营部门可以通过隐藏信息来提高成本，政府部门就无法控制合约设计中的激励强度，代之选择的是固定价格合约。在该模型中，价格超过了拉姆齐水平，拉姆齐价格即是追求预算平衡约束下的社会福利最大化价格，其扭曲程度反应了在低效率成本和预期的租金之间的两难选择。主要理论的含义是如果成本不可预测，价格总是超过拉姆齐价格，合约的激励程度不能作为一种激励设计的工具。在这种条件下，成本补偿原则对于限制民营部门的租金是充分的条件，政府部门不必去扭曲价格。相反，如果不采用成本补偿机制，政府部门会采用限制产出来降低租金。

现将离散型不对称信息下规制模型进一步扩展，效率参数 β 扩展为连续性，取值范围在 $[\underline{\beta}, \overline{\beta}]$ 区间，假定规制者政府部门只知道产出 q，不知道民营部门单位成本 c（β，q），民营部门不显示效率参数 β，假定 b 为从政府部门到民营部门的净转移支付。民营部门获得的利润是销售收益加上转移支付。

需求条件是已知的，假定不存在固定成本，假定参数 β 不被政府部门观测，但 β 的概率是可估计的，假定在 $[\underline{\beta}, \overline{\beta}]$ 区间上有分布函数 $F(\beta)$，密度函数 $f(\beta)$，（它可能通过审计或者管理咨询显示）。假定 β 是外生变量，对于民营部门不存在降低成本的可能。

如果民营部门选择价格 P，并能够由此获得收入 $P(Q)P$，同时也给定了向民营部门的转移支付 $b(P)$。这个转移支付就是政府部门在限制民营部门最小化利润同时，诱导民营部门在定价的过程中，使价格接近效率参数 β，按照政府部门希望得到的效率参数 β，来定价 P。因此，给定 $b(P)$，具有单位成本 c（β，q）的民营部门选择价格 $P(\beta)$，最大化民营部门的利润：

$$\pi = (P - \beta)Q(P) + b(P)$$

将上式对 β 求导，$\pi' = -Q(P)$

将（$P-\beta$）Q（P）$+b$（P）代入β因素，则民营部门的利润为：

$$\pi(\beta)=[P(\beta)-\beta]Q[P(\beta)]+bP(\beta) \tag{8.43}$$

设$\pi(\bar{\beta})=0$

在给定民营部门的价格 P（β）条件下的预期利润为：

$$\int_{\underline{\beta}}^{\bar{\beta}}\pi(\beta)f(\beta)\mathrm{d}(\beta)=\int_{\underline{\beta}}^{\bar{\beta}}Q[P(\beta)]\mathrm{d}[F(\beta)] \tag{8.44}$$

总福利函数为：

$$W=\int_{\underline{\beta}}^{\bar{\beta}}\{V[P(\beta)]+[P(\beta)-\beta]Q[P(\beta)]\}f(\beta)\mathrm{d}\beta-\int_{\underline{\beta}}^{\bar{\beta}}(1-\lambda)Q[P(\beta)]\mathrm{d}[F(\beta)] \tag{8.45}$$

其中，$V[P(\beta)]$ 为总消费者剩余，$F(\beta)$ 为效率参数 β 的分布函数，$f(\beta)$ 为密度函数。给定福利函数，最优化价格函数为：

$$P^*(\beta)=\beta+(1-\lambda)\frac{F(\beta)}{f(\beta)} \tag{8.46}$$

如果 $\lambda=1$，则最优价格等于 β；如果 $\lambda<1$，在排除民营部门的最高效率的可能性 $\beta=\underline{\beta}$ 条件下，价格超过了效率参数 β，在最优条件下，效率参数 β 越低，价格越高，配置低效率的程度越大。

因此，在最优政府自然垄断产业规制政策中，政府部门的目标是最大化消费者剩余和民营部门利润的社会福利函数，价格和补贴作为设计企业报告的生产函数的关键成分。

由于政府部门不知道民营部门的成本，需要制定价格和补贴作为民营部门一些显示成本的函数，社会福利损失来源于信息的不对称，最优的规制政策必要条件依赖于政府部门对民营部门成本的先验信息程度。如果民营部门的生产是最优的，则最优定价原则只能依赖于政府部门对成本的信息知道程度。在信息不对称下的自然垄断产业规制政策，是只有当社会利益来源于最优定价原则，生产效率才可能实现。为实现自然垄断产业规制政策，有必要提供公平的回报率。这里的规制政策、补贴是用来奖励民营部门有效率的生产和显示民营部门的成本。

8.5 本章小结

本章论述了 PPP 项目中政府与企业之间的激励互动机制，激励机制是政府部门与私营企业之间互动的重要组成部分，政府部门通过设定不同的激励机制，来鼓励私营企业不断提高效率，降低生产成本，实现 PPP 项目的成功。通过声誉激励机制的制定，促使企业提高自身的声誉，对参与政府不同阶段的 PPP 项目有一定帮助作用。

第 9 章 PPP 项目政府部门的价格规制机制

9.1 规制理论

9.1.1 自然垄断产业的规制

规制（Regulation，Regulation Constraint）带有规则行事的含义。Viscusiw K 等将规制分为经济性规制、社会性规制，以及反托拉斯和反不正当竞争领域进行规制。社会性规制主要针对外部不经济和内部不经济，经济性规制通常是针对自然垄断产业的规制，而本章研究的规制内容是指直接规制中的经济性规制。经济性规制通常是指政府部门通过价格、产量、进入与退出等方面对企业决策所实施的各种强制性制约，是自然垄断领域为防止发生资源配置低效率和确保利用者的公共使用，政府利用法律权限通过许可和认可手段加以规制。

政府规制是政府对产业内企业进行直接的、行政性的规定和限制。方福前提出，在自然垄断产业中，政府部门试图以社会福利最大化为目标，但是在政策具体的实施过程中，福利是很难度量的，并且政府部门的目标和效率以及社会福利最大化之间往往不一致。另外，即使政府和公众认为利润最大化是企业的目标，但是要签订一份完整的适合与把投资经营者的激励与目标之间联系起来的契约是存在一定的困难。Tirole J 指出，由于公众的特殊性，很难把对投资经营者的激励与决策所产生的回报联系起来，因此，政府不能很好地履行目标将势必降低企业的经营绩效。王俊豪认为，在公私合作关系过程中间，政府同时可以完善规制框架、特许经营权价格和定价机制、普遍服务义务和服务质量的规制。

Stigler 指出经济规制理论的核心问题是解释谁是规制的受益者或受害者，政府规制采取什么方式和政府规制对资源分配的影响。无论规制者政府部门多么高明，都不可能像被规制企业那样了解本企业的成本和质量，以及提高市场效率的潜在性等方面的信息，这就客观上存在政府部门与被规制企业之间的信息不对称问题，但被规制企业不会主动地将有关信息传递给政府部门。这是因为政府部门与被规制企业的目标之间存在高度的不一致性，表现为政府部门强调社会分配效率，通过制定产品价格规制模型，控制企业的最高限价，强调企业保证产品和服务质量，严格履行法定的社会责任，以实现社会公共利益最大化。而被规制企业则偏重于追求生产效率，并试图制定垄断高价，承担尽可能少的社会责任以实现利润最大化。Coase 等经济学家认为，政府部门与被规制企业之间的目标差异，必然会导致两者之间的矛盾及其相应的行为结果，政府部门的规制效率在很大程度上取决于它所掌握的规制信息的数量和质量，但由于在政府部门和被规制企业之间存在的信息不对称，所以在许多被规制的自然垄断产业中，在政府部门与被规制企业之间就普遍发生了“政府规制博弈”。在这种博弈中，被规制企业通过评价政府部门的目标函数，并预计其可能采取的自然垄断产业规制措施，然后有针对性地采取相应的企业行动。显然，被规制企业的这种行为，在博弈中需要有大量的成本投入，这实际构成了政府部门规制新体制的相当一部分运行成本。

9.1.2 规制政策体系的建立

对自然垄断产业的市场化改革的政府部门规制是十分重要的。自然垄断产业市场化改革后，Tirole J 提出政府还需要对自然垄断产业的进入、价格、质量、投资、网络和环境保护等方面实行自然垄断产业的规制。从政府部门规制供给的角度讨论政府部门规制的政策体系。

企业进入自然垄断产业的规制政策制定是十分重要的。余东华认为，进入传统的自然垄断产业规制主要是依据规模经济原理，强调在自然垄断条件下这种规模经济性对产业绩效的作用。认为如果在规模经济条件下，不对进入者的数量、生产的额度进行控制，产业就会存在规模不经济的问题，进而导致过度竞争，即对自然垄断产业的进入产业规制具有双重性：一方面，由自然垄断产业的技术经济特征所决定，需要对新企业的进入实行严格控制，以避免重复建设，过度竞争，导致产业内企业的不可维持性等问题；另一方面，进入自然垄断产业规制并不等于排斥新企业的进入，政府部门作为自然垄断产业规制者应该通过直接或间接的途径，适度进入新企业，以发挥竞争机制的积极作用。从自然垄断产业市场化改革的目标取向看，政府在制定进入自然垄断产业规制政策时，虽然需要继续控制进入自然垄断产业的新企业数量，并对新企业的资质进行严格审查，但对进入产业规制的政策重点是，如何将自然垄断产业由垄断性转变为可竞争性产业。

9.1.3 自然垄断产业规制的特点

Weisman D 和 Williams M 指出，自然垄断产业规制理论有三方面的要素：一是利润控制（Profit Control），受规制的企业的定价不能超过为弥补其成本所必需的水平，包括合理的投融资资本收益；二是进入控制（Entry Control），如果不首先从管理机构处取得公共事业和必需品的营业执照，企业就不能提供受管理的服务；三是价格结构控制（Control Over Price Structure），是指企业不得实施其价格歧视。这三种控制的执行方式就是政府进行激励规制。

为了提高政府干预经济的效率，Stiglitz J 提出，规制尽量避免垄断，适度的竞争比独家垄断更有效益，并更好地适应公众的需要；政府合理再分配，使之更加公平；增加政府工作的透明度，提供更多信息。另外，政府规制是一种“公共产品”。公共产品就是一些供给弹性不足，具有非排他性和非竞争性的产品，政府部门提供的非物质产品和服务大多都是公共产品。再者，自然垄断产业市场化，作为市场参与者具有“机会主义倾向”。由于参与者众多，而这些参与者都是独立的利益主体，在市场竞争博弈中不可避免地存在着新制度经济学所说的机会主义倾向，即参与者借助于不正当手段谋取自身利益的行为倾向，如果在某一次博弈中，某一参与者实施了机会主义倾向并由此获得了巨大的额外收入，而这种行为没有达到及时的处置，那么可能带来的后果是其他参与者也会纷纷效仿，这必将导致整个市场秩序的破坏甚至崩溃。Williamson 强调了机会主义倾向是一种损人利己的行为，即不惜损人，只要利己。用有限理性来说明机会主义产生的原因，主要表现在合约的环境不完全信息对行为的影响。

Vogelsang 认为，自然垄断产业需要警惕民营化不受控制的私营垄断的产生，一个公共垄断企业可能转化为私营垄断企业，从而剥削公众。从宏观经济学领域，凯恩斯主张政府干预经济生活。政府政策调整与微调势必会引起公众的反应，于是政府与公众就构成一个 N 人博弈，并且还是一个无限的过程。策略型博弈理论使理性预测的宏观成为现实。

9.1.4　自然垄断产业公私合作关系规制合约

自然垄断产业的公私合作关系，其实是一种由严格自然垄断产业规制向放松自然垄断产业规制转移，是产业的组织形式从纵向一体化为特征的单个企业组织形式转向为多个民营部门组织的市场组织形式，这种分离的结果导致了被自然垄断产业规制产业的产业结构发生变化。周耀东提出，政府部门面临的不仅仅是单纯的放松自然垄断产业规制委托，更重要的是在竞争和自然垄断产业规制并存条件下的合约安排。Marcel 研究了规制中的完全合约的逆向选择的委托代理，被规制企业的外部竞争参数影响激励的多种方式，有委托人信息、委托人目标函数、代理人激励约束和参与约束。在自然垄断背景下，政府采购政策的一个重要的方面是筛选承包商和签订合约，寻找私人特许经营商，建立公私合作关系。

9.2　自然垄断产业公私合作关系价格上限规制

9.2.1　政府价格规制的依据

根据福利经济学的基本理论，只有当价格等于边际成本时，社会福利才最大。其一，在单一企业生产的条件下，自然垄断厂商会把价格定在平均成本之上，以获取垄断收益；其二，基础设施的自然垄断性，以允许一家规模的厂商存在为最优，若追求完全竞争的市场，追求成本最小化的进入厂商行为，造成垄断者的不可维持性，导致巨大沉淀成本的损失；其三，信息不对称更为严重。对于垄断者而言，消费者具有明显的信息劣势，以至于在购买和消费时，根本无法自由选择。政府部门在基础设施方面寻求正确的定价，解决长期的公共资源价格偏低和征收不全，既助长了资源浪费，又使自然垄断产业领域得不到良性发展。通过政府的价格规制，刺激企业提高生产和服务的质量和效率，优化生产要素组合，充分利用规模经济，不断进行技术革新和管理创新。

9.2.2 成本服务规制到最高限价规制

政府并不是基础设施唯一的提供者，吸纳私人投资、引入市场机制，实现基础设施的公私合作供给已经成为国际趋势。基础设施公私合作的产生和发展，是当代公共管理理念的重要转变，即充分利用市场机制和私人部门在管理、技术等方面的优势，最大限度地提高公共资金使用效率和价值，确保社会公众能够享受到不断提高交通基础设施的服务质量和效率。由于基础设施的非竞争性、非排他性、正外部性、自然垄断性等特性，市场无法形成合理价格，政府对基础设施实施价格规制是不可或缺的。政府实施基础设施价格规制的目标就是协调垄断企业、消费者等利益攸关方的利益，既使被规制的基础设施供给效率得到提高，也使社会福利水平最大化。

从成本服务规制（Cost-of - service Regulation）方式来看，根据补贴途径和企业性质的不同，主要分为两种类型。第一种是政府部门直接补贴（通过税收），被规制的企业不能从消费者获得补偿的成本损失。政府部门的支付手段有直接补贴、政府低息贷款、无偿担保人等。直接补贴是建立在大量政府采购和国有企业的基础上。第二种是激励性补偿方式，针对民营部门，这些民营部门没有直接补贴的权利，政府部门对民营部门补贴，主要是将补贴与民营部门的相关成本和利润绩效等因素结合起来。

早期的公用事业部门的价格规制，如电力、能源和铁路的自然垄断产业领域，主要是以成本服务规制方式将其成本完全转移给消费者。成本服务自然垄断产业规制又称为资本回报率规制，它强调了在总收益等于总成本条件下的平均成本定价方式。但在 20 世纪 80 年代以后，为解决被规制企业的效率委托，出现了一些新的价格规制方式，但最有代表性的价格规制方式是最高限价规制。

长期以来，我国政府在基础设施公私合作领域采用成本加成定价和投资回报率等价格规制方式，基本思路是在企业成本的基础上确定被规制产品的价格，对企业的成本信息依赖性很强，由于信息的不对称，私营企业为了获取更多的利润增加不必要的投资，导致频频出现高成本、低效率的情况。随着社会的进步和经济条件的变化，这种传统的价格规制已不能满足基础设施的发展，正逐渐被价格上限规制所取代。价格上限规制与零售价格指数和生产效率相关，避免了传统规制中制定或修改价格中详查成本等复杂程序，并给予被规制企业降低成本以提高效率的激励。价格上限规制最重要的是确定一个上限价格使其既不损害公众的利益又不挫伤被规制企业的积极性，决定上限价格的主要因素是 X 因子，政府规制部门确定 X 因子以及期限是确定上限价格的关键性问题。

9.2.3 价格上限规制运行机理

价格上限规制起源于李特查尔德（Stephen Littlechild）1983 年的一份报告《对英国 BT 私有化后利润的规制》，在此报告中采用的是与企业生产效率和产品零售价格指数相关联的最高限价规制模型。价格上限规制指规制者与被规制企业之间签订一份价格变动合同，该合同规定了企业平均价格变动的上限，在这个上限价格以内，企业可以自由变动价格。其实质就是将价格与成本分离，在给被规制者一个上限价格后，允许被规制者拥有因成本改善所带来的收益。在确定价格上限时，它考虑的主要因素是 X 因子（被规制企业的生产率上升率）与一年的零售物价上涨率。X 因子是由规制者与企业事先以签订合同的方式确定。X 是一个调整因子，规制者通过调整它的大小，可以实现消费者与被规制者因成本改善所带来的收益的分成。当企业的实际生产率上升率超过它时，由此产生的利润增加额便归企业所有。因此，价格上限规制可以看作是一种剩余索取合同。一般而言，一份规制合同的有效期即价格上限调整周期为 3～5 年。它的意义在于一方面激励企业降低成本、提高生产率，另一方面通过赋予企业定价权从而更好地展开竞争。这个定价权与被规制者利用信息不对称所拥有的定价权利是不同的，因为当被规制者虚报成本时，价格扭曲造成的结果是社会福利损失，而当被规制者拥有剩余索取权时，规制者通过支付信息租金使得被规制者与其规制目标相一致——最大化社会福利。

价格上限规制是一种典型的高强度激励性规制模型，不依赖企业的成本信息，具有最重要的两大特点：一是对降低成本的激励，而且这种激励稳定可行；二是调整价格（Price Rebalancing）的激励比较自由，受规制企业具有制定价格的弹性空间，因而能实现价格差别，经证明能够寻求更有效率的价格结构。自 20 世纪 90 年代以来，作为基础设施的电力产业改革的一个环节，世界各国规制者开始用激励性规制取代传统的收益率规制，以促进被规制企业改善生产效率。

在降低成本提高效率方面：价格上限规制的是企业的价格而不是利润，它有利于激励企业提高生产效率和促进创新，因为任何成本降低可能获得的利润都将归企业自己所有。而传统的价格规制模式，企业存在过度投资从而获取更多利润的行为倾向，容易产生“A-J 效应”。规制方法相对简单，只需要对生产成本和需求水平进行估计，使最高限价转换成刚好补偿现期成本的价格水平。

价格上限激励还有一个重要特征，对信息的依赖性不强。以激励为导向的规制方式所要解决的核心问题是解决信息不对称条件下的最优激励问题，关键是规制者要设计出一组既能为企业提供适度激励，又能有利于实现社会福利最大化的机制。但是在现实条件下，政府和企业之间总是存在着信息的不对称，这对于政府制定合理的规制政策是一个很大的障碍。为解决规制双方的信息不对称问题，Laffont 和 Tirole 将博弈论和信息经济学中的激励理论应用于规制理论分析，并对规制机构在拥有不完全信息条件下的激励机制设计问题进行了系统阐述。Iossa and Stroffolini 探讨了存在最高限价时，如何在不对称信息情形下诱导企业暴露真实成本信息。林琳和唐骁鹏认为与传统的规制理论相比，价格上限规制理论更侧重于解决由规制者与被规制者之间的信息不对称所引发的逆向选择、道德风险、竞争不足以及设租、寻租等问题。价格上限规制中价格的构成并不直接包括企业成本，所以规制者也无需完全掌握企业的成本信息。

9.3 价格上限规制模型

9.3.1 基本模型

价格上限规制确定原则：行业价格上涨不能高于通货膨胀率。其基本模型（RPI－X）如下：

$$P = \mathrm{RPI} - X$$

RPI表示零售价格指数（Retail Price Index），X 是调整因子，由政府与企业事先以签订合同的方式确定，在一定时期内生产效率增长的百分比，规制者通过调整它的大小，可以实现消费者与被规制者因成本改善所带来的收益的分成。当 X 因子较大时，此时上限价格比较低，有利于公众利益的实现；当企业的实际生产率上升率大于 X 时，产生的利润增加额归企业所有。它的意义在于一方面激励企业提高效率、降低成本，另一方面通过赋予企业在上限价格以内的定价权从而更好地展开竞争。

9.3.2 X因子模型

9.3.2.1 确定企业产出品价格增长率

首先假定被规制企业的利润是 π，收益 R 和成本 C 之差。当企业用 m 投入品生产 n 种产品和服务时，如果所有的产品价格都被规制，则企业从规制中获得的利润为：

$$\pi = R - C = \sum_{i=1}^{n} p_i q_i - \sum_{j=1}^{m} w_i v_j \tag{9.1}$$

式中，p_i 是第 i 被规制产品的单位价格；q_i 是企业出售第 i 种被规制产品的数量；w_j 是生产产品的第 j 种投入要素的单位价格；v_j 是第 j 种投入要素的数量。

其次，当产品价格、数量以及投入要素的数量、价格发生变动时，企业的利润改变为

$$\Pi \frac{\mathrm{d}\Pi}{\Pi} = \sum_{i=1}^{n} p_i q_i \frac{\mathrm{d}q_i}{q_i} + \sum_{i=1}^{n} p_i q_i \frac{\mathrm{d}p_i}{p_i} - \sum_{j=1}^{m} w_j v_j \frac{\mathrm{d}v_j}{v_j} \tag{9.2}$$

进一步分解为

$$\sum_{i=1}^{n} r_i \overline{p_i} = \frac{C}{C+\Pi}\left(\sum_{j=1}^{m} s_j \overline{w_j} - \sum_{i=1}^{n} r_i \overline{q_i} + \sum_{j=1}^{m} s_j \overline{v_j} + \frac{\Pi}{C}\overline{\Pi} - \frac{\Pi}{C}\sum_{i=1}^{n} r_i \overline{q_i}\right) \tag{9.3}$$

式中，$r_i = \frac{p_i q_i}{R}$ 是出售第 i 种产品的收益占全部总收益份额；$s_j = \frac{w_j v_j}{C}$ 是第 j 种要素的成本占总成本的份额；$\overline{x} = \frac{\mathrm{d}x}{x}$ 是变量 x（x 为 p_i，q_i，w_j，v_j）的变化率。

假定 $\overline{P} = \sum_{i=1}^{n} r_i \overline{p_i}$，$\overline{W} = \sum_{j=1}^{m} s_j \overline{w_j}$，$\overline{Q} = \sum_{i=1}^{n} r_i \overline{q_i}$，$\overline{V} = \sum_{j=1}^{m} s_j \overline{v_j}$，则上述方程为：

$$\overline{P}=\left(\frac{C}{C+\Pi}\right)\left[\overline{W}-(\overline{Q}-\overline{V})+\frac{\Pi}{C}[\overline{\Pi}-\overline{Q}]\right] \tag{9.4}$$

其中 $(\overline{Q}-\overline{V})$ 为被规制企业部门总要素生产率 $\overline{T}$，即企业产出品数量的增长率与投入品数量增长率之间的差额。因此：

$$\overline{P}=\left(\frac{C}{C+\Pi}\right)\left[\overline{W}-\overline{T}+\frac{\Pi}{C}(\overline{\Pi}-\overline{Q})\right] \tag{9.5}$$

上式表明了企业产出品价格增长率，这一增长率是为在企业利润为 Π，成本为 C，投入要素价格增长率为 $\overline{W}$，产出增长率 $\overline{Q}$，以及总要素增长率为 $\overline{T}$ 以确保利润增长率 $\overline{\Pi}$ 获得的。

在完全竞争性产业中，企业的利润为零，则：

$$\Pi=0,\ \overline{\Pi}=0 \tag{9.6}$$

$$\overline{P}=\overline{W}-\overline{T} \tag{9.7}$$

如果价格上限只测量投入品价格和生产率的实际变化，则此时价格上限规制的构造就与回报率规制是一致的。所以要引入 X 因子。

9.3.2.2　X 因子设定

X 因子反映被规制企业生产率的增长和投入品价格降低程度；被规制企业的价格从最高限价到全部的通货率的反馈关系。政府规制部门通过对 X 因子的设定，可以协调被规制企业和消费者之间的剩余分割。X 因子越大，则消费者剩余越多。

假定整个经济的变化影响被规制企业的产出水平、投入要素价格和生产率水平，但被规制企业表明的价格变化不影响整个经济。在基准设定条件下，被规制企业的产出增长率和利润水平、生产率程度相关。假定 E 为其他部门，则：

$$\overline{P^E}=\left[\frac{C^E}{\Pi^E+C^E}\right]\left\{\overline{W^E}-\overline{T^E}+\frac{\Pi^E}{C^E}[\overline{\Pi^E}-\overline{Q^E}]\right\} \tag{9.8}$$

由式(9.5)和式(9.7)可得：

$$\begin{aligned}\overline{P}=\overline{P}^E&-[(\frac{C}{C+\Pi})\overline{T}-(\frac{C^E}{C^E+\Pi^E})\overline{T}^E]-[(\frac{C^E}{C^E+\Pi^E})\overline{W}^E-(\frac{C}{C+\Pi})\overline{W}]\\&-[(\frac{\Pi^E}{C^E+\Pi^E})\overline{\Pi}^E-(\frac{\Pi}{C+\Pi})\overline{\Pi}]-[(\frac{\Pi}{C+\Pi})\overline{Q}-(\frac{\Pi^E}{C^E+\Pi^E})\overline{Q}^E]\end{aligned} \tag{9.9}$$

$$\begin{aligned}X_1^b=&[(\frac{C}{C+\Pi})\overline{T}-(\frac{C^E}{C^E+\Pi^E})\overline{T}^E]-[(\frac{C^E}{C^E+\Pi^E})\overline{W}^E-(\frac{C}{C+\Pi})\overline{W}]\\&-[(\frac{\Pi^E}{C^E+\Pi^E})\overline{\Pi}^E-(\frac{\Pi}{C+\Pi})\overline{\Pi}]-[(\frac{\Pi}{C+\Pi})\overline{Q}-(\frac{\Pi^E}{C^E-\Pi^E})\overline{Q}^E]\end{aligned} \tag{9.10}$$

则

$$\overline{P}=\overline{P}^E-X_1{}^b \tag{9.11}$$

式（9.11）是价格上限规制主要表达方式。它表明了企业产出价格是通货率上减去一个因素，即 X 因素。该式提供了简单的思路，为了使民营部门获得零利润，政府部门需要考虑：首先，设定被规制民营部门产业零利润的价格指数，其次，允许这些价格指数可以上升等于整个经济产出价格增长率（通货率 $\overline{P}^E$）减去因子(X)。这个因子是：被规制产业要素生产率和其他经济要素增长率的差，以及投入品价格增长率在整个经济和被规制民营部门之间的差。民营部门设定的价格期限越长，越脱离生产成本，民营部门降低成本的激励强度就越强。由于民营部门对成本降低带来的收入拥有完全的剩余索取权，因此民营部门会通过成本降低，努力提高盈利水平。但这种方法面临的问题如下。

首先，实际的投入品和生产率发生很大的变动，完全脱离了预期水平，民营部门会出现两个极端，要么获得巨大赢利，要么破产；其次是在政治上变得不可维持。民营部门获得巨大赢利，消费者的剩余并没有改变，这一事实将受到政治压力；最后是当被规制产业的产出价格增长率影响整个经济增长率（内生），产业结构及技术变化时，修正 X 因子对于规制体系改善和竞争压力的强度提高更为重要。

事实上，竞争增加或者激励性规制都能够诱导现有民营部门更有效率的生产，能够提高生产效率。从总体来说，通过最高限价模型，能够刺激民营部门自觉的提高生产效率、降低成本，使消费者能够享受到较低的价格。基础设施产业的经营企业应取得合理的利润，以满足投资的需要，实现扩大再生产，但其前提条件是经营企业应实现的生产效率高于政府部门规定的生产效率，从而使作为经营企业民营部门具有良性的发展空间。

为进一步分析 X 因素的决定因素，在完全竞争条件下，通过式(9.6)和式(9.10)得：

$$X_0^b=(\overline{T}-\overline{T}^E)+(\overline{W}^E-\overline{W}) \tag{9.12}$$

则 $$\overline{P}=\overline{P}^E-X_0{}^b=\overline{p}^E-[(\overline{T}-\overline{T}^E)+(\overline{W}^E-\overline{W})] \tag{9.13}$$

为使被规制企业获得利润，政府规制部门需要考虑：首先，设定被规制企业零利润的价格指数，其次，允许这些价格可以上升等于整个经济产出价格增长率（通货率 $\overline{P}^E$）减去因子（X_0^b）。

由价格规制取代传统的收益率规制，在过去 20 多年的时间里成为许多国家基础设施产业选择的规制方式，学者们对服务质量的关注也变得更加广泛。被规制企业的产品质量和成本有关，规制价格应与质量指标挂钩，促使企业自觉提高和保持较高的质量水平。为了使规制企业在提高效率的同时，保证产品的质量，可对模型作如下变更：

$$\overline{P}=(\overline{P}^E-X_0^b)Q^*=[\overline{P}^E-(\overline{T}-\overline{T}^E)+(\overline{W}^E-\overline{W})]*Q^* \tag{9.14}$$

式中，Q^* 为基础设施产品服务质量系数。

9.3.2.3　模型要素的确定

(1) $\overline{P}^E$ 的确定　直接源于政府公布的商品零售价格指数即通货膨胀率，它反映的是零售生产资料价格和主要生活消费品价格的综合变化情况。

(2) $\overline{T}$ 的确定　根据前一阶段企业的产出品数量和投入品数量来确定。

(3) $\overline{W}$ 的确定　调查市场实际价格取平均值。

(4) $\overline{T}^E$ 的确定　直接源于政府公布的经济要素产量增长率。

(5) $\overline{W}^E$ 的确定　依据该行业政府公布的各类物品参考价。

(6) Q^* 的确定　质量系数以政府规定的产品和服务质量标准为依据，结合公众对产品质量的评价得出。在专业性能方面，根据不同产业的技术特点设定相应的技术指标，通过运用专业的测量方法，来确定企业达到的质量水平；在使用性能方面，通过听证会或调查问卷的形式得出公众对产品的评价。可考虑为不同的技术指标设定权数，然后综合整体情况，公众的意见计算。当企业提供的产品和服务质量完全达到规定标准，则 $Q^*=1$，如果没达到，则 $Q^*<1$。

9.3.2.4　模型结果分析

从模型结果可以看出，整个 X 因子由被规制企业总要素生产率增长率和整个经济总要素增长率的差，以及投入品价格增长率在整个经济和被规制企业之间的差所决定的。而对被规制企业来说它所能控制的只有企业总要素生产率增长率，对政府而言可以通过宏观调控来影响整个经济的要素增长率及投入品价格，而公众所追求的不仅是价格的降低，还有产品的质量。X 因子对基础设施公私合作领域的影响如下。

(1) 私营企业方面　企业所追求的是个人利益最大化，由于政府规制了价格上限，企业想获取更多利润只有降低成本，增大 X 因子。对企业来讲影响 X 因子的关键因素是 $\overline{T}$，所以企业要不断优化各种生产要素的技术手段，提高管理水平，从而使企业的实际生产率上升率超过签订合同时确定的 X。因此 X 因子会促使企业更加注重各种生产要素的合理组合以达到最好的产出效果，不会过分强调资本的比重，不会产生传统价格规制下的 A-J 效应。X 因子是由政府规制部门和公众共同决定的，对被规制产品的质量有一定要求，有效避免了企业隐藏信息的逆向选择和隐藏行为而产生的道德风险。

(2) 政府方面　X 因子有使企业提高生产率，降低成本的动力，但若 X 因子定的不合理可能会出现相反的效果。若 X 因子定的太高，会导致上限价格比较低，如果企业的生产效率提不上去，则会出现其成本高于上限价格的情况，这时会导致企业亏损甚至破产；若 X 因子定得太低，企业的生产效率很高，则企业会产生大量的剩余利润，会导致企业失去创新的动力。如果企业处于亏损状态甚至濒临破产，企业会要求提前修改规制合同，以尽可能增加营利。若规制机构屈从企业的要求，就会产生规制中的“软预算约束”。若企业获取大量的剩余利润，会迫使规制部门与企业重新谈判，修改合同，弱化了激励强度。因此政府规制部门密切注意影响 X 因子的关键因素的变化情况，及时调整 X 因子的大小。

(3) 公众方面　公众作为基础设施的重要参与方，其目的是消费低，质量好。企业在提高生产率，降低成本时，很可能会牺牲产品的质量，公众作为产品的使用者也是质量的监督方，决定着 Q^* 的取值，会促使企业在提高 X 因子的同时注重产品的质量，公众的参与也避免了“规制俘虏”的出现。

9.4 按比例回报率价格规制

在纯价格上限条件下，资本回报率没有限制。在按比例增减的自然垄断产业规制形式下，企业被同时约束在价格和公平回报率条件下。当实际的资本回报率与预先的公平回报率存在差异时，价格会自动进行调整。如果民营部门降低成本，资本回报率就会高于目标的回报率，但价格下降，这种价格下降的设计会耗散民营部门的过渡租金。

假设 r^* 为目标资本回报率（收入减去运行成本和折旧），r_t 为在基年 t 实际的资本回报率，r_t^a 为报告期的新价格下的回报率。则：

$$r_t^a = r_t + h(r^* - r_t) \tag{9.15}$$

其中，h 为0～1之间的常量。

如果在当期价格条件下，实际回报率低于 r^*，则回报率自动向上调整目标回报率与实际回报率之差的 h 比例。反之，如果实际回报率超过了 r^*，则回报率将自动向下调整 h（$r^* - r_t$）比例。

实现这种按比例回报率产业规制的条件，是确定目标回报率 r^*，以决定等于目标回报率的价格。其次，规制机构政府部门选择一个分享比例 h。如果 $h=1$，被规制民营部门获得了目标回报率，规制实际是成本加成形式。如果 $h \to 0$，则被规制民营部门的回报率等于实际回报率，规制形式将演变为固定价格方式。这种自然垄断产业规制方式的优势是易于操作，提供明确成本降低激励，并可融合了传统方式的会计和费率制定原则。但这种方法并不能最小化实际供应成本，而且当经济发生波动时，如出现经济危机，通货膨胀率较大，而使价格变动过大，或对于长期合约，不确定因素的不可预测，从而使资本回报的自然垄断产业规制达不到预期的效果。

9.5 本章小结

本章在基础设施公私合作领域，基于RPI-X模型，构建了影响 X 因子关键因素的模型，发现被规制企业总要素生产率增长率和整个经济总要素增长率的差，以及投入品价格增长率在整个经济和被规制企业之间的差决定着 X 因子的变化。在此基础上分析了企业、政府、公众与 X 因子的关系，得出企业要获得更多利润需不断提高其生产效率，政府部门应增加对整个经济的宏观调控及时调整 X 因子的大小，公众的监督可以促使企业在提高 X 因子的同时要注重产品的质量。在政府规制政策制定中，应充分考虑到自然垄断产业主体运行时产生的问题和矛盾，减少暗箱操作和政府职能部门与民营部门之间合谋，侵吞国有资产行为等，采取切实有效的措施，降低经济转型期制度变革给公众带来的暂时的负面影响。

第10章 天津国家信息安全产业基地PPP项目

10.1 项目背景

天津国家信息安全产业基地建设借鉴国外的先进管理成功经验，打破政府建设政府运营的传统模式，充分利用社会资本，建立多元投资主体模式，引入民营部门，实行建设与运营的产业化和市场化。鼓励社会资金、境外资金采取独资、合资、合作等方式建设公用设施，从事公用事业特许经营，政府部门对特许经营者进行监督管理，负责特许经营合同的签订。鼓励和支持各类社会资金投入城市水污染防治，推进城市污染治理的企业化、市场化、产业化进程。

10.2 项目概况

10.2.1 天津国家信息安全产业基地项目概况

天津国家信息安全产业基地坐落于天津市西青学府示范工业园，总体占地面积达2600亩❶，是中国最大的信息安全产业基地。天津国家信息安全产业基地的建设，有利于提高我国信息安全的保障能力和防护水平，提高我国信息安全产业的自主创新能力，实现信息安全优势资源要素在滨海新区的聚集。

天津国家信息安全产业基地极具地理优势，基地位于西青学府示范工业园，示范园区东临大学城高教区，北接国家级高新技术产业园区（华苑-海泰高科技产业园区）和地铁三号线，西临京沪高速铁路天津站。示范园区往北方向1km处为正在建设的天津市未来标志性建筑——中国117大厦及其核心商务区。由于临近市区，毗邻高校，学术研发机构、高新技术产业聚集，城际地铁、高铁、跨省高速公路、城市快速路等交通设施环布周围，交通便捷，示范园区的区位优势极为瞩目。天津国家信息安全产业基地全貌如图10-1所示。

10.2.2 项目定位

依托国家信息安全工程技术研究中心在技术及人才方面的雄厚实力、龙头地位及产业化应用经验，以建设天津信息安全产业基地为载体，以辐射和带动环渤海乃至全国信息安全产业发展为目标，将天津国家信息安全产业基地建设成为我国最大

---

❶1亩=666.67m^2。

图 10-1 天津国家信息安全产业基地全貌

的信息安全企业和人才聚集区、产业化发展的示范区和达标区；具有较强聚集功能和辐射功能的高水平、高标准的信息安全技术研发及成果转化基地；带动天津市信息安全产业化、促进环渤海地区乃至全国信息安全产业发展的引擎。

为使天津国家信息安全产业基地建设高效有序，天津国家信息安全产业基地管理委员会在基地规划、投资、建设、招商、运营和监督、管理等方面继续加大力度；优化产业发展政策，营造政策环境，完善人才支撑体系；同时，为保障基地发展对资金的需求，构筑多元投融资体系，设立专项资金支持基地发展，吸引社会资金多方投入。

天津国家信息安全产业基地建设总投资 280 亿元。到 2015 年，产业基地将累计实现产值 600 亿元，引进和培育各类信息安全企业 150 家，其中产值过亿元的信息安全旗舰企业达到 25 家，通过 ISO9000 质量认证与 CMM 评估的企业达到 50 家。

10.3 项目参与者

10.3.1 国家信息安全工程技术研究中心

国家信息安全工程技术研究中心（National Information Security Engineering Center）于 2001 年 10 月经科技部批准成立，是由科技部领导、总参谋部某部及国家密码管理局、国家保密局、公安部、国家安全部等部委共同指导的专业从事信息安全工程技术研究与系统集成的国家级研究机构。国家信息安全工程技术研究中心是 160 余个国家级工程技术研究中心中唯一从事信息安全工程技术研究的单位；是全国信息安全标准化技术委员会的副主任委员单位及其下属的 WG3、WG4、WG7 工作组的副组长单位。国家信息安全工程技术研究中心拥有周仲义院士、沈昌祥院士、魏正耀院士等知名信息安全专家以及一批信息安全领域领军人才、工程技术带头人和专业技术骨干，并在密码应用技术、系统集成技术、攻击性检测技术等信息安全关键领域技术研究上处于国内领先水平。国家信息安全工程技术研究中心拥有商用密码产品生产定点单位和销售许可单位资质，以及涉及国家秘密的计算机信息系统集成单位和工程建设监理单位资质，并在商用密码、核心密码、普通密码、PKI 及入侵检测和漏洞扫描等信息安全产品领域拥有一批具有产业化前景和成熟产业化基础的领先技术，亟待寻求合作，实现科技成果转化和产业化。国家信息安全中心对天津国家信息安全产业基地给予强有力的支持，正式批准为 PPP 项目，给予很多政策及税收的优惠。

10.3.2　天津国家信息安全工程技术研究中心

天津国家信息安全工程技术研究中心（Tianjin National Information Security Engineering Center）由国家信息安全工程技术研究中心和天津市科委共同组建，隶属于天津市科委，是具有独立法人资格的自收自支的事业单位。2008 年 9 月，国家信息安全工程技术研究中心与天津市科学技术委员会开始探讨建设信息安全产业基地的可行性。2009 年 5 月，双方达成意向，共同成立天津国家信息安全工程技术研发中心，并支持建设天津国家信息安全产业基地。同年 12 月，天津国家信息安全工程技术研发中心暨天津国家信息安全产业基地项目落户天津市西青学府示范工业园。天津国际信息安全工程技术研究中心给予项目相应的担保和激励措施降低了项目中的很多不确定性。天津国家信息安全产业基地项目主要包括特许权协议、运营协议。其中，特许权协议规定了项目公司和政府之间双方的主要权利和义务。

10.3.3　天津国家信息安全产业基地管理委员会

天津国家信息安全产业基地管理委员会（简称：管委会）隶属于天津市西青区人民政府，是政府为保障天津国家信息安全产业基地快速稳定发展专门设立的具有规划、投资、建设、招商、运营和监督、管理职能的专职机构。

10.3.4　戈德集团投资有限公司

戈德集团前身是南开大学戈德防伪技术有限公司。戈德集团成立于 1995 年，注册资本 8.5 亿元人民币，注册地点为天津经济技术开发区泰达中心，是在国家工商总局注册的国家型大型企业集团。戈德集团有限公司依托南开大学多学科技术背景，联合国内一流研究机构，聚集了一大批优秀研发人才，具有很强的研发能力，是国内最早从事防伪安全技术、智能识别技术、LED 节能技术、化工污水处理技术等研究的高新技术企业之一，是天津国家安全产业基地的投资方。

基地开发主体是戈德集团旗下的投资有限公司，即戈德投资有限公司正式成立于 2009 年 12 月 18 日，注册资本 2 亿元。

戈德集团是以信息安全为核心领域，涉及信息安全服务、科技、教育、投资、土地建设等领域的大型科技产业投资集团，集团业务主要为技术创新支撑平台建设、IT 高等职业培训及教育、信息安全产业投资、基础配套及服务设施建设等。项目参与者之间的关系如图 10-2 所示。

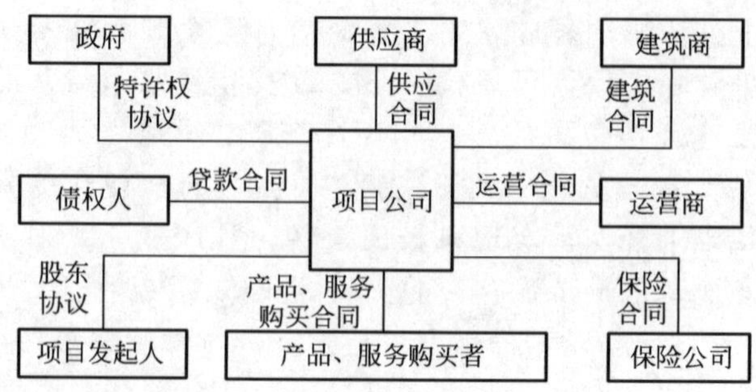

图 10-2 项目参与者之间的关系

10.4 项目过程

10.4.1 项目规模

（1）天津国家信息安全工程技术研究中心项目

① 投资主体。国家信息安全工程技术研究中心、天津市科委和戈德集团。

② 建设主体。戈德集团投资有限公司。

③ 建设方式。合作开发建设。

④ 合作各方。三九投资公司

⑤ 项目背景。天津国家信息安全工程技术研究中心暨产业化基地项目的核心建设内容，列入天津市第三批自主创新重大产业项目。

⑥ 项目内容。建设研发楼，办公楼等设施，建设五大公共服务平台——技术研发平台、咨询服务平台、认证服务平台、评测服务平台和工程监理平台，为产业基地、环渤海乃至中国北方的信息安全产品制造与软件企业提供服务。

（2）海澜德大厦项目

① 投资主体。戈德集团。

② 建设主体。戈德集团投资有限公司。

③ 设计机构。德国专业建筑设计机构，天津市建筑设计研究院。

④ 合作各方。三九集团。

⑤ 项目内容。包括主楼，会展中心及商务服务，办公和研发用房等。大厦建成后，将容纳包括天津国家信息安全工程技术研究中心，天津国家信息安全产业基地技术创新支撑平台，众多国际和国内一流的信息安全测评、认证、质量监督、涉密监管、研究所、实验室、协会、商会等专业技术机构和行业机构，以及基地建设、开发、招商、管理、投融资等专业管理和扶持机构，可容纳 4000～5000 名研发和办公人员。

10.4.2 PPP 项目融资的程序

政府特许经营项目按照寿命周期大致可以分为下面几个阶段：立项与可行性研

究阶段、选择私人合作伙伴阶段、项目建设阶段、项目运营阶段、项目移交阶段。

(1) 立项与可行性研究　本项目是由天津市政府根据自身发展规划、社会对扩大和增强公用事业及基础设施的需要，以及实现经济发展和社会满足程度等，提出了开发项目的建议。在立项阶段，需要明确 PPP 模式的内容、区域、适应范围以及该项目是否使用 PPP 模式。

在可行研究阶段，要对项目的可行性做详细的预测，包括项目的经济效益、社会效益等问题，特别是对项目民营化的可行性进行评估，包括对民间资本的吸引力、民间资本的实力和风险承受能力等方面进行综合评价。根据不同的具体模式，公共部门与私人部门呈现出不同的合作关系。

(2) 选择私人合作伙伴　这一过程是通过公开向社会招标选择投资者和经营者来实现的。政府依据城市发展的要求，提出市政公用及基础设施 PPP 项目，进行社会招标，公布招标条件，公开接受申请。主管部门组织专家根据招标条件，对投标人进行资格审查和评议，择优授予对象，由主管部门代表政府与其签订 PPP 协议。在选择合作伙伴及 PPP 协议签订阶段，应严格审查程序，保证审查结果的真实性和合理性；还应合理确定特许权期限、产品和服务标准、价格或收费的确定方法和标准、公用设施的权属与处置、市政公用设施维护和更新改造、安全管理责任、协议双方的权利和义务、履约担保、监督机制、违约责任等。

(3) 项目建设　项目公司的建立标志着该项目开始进入建设阶段。项目公司作为项目的具体管理者，开始进行项目的筹资、建设、运营等计划，需要与银行、原材料供应商、建筑承包商、保险公司等签订一系列合同，并提出开工报告。项目公司组织各相关单位进行项目开发。在开发过程中，政府随时对项目开发状况进行监督，出现不符合合同的情况及时与项目公司沟通，并确定责任主体。在建设阶段，要正确选择发包方式，理顺与建筑承包商、材料商的合同关系。

(4) 项目运营　项目运营将持续到特许权协议期满，在这个阶段，项目公司直接运营项目或通过与专业管理公司签订合同并由后者运营项目。在整个项目运营期间，项目公司按照协定要求对项目设施进行维护。为了确保项目的运营和维护按协定进行，贷款人、投资者、政府和居民都拥有对项目进行监督的权利。在运营阶段，要在可行性研究的基础上，合理定价，既能使自身获得预期收益，又不影响最终用户的利益。

(5) 项目移交　涉及项目移交的，在特许经营期满后，项目公司要将项目的经营权（或所有权或所有权与经营权同时）向政府移交。通常情况下，项目在策划时尽量保证项目的现金流量能够偿还项目债务，并使项目公司有一定利润，这样项目最后移交给政府时一般是无偿的移交或者象征性地得到一点政府补偿。在移交阶段，要做好资产评估、利润分红、债务清偿、纠纷仲裁等工作。此外，政府要做好项目移交后的后续工作，保证市政公用产品及基础设施供应和服务的连续性、稳定性。

10.5 项目的VFM评价

本项目采用基于公共部门比较因子法（Public Sector Comparator，PSC）来考察项目的VFM。PSC总体上被划分为四个主要因素：初始PSC、竞争中立、可转移的风险和保留的风险。本项目主要对初始PSC和可转移的风险进行分析。

10.5.1 初始PSC指标

初始PSC表示的是基本的成本，是公共部门提供目标项目所需要的基本成本，该目标项目的规模和水平绩效、服务及剩余价值等各项要求应该与采用模式时相同。初始计算的成本包括建造、拥有、维护和交付服务的成本，但是不包括风险成本，对于风险相关成本在内的其他部分会单独列出。

初始PSC的计算公式为：初始PSC等于基本的成本减去第三方收入。以下针对天津国家信息安全产业基地PPP项目分别对基本的成本和第三方收入所包含的指标内容进行提炼总结。基本的成本即政府部门在建设运营天津国家信息安全产业基地PPP项目时所付出的各种成本，在国外划分为资本成本和运营成本两部分。根据中国的实际运用情况，将成本划分为固定成本和变动成本两部分。指标内容如表10-1和表10-2所示。

表10-1 固定成本指标内容

名称	一级指标	二级指标
固定成本(A_1)	机房和设备(A_{11})	机房费用
		设备费用
		设备更新费用
	材料费用(A_{12})	采购成本
		运输成本
		存储成本
	设计成本(A_{13})	设计合同费用
		更改费用
	建设成本(A_{14})	基本建设成本
		拆除费用
		监理费用
	咨询费用(A_{15})	财务咨询费用
		法律咨询费用
		工程咨询费用
	土地征用拆迁补偿费(A_{16})	
	业务招待费用(A_{17})	

表 10-2　变动成本指标内容

名称	一级指标	二级指标
变动成本(A_2)	与服务提供直接相关的员工费用(A_{21})	工资
		福利
		员工保险
	设备费用(A_{22})	信息设备
		管线
	电耗(A_{23})	
	建筑垃圾运输费(A_{24})	
	维护修理费(A_{25})	
	其他费用(A_{26})	保安费
		通勤费
		办公费
		绿化费
		取暖费

10.5.2　项目风险分配

(1) 风险损失大小的计算　天津国家信息安全产业基地 PPP 项目的风险评价指标体系见表 10-3。

表 10-3　天津国家信息安全产业基地 PPP 项目的风险评价指标体系

目标	二级指标	三级指标
项目风险	前期风险(A)	招投标风险(A_1)
		项目谈判风险(A_2)
		项目规划风险(A_3)
		项目融资风险(A_4)
		土地征用风险(A_5)
	建设风险(B)	项目成本超支(B_1)
		分包商的选择(B_2)
		完工风险(B_3)
		质量风险(B_4)
		工艺和设备选择风险(B_5)
		外汇风险(B_6)
	运营风险(C)	入驻企业数量风险(C_1)
		项目产出风险(C_2)
		配套设施完善风险(C_3)
		运营能力欠缺风险(C_4)
		环境标准变化风险(C_5)
		设备供应和价格调整风险(C_6)
		原材料价格调整(C_7)
	移交风险(D)	设备质量风险(D_1)
		项目产权风险(D_2)
	其他风险(E)	政策风险(E_1)
		合同风险(E_2)
		不可抗力风险(E_3)

邀请四位专家对各项风险造成损失的大小比较打分，其中一位专家的打分结果与其他三位在某些指标上差距较大，舍弃该专家的打分。根据其余位专家的评价，建立模糊判断矩阵，如表10-4所示。以下仅以前期风险的各三级指标对前期风险来说的严重程度为例进行详细介绍，至于其他各项风险计算过程相同，在此仅给出结果。

表10-4　前期风险子指标的模糊判断矩阵

项目	A_1	A_2	A_3	A_4	A_5
A_1	(1,1,1)	(5/8,5/6,1)	(4/5,7/6,3/2)	(1/4,1/3,1/2)	(2/5,1/2,5/4)
	(1,1,1)	(5/7,4/5,2)	(4/5,1,6/5)	(3/10,1/2,2/3)	(1/3,1/2,1)
	(1,1,1)	(5/9,2/3,1)	(3/5,6/5,3/2)	(2/7,4/13,2/3)	(3/11,1/2,2/3)
A_2	(1,6/5,8/5)	(1,1,1)	(1,3/2,8/5)	(3/8,1/2,5/6)	(2/3,6/7,5/4)
	(1/2,5/4,7/5)	(1,1,1)	(4/3,2,8/3)	(1/2,2/3,1)	(5/6,1,5/4)
	(1,3/2,9/5)	(1,1,1)	(6/5,3/2,2)	(4/11,5/9,7/8)	(2/3,5/6,5/3)
A_3	(2/3,6/7,5/4)	(5/8,2/3,1)	(1,1,1)	(4/19,1/4,3/10)	(2/7,1/3,2/5)
	(5/6,1,5/4)	(3/8,1/2,3/4)	(1,1,1)	(2/9,1/3,1/2)	(1/4,3/10,3/8)
	(2/3,5/6,5/3)	(1/2,2/3,5/6)	(1,1,1)	(3/13,1/4,5/17)	(5/16,2/5,4/7)
A_4	(2,3,4)	(6/5,2,8/3)	(8/3,7/2,17/4)	(1,1,1)	(3/2,2,13/5)
	(3/2,2,10/3)	(1,3/2,2)	(2,3,9/2)	(1,1,1)	(1/2,3/2,10/3)
	(3/2,13/4,7/2)	(8/7,9/5,11/4)	(17/5,4,13/3)	(1,1,1)	(1/2,3/2,10/3)
A_5	(4/5,2,5/2)	(3/5,6/5,3/2)	(5/2,3/7/2)	(5/13,1/2,2/3)	(1,1,1)
	(1,2,3)	(4/5,1,6/5)	(8/3,10/3,4)	(3/10,2/3,2)	(1,1,1)
	(3/2,2,1/3)	(4/5,7/6,3/2)	(7/4,5/2,16/5)	(2/5,4/5,3)	(1,1,1)

对三位专家的评价值求平均值，见表10-5。

表10-5　取平均值后的前期风险子指标的模糊判断矩阵

项目	A_1	A_2	A_3	A_4	A_5
A_1	(1,1,1)	(0.632,0.767,1.333)	(0.733,1.122,1.400)	(0.279,0.380,0.611)	(0.355,0.500,0.972)
A_2	(0.833,1.317,1.600)	(1,1,1)	(1.178,1.667,2.089)	(0.413,0.574,0.903)	(0.722,0.897,1.389)
A_3	(0.722,0.897,1.389)	(0.500,0.611,0.861)	(1,1,1)	(0.221,0.278,0.365)	(0.283,0.344,0.449)
A_4	(1.667,2.750,3.611)	(1.114,1.767,2.472)	(2.689,3.500,4.361)	(1,1,1)	(0.778,1.583,2.811)
A_5	(1.100,2.000,3.056)	(0.733,1.122,1.400)	(2.306,2.944,3.567)	(0.362,0.656,1.889)	(1,1,1)

前期风险各项指标权重分别为：0.086，0.181，0.007，0.411，0.314；

建设风险各三级指标严重程度的权重分别为：0.054，0.053，0.331，0.326，0.235，0.002；

运营风险三级指标严重程度的权重分别为：0.256，0.185，0.317，0.009，0.049，0.121，0.062；

移交风险各三级指标严重程度的权重分别为：0.834，0.166；

其他风险各三级指标严重程度的权重分别为：0.398，0.009，0.592；

前期风险、建设风险、运营风险、移交风险和其他风险相对于总的污水处理项目风险的严重后果经计算后得到各自的比重大小分别为：0.232，0.276，0.381，0.032，0.080。

因此，各三级指标的权重分别等于其相对于所属的二级指标的权重值乘以其所属的二级指标相对于目标层的权重值，结果如下：0.020，0.042，0.002，0.095，0.073，0.015，0.014，0.091，0.090，0.065，0.001，0.098，0.070，0.121，0.003，0.019，0.046，0.024，0.027，0.005，0.032，0.001，0.047。

（2）风险分担的结果　邀请五位均是对 PPP 项目有丰富的实践经验的从业人员或对该领域有深入研究的学者分别对各项风险的发生概率进行打分。对专家的打分进行可信性检验，从结果可以看出，各项风险概率估计结果计算的值均较小，说明各位专家对该 PPP 项目风险分担后风险值的大小计算天津国家信息安全产业基地 PPP 项目风险发生概率的估计值相对比较集中，证明结果是可信的，所得的数据可以用。将问卷进行统计后得到每一项风险因素应该由哪一方承担，具体结果如表 10-6 所示。

表 10-6　风险分担结果

目标	二级指标	三级指标	分值大小	由哪一方承担
天津国家信息安全产业基地 PPP 项目风险	前期风险	招投标风险	1.69	公共部门
		项目谈判风险	1.85	公共部门
		项目规划风险	1.21	公共部门
		项目融资风险	5.94	私营部门
		土地征用风险	1.28	公共部门
	建设风险	项目成本超支	6.86	私营部门
		分包商的选择	6.73	私营部门
		完工风险	6.91	私营部门
		质量风险	6.69	私营部门
		工艺和设备选择风险	6.78	私营部门
		外汇风险	3.67	共同承担
	运营风险	入驻企业数量风险	1.83	公共部门
		项目产出风险	1.78	公共部门
		配套设施完善风险	1.32	公共部门
		运营能力欠缺风险	6.56	私营部门
		环境标准变化风险	3.59	共同承担
		设备供应和价格调整风险	4.31	共同承担
		原材料价格调整	4.45	共同承担
	移交风险	设备质量风险	6.27	私营部门
		项目产权风险	3.92	共同承担
	其他风险	政策风险	4.22	共同承担
		合同风险	3.78	共同承担
		不可抗力风险	4.09	共同承担

10.6 项目的绩效评价

10.6.1 项目绩效评价时点

项目全生命周期可划分为立项、招投标、特许权授予、建设、运营和移交阶段。PPP 项目绩效评价的时点应始于项目已有一定产出的建设阶段，终于项目移交阶段，同时应对立项、招投标和特许权授予阶段中体现的项目投入、管理能力、风险分担等因素进行总结。PPP 项目绩效评价时点如图 10-3 所示。

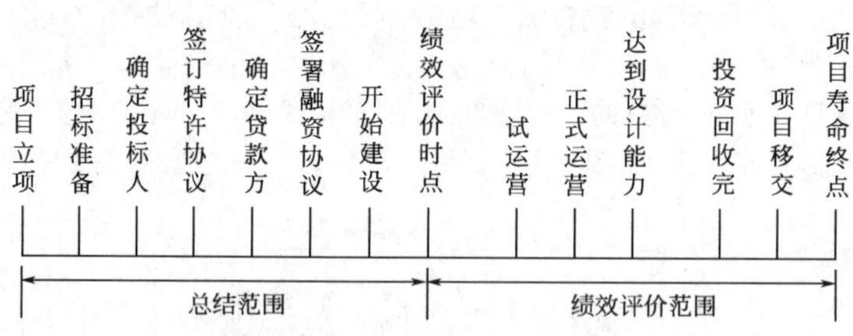

图 10-3 PPP 项目绩效评价时点

10.6.2 项目绩效评价原则

借鉴国际通行的政府财政资金绩效考评原则，并体现 PPP 项目作为公共产品的本质特征，PPP 项目绩效评价的原则应是包括经济性（Economy）、效率性（Efficiency）、有效性（Effectiveness）和公平性（Equity）的“4E”原则。经济性是指在不影响项目质量的前提下节约支出，用相对较低的价格获得同样的商品；效率性是指是否能在投入一定的情况下获得最大的产出或在产出一定时投入最少的资源；有效性是指项目的实际结果是否达到项目目标的预期效果；公平性则反映了 PPP 项目满足公民福利和提高社会效益的能力。

10.6.3 项目绩效评价指标体系

明确项目利益相关者的绩效目标，是识别项目关键成功要素的重要前提。项目利益相关者可大致划分为政府部门、私营部门和公众三大类。袁竞峰通过专家调查方法对私营部门、政府部门、公众等进行调研，对项目利益相关者的绩效目标排序如表 10-7 所示。可以看出，工程质量是否可靠均为政府部门、私营部门和公众最重视的绩效目标。政府部门重视项目缓解政府财政压力的能力，并希望项目能够转移政府的管理风险；私营部门更重视项目的长期稳定收益和是否能获得政府的优惠支持；公众更重视项目能否提供及时便捷的公共服务。因此，结合项目绩效评价的 4E 原则，确立项目利益相关者的绩效目标包括：经济性，政府部门的预算控制和私营部门的稳定收益；效率性，项目的成本、进度和质量管理水平；有效性，项目获得的社会效益和提供的服务水平；公平性，项目提供的公共服务是否满意公平等。PPP 项目绩效评价应将这些绩效目标，通过从项目投入、过程、结果和影响的项目逻辑流程进行系统评价，进而改进和提高项目绩效。由此可以确定本项目的绩效评价指标，如表 10-8 所示。通过专家打分法可以确定绩效指标的权重，如表 10-9 所示。

表 10-7　项目利益相关者的绩效目标排序

序号	政府部门	私营部门	公众
1	可靠的工程质量	可靠的工程质量	可靠的工程质量
2	按时竣工	长期稳定的项目收益	高质量的公共服务
3	缓解政府预算不足	按时竣工	提供及时便捷服务
4	转移风险	达到预算目标	满足公共设施需求
5	高质量的公共服务	获得政府的优惠政策	按时竣工

表 10-8　天津国家信息安全产业基地 PPP 项目绩效评价指标

阶段	维度	关键绩效指标(KPI 要素)	编号
项目立项	项目本身特性	项目必要性	A_{11}
		项目的资金价值	A_{12}
		项目规模	A_{13}
		项目社会效应	A_{14}
		项目投资风险	A_{15}
		项目政府补贴比例	A_{16}
		项目技术可行性	A_{17}
特许权授予	项目投入	项目各方沟通协调机制	C_{11}
		特许权协议清晰性	C_{12}
		政府补贴安排	C_{13}
		合理的价格机制	C_{14}
		风险分担合理性	C_{15}
		产权界定清晰性	C_{16}
建设施工阶段	项目投入	政府资金到位率	D_{11}
		自有资金到位率	D_{12}
		承包商综合管理能力	D_{13}
		承包商建设施工方案合理性	D_{14}
	项目过程	沟通协调	D_{21}
		成本控制	D_{22}
		进度控制	D_{23}
		质量控制	D_{24}
		安全目标	D_{25}
	项目结果	维修服务满意度	D_{31}
		项目竣工验收符合度	D_{32}
	项目影响	项目环境影响	D_{41}

续表

阶段	维度	关键绩效指标(KPI 要素)	编号
运营阶段	项目投入	自有资金到位率	E_{11}
		政府配套设施到位率	E_{12}
		运营技术可靠性	E_{13}
	项目过程	运营成本	E_{21}
		沟通协调机制	E_{22}
		政府运营监管	E_{23}
		用户收费配合度	E_{24}
	项目结果	公众产品服务满意度	E_{31}
		私营部门合理利润	E_{32}
		政府投资控制率	E_{33}
	项目影响	社会效益	E_{41}
		环境影响	E_{42}

表 10-9 天津国家信息安全产业基地 PPP 项目绩效指标权重值

阶段	维度	项目指标	权重	相对总评价指标权重
建设施工阶段	项目投入 0.2069	政府资金到位率 D_{11}	0.305	0.0631
		自有资金到位率 D_{12}	0.343	0.0710
		承包商综合管理能力 D_{13}	0.216	0.0047
		承包商建设施工方案合理性 D_{14}	0.136	0.0281
	项目过程 0.5205	沟通协调 D_{21}	0.102	0.0531
		成本控制 D_{22}	0.130	0.0677
		进度控制 D_{23}	0.256	0.1332
		质量控制 D_{24}	0.256	0.1332
		安全目标 D_{25}	0.256	0.1332
	项目结果 0.1691	维修服务满意度 D_{31}	0.500	0.0846
		项目竣工验收符合度 D_{32}	0.500	0.0846
	项目影响 0.1035	项目环境影响 D_{41}	1.000	0.1035
运营阶段	项目投入 0.2069	自有资金到位率 E_{11}	0.500	0.1035
		政府配套设施到位率 E_{12}		
		运营技术可靠性 E_{13}	0.500	0.1035
	项目过程 0.5205	运营成本 E_{21}	0.35	0.1822
		沟通协调机制 E_{22}	0.128	0.0666
		政府运营监管 E_{23}	0.224	0.1166
		用户收费配合度 E_{24}	0.298	0.1551
	项目结果	公众产品服务满意度 E_{31}	0.425	0.0719
		私营部门合理利润 E_{32}	0.375	0.0634
		政府投资控制率 E_{33}	0.200	0.0338
	项目影响 0.1035	社会效益 E_{41}	0.775	0.0802
		环境影响 E_{42}	0.225	0.0233

10.6.4　基于标杆法的项目绩效评价

对本项目的绩效利用标杆法对绩效进行评价，构建以戈德集团公司为核心企业，包括项目供应商、分包商、业主等企业的绩效评价体系。标杆绩效包括内部标杆和外部标杆两种，一般分为两个阶段，其流程如图 10-4 所示，本项目鉴于数据的原因，采用一阶段标杆绩效评价。

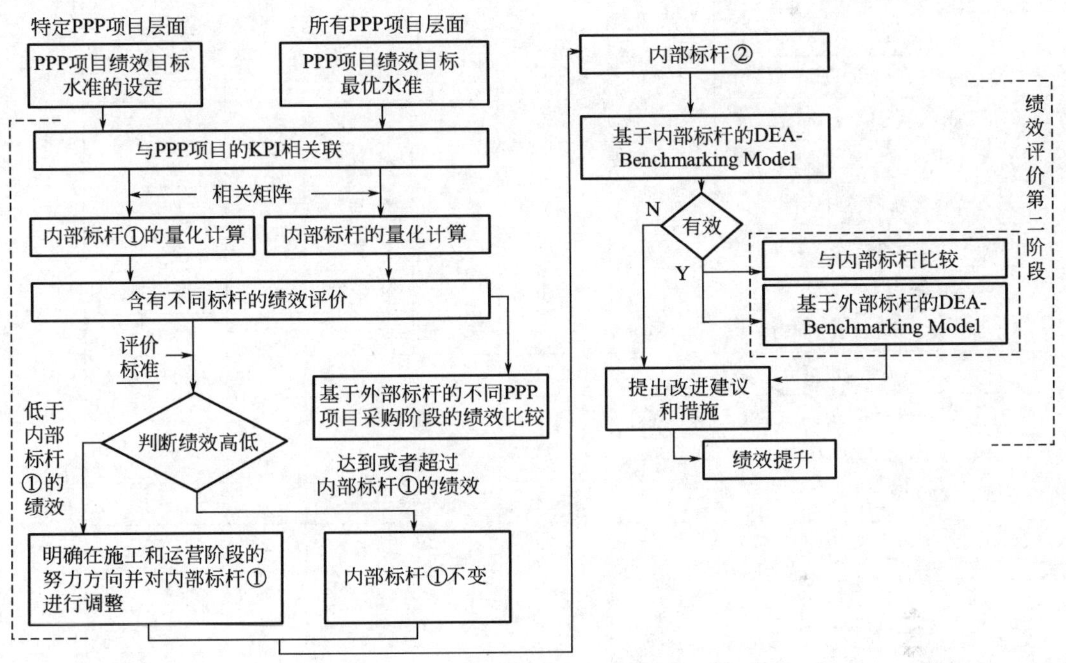

图 10-4　PPP 项目两阶段标杆绩效评价流程

绩效评价指标的标杆值的选取是绩效评价中的一个核心步骤，它的作用在于：一是通过企业各绩效指标的实际值与标杆值的比较，企业可以及时发现执行计划过程中的偏差，实施有效的纠偏措施；二是为企业的绩效改进指明方向。然而，确定绩效指标的标杆值确实是一个难点。首先是技术方面的障碍。由于企业制定的标准必须贴合企业的实际，所以绩效指标的标杆值不能过高也不能过低，并且应是动态更新的，能够真实地反映企业绩效不断改进的轨迹。其次是数据获取方面的障碍。指标标准需要从多个角度去考虑，应参考多个层面多个渠道的数据来源。本项目在综合参考了企业所积累的历史数据、同行业领先企业的运行情况和企业客户需求三方面资料后，确定了各评价指标的标杆值。根据专家打分法和实际调查法，综合绩效评价公式

$$\beta=\sum_{i=1}^{p}\left[\varepsilon_j\sum_{j=1}^{[f(t)]}\theta_{ij}\left(\frac{m_{ij}}{s_{ij}}\right)\rho(i,\ j)\right]$$

数值计算如表 10-10 所示。

表 10-10　标杆法评价 PPP 项目绩效的数值计算表

评价指标	s_{ij}	m_{ij}	ε_j	θ_{ij}	$\rho(i,j)$	$\left(\frac{m_{ij}}{s_{ij}}\right)\rho(i,j)$ *100	β
A1. 供应链响应时间/d	7	7.86		0.2246	−1	89.05	
A2. 市场反应能力(中标率)	91	79.7		0.2015	1	87.58	
A3. 合同履约率/%	96	82.1	0.2565	0.1450	1	85.52	
A4. 工期控制能力(相对值)	0.93	0.82		0.1450	1	88.17	
A5. 风险控制能力(相对值)	0.87	0.71		0.1302	1	81.61	
B1. 工程总承包能力(相对值)	96	83		0.2930	1	86.46	
B2. 国际市场开拓能力(相对值)	87	74		0.2934	1	80.06	
B3. 现金流周转时间/d	12	14	0.2539	0.2350	−1	85.71	
B4. 存货周转率/倍	8.2	6.59		0.0288	1	80.36	
B5. 流动资产周转率/倍	5.6	4.7		0.0490	1	83.93	
B6. 建设项目成本水平(相对值)	1	0.76		0.1007	1	76	
C1. 市场占有率(相对值)	0.93	0.81		0.2185	1	87.10	
C2. 企业资产收益率/%	3.82	2.65		0.1608	1	68.37	
C3. 工程利润率/%	5.46	3.13	0.1009	0.3401	1	57.33	
C4. 劳动生产率/%	70	55.4		0.1583	1	79.10	
C5. 安全生产控制能力(相对值)	1	0.83		0.1223	1	83	81.627
D1. 产品优良率/%	96	78.6		0.2485	1	81.88	
D2. 竣工准时率/%	98	84.3		0.1608	1	86.02	
D3. 项目变更处理能力(相对值)	0.95	0.78	0.1665	0.2124	1	82.11	
D4. 环保控制能力(相对值)	0.93	0.79		0.1183	1	84.95	
D5. 业主满意率/%	91	81.4		0.1424	1	89.45	
D6. 返工率/%	3	3.56		0.1176	−1	84.26	
E1. 供应商产品合格率/%	94	86		0.2341	1	91.49	
E2. 供应商准时交货率/%	98	72		0.2125	1	73.46	
E3. 核心企业占供应商业务比例	74	65	0.0915	0.1832	1	87.84	
E4. 核心企业占分包商业务比例	65	56		0.1713	1	86.15	
E5. 合作企业间信息沟通水平	100	86		0.2089	1	86	
F1. 设计变更程度(相对值)	0.07	0.09		0.2312	−1	77.78	
F2. 客户满意度/%	93	86	0.1307	0.3408	1	92.47	
F3. 材料浪费率/%	3	4.3		0.3245	−1	69.77	
F4. 停工待料程度	0.1	0.13		0.1035	−1	76.92	

通过表 10-10 可以看出，该项目的整体绩效不错，综合得分为 81.627 分，属于行业优秀水平。同时也可得出该项目的主要不足：内部绩效方面，如工程利润率低，得分仅为 57.33 分；企业资产收益率得分也较低；外部绩效方面，如供应商准时交货率得分较低，仅为 73.46 分；材料浪费率、停工待料程度、设计变更程度三方面得分都较低。根据上述绩效评价结果，得出如下管理改进方向：第一，戈德公司作为核心企业，应提高企业内部管理水平，剔除和减少非增值环节，降低成本，提高企业利润，从而为其他节点企业提供较好的管理表率作用。第二，加强节点企业间的合作程度，进一步提高项目的精益化程度。具体为：加强核心企业与供应商的信息沟通，使供应商及时把握下游节点的材料需求信息，同时加强供应商关系管理，提高供应商交货的准时性和可靠性；加强现场物流管理，运用各项技术尽量减少和消除浪费，提高材料利用率；加强各节点企业间的信息共享和实时沟通，使上游设计单位及时了解业主需求及现场实际情况，加强设计准确度，尽量减少设计变更所造成的浪费。

10.6.5　项目绩效评价与政府绩效稽查分析比较

(1) 指标层比较分析　在指标层上，政府的评价侧重点在于项目的技术可行性、节能减排效果、建设费用合理性分析、运营管理费用分析、使用者满意度等。本书的研究侧重点不仅仅是从政府投资的角度出发，而是站在 PPP 项目的多方战略目标出发，对项目的绩效执行情况进行多方的考察。

(2) 评价方法比较分析　在评价方法上，本书依托于以往实施项目的执行状况对该项目进行了一定程度上的定量处理，但是其中还有一定数量的指标依据定性评价，这也在天津国家安全产业基地 PPP 项目的绩效评价中有体现，一方面是由于开发公司在内部管理上还有一定的薄弱环节，项目数据资料十分有限，所以在项目的评价上，定性的指标占据了相当的部分。

(3) 评价结果比较分析　就总体而言，天津国家安全产业基地项目是成功的典范，是天津市的信息安全产业基地标杆性项目。当前我国 PPP 项目的监管才刚刚开始，信息安全产业 PPP 项目的实施在天津也是处于新兴状态，所以其中必然存在一些问题，应引起政府的重视。

10.7　项目合作双方的互动

10.7.1　政府对企业的激励措施

10.7.1.1　费用方案设计

依据委托运营、PPP 方式下的服务费，按照不同市场化方式的规模加权平均后确定服务费的整体水平，对运行费用给予适当补贴。

在工程建设方案中，假定了未来服务费分为三个阶段进行调整，戈德集团应该通过成本降低，提高自身效率，努力提高盈利水平和公共服务水平，戈德集团才能可持续发展。

方案一，维持现有设施使用费标准，考虑建设和维护的需要，体现实现良性循环后，成本降低、费用先升后降的经济规律，节余用于补助信息安全建设和维护的需要，与发达国家费标准的发展轨迹吻合。政府优先提供土地转让，政府以低廉的价格将土地转给投资方，土地价格占到总投资的15%产权入股。

方案二，维持现有设施使用费标准，使节余均可用于补助信息安全设施和维护，考虑既可实现良性循环，又不至于过多加重居民和企业的负担，本方案体现出分阶段逐步提高收费原则，节余用于补助信息安全建设和维护的需要。

政府价格规制，在政府部门与戈德集团投资公司存在信息不对称下，制定城市领域价格规制政策，只有当社会利益来源于最优定价原则，生产效率才可能实现。为实现城市领域价格规制政策，有必要提供公平的回报率。这里的价格规制政策，补贴是用来奖励戈德集团有效率的生产和显示戈德集团的成本，最大化消费者剩余和戈德集团利润的社会福利函数。

以管理合同方式承包给民营企业运营后，估计戈德集团每年可以节省120多万元的开支，运营成本降低20%左右，回报率7%。实现投资、建设、运营、管理“四分开”。

10.7.1.2　公私部门治理激励机制

在理性基础上组织间交易成本理论（TCE）。契约不能规定出每一个潜在的偶然事件，过度详细契约是死板的，事后监督是困难的，这就形成一个契约矛盾：简单契约不能面面俱到，详细契约大幅度提高交易成本，缺乏执行性。信任生成弥补制度契约不足，但盲目信任的关系治理超出计算自利范围，就不能够在竞争环境下生存。兼顾契约治理和关系治理比孤立考虑任何一方更有效，当项目出现变化和冲突时，关系治理很好地补充契约过程中的盲点，使其可持续实施。良好的合作关系远远好于冰凉的制度合作，良好的合作关系又依赖制度和组织。

PPP模式研究亟待解决政府委托私人部门提供公共服务时其本身所承担的代理成本以及政府与承包人之间的风险分担问题，治理激励因素的识别及其之间的关系与作用机制。如表10-11～表10-14所示。

表10-11　直接影响现金流量的因素

序号	影响因素
1	收费价格的高低
2	消费量的大小(例如:高速公路的车流量、污水处理厂的污水处理量等)
3	项目建设投资的大小
4	项目运营阶段运营成本的大小
5	税金的多少(包括各种税费)
6	承建单位支付给贷款方的利率的大小
7	按照合同要求完成项目的建设期的长短

表 10-12 签订的合同条款对特许期决策的影响

序号	影响因素
1	政府补贴的有无及大小
2	有无限制竞争方面的保护
3	有无提前收购方面的要求
4	有无给予项目周边其他项目优先承建的约定
5	对项目移交时的移交条件是否宽松
6	是否有对于项目周边联合开发的授权
7	项目再谈判的灵活性的大小

表 10-13 承建企业对于风险的应对能力与态度

序号	影响因素
1	在政府的风险分配中企业承担的风险的大小
2	企业自身对于各类风险的承担能力的大小
3	企业应对风险的态度
4	对通货膨胀的预期是否乐观
5	对税费变动的预期是否乐观
6	对利率变动的预期是否乐观
7	对不可抗力的预期是否乐观
8	对政府政策变动的预期是否乐观
9	对项目所在地未来经济发展状况的预期是否乐观

表 10-14 来自于社会压力方面的因素

序号	影响因素
1	项目所在地对于该项目的需求程度的大小
2	舆论关于项目收费多少及收费时间长短给予政府的压力大小

10.7.2 政府对规制措施

正确处理好政府与市场的关系，处理好政府部门与戈德集团之间的公私伙伴关系，对称信息条件下和不对称信息条件下的政府规制激励方式，意在政府部门引进、实力强、信誉好、有发展前景的企业作为合作伙伴，对实力弱、信誉差、效率低、努力程度低的企业进行淘汰，通过政府规制，构建一个有序的、公正的、透明的和良性循环的市场环境。对于城市工程建设，项目不管是采用委托运营，还是采用 PPP 或委托建设等公私伙伴模式建设，这些市场化方式是否成功，构建政府规制政策的框架是十分重要的，建立市场准入条件，制定市场行为规则，记录合约执行情况，进行政府部门对被规制戈德集团的动态管理。

在基础设施建设方面，政府必须发挥主导投资作用，市场化方式为辅，在中长期，可以期望市场化方式发挥较大作用，但在城市基础设施的运营、转运等方面，可以全面实行市场化。以政府招标、民间融资、政府监管、民营部门经营的方式，尽量引入竞争机制，并且执行政府部门统一价格，制定最高限价。

此外，政府部门在城市领域推进市场化中应该发挥三个作用。一是创建市场，确立民营企业参与城市领域的法人地位，建立相关收费体系，界定不同市场化模式下的产权制度。二是规范市场，全面制定城市相关设施建设规划，避免市场化过程中设施建设的盲目性；确立民营企业准入和公平竞争规则，避免暗箱操作与外部干预——项目协议备案与审查，避免鱼目混珠，恶性竞争；通过调控收费价格和补贴，保证所有人都能享有设施服务；严格监管，避免二次环境污染。三是扶持市场，通过税收、土地、用电等优惠政策和技术及信息咨询服务，扶持相关企业积极参与市场化。形成一个投入效率最高、产出效率最大的全新的制度与机制。

天津国家信息安全产业基地建立公私伙伴关系，不仅是对戈德集团有利，还有利于整个社会的发展，使全民受益。通过政府规制，增强政府政策的公信力，消除政策的不确定性给戈德集团带来的成本增加。政府行为应做到公开透明，遏制腐败及其他寻租或共谋行为，尽量减少国家政策与实际执行之间的差距，减少不合理的竞争壁垒。

在公私伙伴关系下，民营部提供基础设施建设和公共服务时，建立民营部门之间的供应链式的建设和运营方式。在一个基础设施建设项目中，材料供应商与承包商可形成供应链，承包商与专业承包商和劳务作业队伍可形成一个供应链；在基础设施运营中，民营部门的公共服务，从产品生产到供应的过程中，民营部门之间上游和下游同样可以形成一个供应链。在经济全球供应链纵向一体化的背景下，民营部门选择供应链战略，实施供应链管理，进行相互合作，才能取得更多的整体利益，同时合作必须以合理的利益分配为基础。

随着我国国有企业和公共部门职能向民营部门的转移，政府部门必须担负更多的责任，强化保护自然垄断产业福利的规制；确保公开公平竞争；充分运用市场力量，减少不切实际的控制和对民营部门不必要的自然垄断产业规制。公共官员和政府雇员必须在市场管理、人际关系、有效自然垄断产业规制、民营部门运营方式等方面接受培训，担负着监督自然垄断特许经营、自然垄断产业的发展、对国计民生有重大影响的民营化企业的责任。政府部门行为要遵循法制化的原则，以法律的稳定性、连续性、公正性来制衡政府行为，在政府规制行为中，要适应世界范围内自然垄断行业的发展趋势，在社会性规制领域的环境保护、消费者保护、产品质量、工作场所安全等方面加强政府部门规制力度。

10.8 天津国家安全产业基地建设问题

近年来，国家信息安全要求提高很快。建设部提供有关数据表明，据初步估计，近 3 年来我国城市规模的增长相当于建国六十多年的建设总量，而能力与实际需求仍相差很大。

10.8.1　项目公司制度完善

10.8.1.1　建设与管理分离

长期传统的建设与管理分离，项目公司负责建设，工程竣工向项目管理公司移交项目后完成任务。对项目运行管理考虑不足，建设和运行脱节，同一个项目在建设和管理上的环节难以衔接。这种模式给项目运营管理造成不同程度的不利影响。

项目设施建设方面，政府部门必须发挥主导投资作用，市场化方式为辅，在中长期，可以期望市场化方式发挥较大作用；应强调政府部门的主导作用，而且国家应给予财政和融资上的扶持；但在设施的运营、转运等方面，可以逐步实行全面市场化运作方式。

10.8.1.2　专业人员素质

建设项目公司的组成人员以临时性抽调居多，需要积极培育建设管理专业化机构，在建设过程中充分发挥咨询、监理和律师事务所等社会中介组织的作用，以弥补项目公司机构的不足。

10.8.2　加强和完善市场化政策

在中国经济社会发展和改革开放进入新阶段的今天，推动公共部门与民营部门合作不仅具有极强的现实意义，而且前景广阔。价格管制体制改革可采取的一种基本思路是：逐步以经济原理为基础，建立高效率的价格管制体制。当然最高限价方式有多种方法，具体情况选择不同，如现在提倡的阶梯式最高限价法以不同形式的峰谷电价和季节差价达到节约资源的目的，还可以通过动态管理，进行价格调整，保证企业正常运行，通过对价格在一定浮度范围内的调整来化解矛盾，完善价格体系。在定价上，资源价格是消费公共资源需要缴纳的资源费用；工程价格是供应公共产品的成本、合理利润加税金；环境价格是排污费、超标排污费、居民排污费等，体现国家对公共资源的权属管理。

10.8.3　提高地方政府实行市场化的能力，建立监管服务体制

理清项目公司与政府部门之间的关系，通过政策、法规和行业管理对项目进行有效监督和规范。建立明确的监管服务体制。建议国家在相关人才培训和地方政府实行市场化的能力建设方面采取实质性措施，政府部门建立明确的城市市场化管理机构，配备具有专门知识的管理队伍作为政府部门在该领域的法人代表与民营企业签订相关协议，同时，统一监管市场化运作过程，为相关企业提供技术和信息咨询服务。在推进市场化时，政府应慎重对待，循序渐进，特别是要注意加强监管和服务力度，防范环境和经济风险。

信息安全领域加快市场化的进程，让社会民间资金大量涌入。在没有全国一个统一的政策标准可参照的前提下，形成目前信息安全领域投资和管理模式的多样化，项目竞争激励，投资风险加大，其风险往往来源于地方经济条件、政策制定的不连

贯性，或者人文环境较差等外部因素，从而可能挫伤民营部门投资和参与项目的积极性。为促进信息安全领域迅速发展，降低民营部门投资风险，保障其投资收益，政府部门必须建立科学的、规范的、法制化的制度保障体系。

10.9 本章小结

本章以天津戈德集团参与的天津国家信息安全产业基地 PPP 项目为例，说明了在实际应用中 PPP 项目的运行过程，分析了政府对私人企业采取的激励政策，并建立了项目的绩效评价体系，评价了项目的运行绩效，并分析了实际应用中存在的建设问题，提出相应的对策建议。

参考文献

[1] 王俊豪．中国自然垄断产业民营化改革与政府管制政策［M］．北京：经济管理出版社，2004.

[2] Laffont J J，Tirole J. Competition in Telecommunications［C］. Massachusetts Institute of Technology，2000.

[3] Allan Drazen. Political Economy in Macroeconomics［M］. Princeton University Press，2000.

[4] Broadbent J，Laughlin R. Public-Private Partnerships：An Introduction，Accounting Auditing［J］. Accountability Journal，2003，16（3）：332-341.

[5] Mathew Kurian，Ton Dietz. K S Murali，Public-Private Partnerships in Watershed Management［J］. Water Policy，2004，6（2）：131-152.

[6] 曹远征．基础设施商业化与政府管制［J］. 经济世界，2003（4）：6-10.

[7] 邵瑞，张建高．准公共产品领域公私合作伙伴关系研究［J］. 合作经济与科技，2011，(24)：107-108.

[8] Tony Bovaird. Public-private partnerships form contested concepts to prevalent practice［J］. International Review of Adm in istrational Science，2004，(02)：199-215.

[9] 王灏．PPP 的定义和分类研究［J］. 都市快轨交通，2005（4）：23-27.

[10] 李秀辉，张世英．PPP 与城市公共基础设施建设［J］. 城市规划，2002，26（7）：74-76.

[11] 孙慧，周颖，范志清．PPP 项目评价中物有所值理论及其在国际上的应用［J］. IEC，2009，（11）：70-74.

[12] Eugenijus Skietrys，Alvydas Raipa，Edverdas Vaclovas Bartkus. Dimensions of the Efficiency of Public-Private Partnership［J］. Eegineering Econimics，2008，(58)：132-148.

[13] Kharizam Ismail，Roshana Takim，Abdul Hadi Nawawi. The evaluation criteria of Value for Money (VFM) of Public Private Partnership (PPP) bids［J］. IACSIT Press，Singapore，2011，(5)：349-355.

[14] 申玉玉．PPP/PFI 模式的资金价值（VFM）评估方法研究（硕士论文）［D］. 江苏：东南大学，2009.

[15] 袁竞峰，王帆，李启明，邓小鹏．基础设施 PPP 项目的 VFM 评估方法研究及应用［J］. 现代管理科学，2012，(01)：27-30.

[16] 任志涛，张世英．公私伙伴关系的运行方式研究［J］. 北京理工大学学报，2005，1：63-65.

[17] 任志涛，张世英．世界城市水业发展趋势［J］. 河北建筑科技学院学报（社科版）. 2004，02：128-129.

[18] 樊惠玲，李军超．嵌套性规制体系下的合作治理——政府社会性规制与企业责任契合的新视角［J］. 天津社会科学，2010，6：91-94.

[19] 邵瑞，张建高．准公共产品领域公私合作伙伴关系研究［J］. 合作经济与科技，2011，(24)：107-108.

[20] 张喆．PPP 三层次定义及契约特征［J］. 软科学，2008，2（1）：5-8.

[21] 吴美红．城市基础设施融资引人 PPP 模式研究（硕士论文）［D］. 南京：河海大学，2007.

[22] 沙骥．PPP 模式在我国基础设施建设中的应用研究（硕士论文）［D］. 南京：东南大学，2004.

[23] 亓霞，柯永健，王守清．基于案例的中国 PPP 项目的主要风险因素分析［J］. 中国软科学，2009，(5)：107-113.

[24] 叶晓延．我国 PPP 项目合作中的利益关系及分配方式研究［J］. 科技进步与对策，2010，27（19）：36-39.

[25] 丁荣贵等．基于社会网络分析的项目治理研究——以大型建设监理项目为例［J］. 中国软科学，2010，6：132-140.

[26] 杨文宇．基础设施 PPP 项目的全生命周期动态风险管理探析［J］. 项目管理技术，2010，8（6）：39-44.

[27] 柯永建，王守清，陈炳泉．激励私营部门参与基础设施 PPP 项目的措施［J］. 清华大学学报，2009，(9)：48-51.

[28] 高润喜，揭筱纹．战略联盟策略与企业共生理论的比较研究［J］. 探索，2013，(1)．104-108.

[29] 萧灼基．金融共生理论与城市商业银行改革序言［M］. 北京：商务印书馆，2002，22-45.

[30] 马广奇，张林云．陕西省上市公司的行为特征与发展对策研究 [J]. 西安财经学院学报，2007，（9）：45-48.

[31] 王聪．浅谈组织行为学在企业管理中提高绩效的作用 [J]. 经营管理，2011，（11）：155-156.

[32] 焦金雷．公用事业民营化的政府监管 [J]. 山东师范大学学报，2005，（5）．140-143.

[33] 朱俊成．基于共生理论的区域合作研究——以武汉城市圈为例 [J]. 华中科技大学学报，2010，（3）：92-97.

[34] 孙慧，孙晓鹏，范志清．PPP项目的再谈判比较分析及启示 [J]. 天津大学学报，2011，（7）．294-297.

[35] 徐霞，郑志林．公私合作制（PPP）模式下的利益分配问题探讨 [J]. 城市经济，2009，（3）．104-106.

[36] Essig M，Batran. A Public-Private Partnerships Development of Long-Term Relationships in Public Procurement in Germany [J]. Journal of Purchasing&Supply Management，2005（11）：221-231.

[37] Jamasb T，Pollitt M. International benchmarking and regulation：An application to European electricity distribution utilities [J]. Energy Policy，2003，（31）：1609-1622.

[38] Parker D，Hartley K. Transaction Costs，Relational Contracting and Public Private Partnerships：A Case Study of UK Defense [J]. Journal of Purchasing & Supply Management，2003，9（3）：1-12.

[39] 黄祖辉，邵科．基于产品特性视角的农民专业合作社组织结构与运营绩效分析 [J]. 学术交流，2010，7：196（7）：91-96.

[40] 任志涛．电子政务服务外包及其激励机制分析 [J]. 中国软科学，2007，（7）：142-146.

[41] 敬乂嘉．合作治理：再造公共服务的逻辑 [M]. 天津：天津人民出版社，2009：171.

[42] Shui-Yan Tang，et al. Understanding Collaborative Governance from the Structural Choice [J]. Politics，IAD，and Transaction Cost Perspectives，2010：25-37.

[43] C. Ansell，et al. Collaborative Governance in Theory and Practice [J]. Journal of Public Administration Research and Theory，2008，18（4）：544.

[44] 戴晶斌．现代城市公私伙伴关系概论 [M]. 上海：上海交通大学，2008.

[45] 何寿奎．公共项目公私伙伴关系合作机理与监督政策研究 [M]. 四川：西南财经大学出版社，2010.

[46] 林仲豪．关系契约的特征、内容及履行机制 [J]. 改革与战略，2008，5（24）：9-11.

[47] 贾康，孙洁．公私伙伴关系（PPP）的概念、起源、特征与功能 [J]. 财政研究，2009，10：3-10.

[48] Baker，Gibbons，Murphy. Relational Contracts and the Theory of the Firm [J]. Quarterly Journal of Economics，2002，117（1）：39-84.

[49] 张喆，贾明，万迪昉．不完全契约及关系契约视角下的PPP最优控制权配置探讨 [J]. 外国经济与管理，2007，29（8）：25-44.

[50] 罗家德，叶勇助．中国人的信任游戏 [M]. 北京：社会科学文献出版社，2007.

[51] 王蕾．战略联盟内部的相互信任及其建立机制 [J]. 南开管理评论，2000，3：13-17.

[52] 翟学伟．诚信、信任与信用：概念的澄清与历史的演进 [J]. 江海学刊，2011：107-114.

[53] Adam Elbourne，Jakob De Haan. Financial Structure and Monetary Policy Transmission In Transition Countries [J]. Journal Of Comparative Economics，2005，（1）：147-176.

[54] 邓明然，夏喆．基于耦合的企业风险传导模型探讨 [J]. 经济与管理研究，2006，（02）：66-68.

[55] 夏喆．论企业财务风险的传导机理 [J]. 财会月刊，2009（07）：19-22.

[56] 沈俊，邓明然．企业财务风险传导及其载体研究 [J]. 财会通讯，2007，（7）：25-26.

[57] 李刚．供应链风险传导机理研究 [J]. 中国流通经济，2011，（1）：41-44.

[58] 张毅，邵新宇，邓超．企业合作中信任传递过程的机理分 [J]. 华中科技大学学报，2005，9（33）：132-134.

[59] 鄢章华，滕春贤，刘蕾．供应链信任传递机制及其均衡研究 [J]. 管理科学，2010，6（23）：64-71.

[60] Nelson. Conflict handling，trust and commitment in outsourcing relationship：A Chinese and Indian study [J]. Industrial Marketing Management，2011（40）：109-117.

[61] Jae-Nam Lee, Byounggu Choi. Effects of initial and ongoing trust in IT outsourcing: A bilateral perspective [J]. Information & Management, 2011 (48): 96-105.

[62] Chan, A. H. P., D. W. M., Chiang, Y. H., Tang, B. S., Chan, E. H. W. and Ho K. S. H.. Exploring critical success factors for partnering in construction projects [J]. Journal of Construction Engineering and Management, 2004, 130 (2): 188-198.

[63] [美] E. S萨瓦斯. 民营化与公私部门的伙伴关系 [M]. 北京：中国人民大学出版社，2002.

[64] Hagel J, Singer M. Unbundling the corporation [J]. Harvard Business Review, 1999, 77 (2): 133-141.

[65] Johnston D A, Mccutcheon D M, Stuart F I, et al. Effects of supplier trust on performance of cooperative supplier relationships [J]. Journal of Operations Management, 2004, 22 (1): 23-38.

[66] Panayides P M, Venus Lun Y H. The impact of trust on innovativeness and supply chain performance [J]. International Journal of Production Economics, 2009, 122 (1): 35-46.

[67] Fynes B, Voss C, Burca S D. The impact of supply chain relationship quality on quality performance [J]. International Journal of Production Economics, 2005, 96 (3): 339-354.

[68] Ramaseshan B, Yip L S C, Pae J H. Power, satisfaction, and relationship commitment in Chinese store-tenant relationship and their impact on performance [J]. Journal of Retailing, 2006, 82 (1): 63-70.

[69] Yang J, Wang J, Wong C W Y, et al. Relational stability and alliance performance in supply chain [J]. Omega, 2008, 36 (4): 600-608.

[70] 林仲豪. 关系型契约的特征、内容及履约机制 [J]. 改革与战略，2008，24 (5)：9-11.

[71] 黄洁. 关系性契约及其治理机制述评 [J]. 特区经济，2008 (4)：255-256.

[72] 陈赤平. 论契约的不完全性及其经济影响 [J]. 教学与研究，2005 (4).

[73] 陈帆，王孟钧. 契约视角下的 PPP 项目承包商治理机制研究 [J]. 技术经济，2010：45-48.

[74] Joel W. Darrington. Motivation and incentives in relational contracts [J]. Hanson Bridgett. 2010 (35): 507-517.

[75] 陈赤平. 公司治理的契约分析——基于企业合作效率的研究 [M]. 北京：中国经济出版社，2006.

[76] 严玲，赵黎明. 公共项目契约本质及其与市场契约关系的理论探讨 [J]. 中国软科学，2005 (9)：145-155.

[77] 赵新博. PPP 项目绩效评价研究（硕士论文）[D]. 北京：北京清华大学，2009.

[78] 兰兰，高成修. 基于 AHP 的 PPP 绩效评估体系研究 [J]. 海南大学学报（人文社会科学版），2013 (3).

[79] 黄炜怿. PPP 项目评价方法与决策研究（硕士论文）[D]. 上海：同济大学，2007.

[80] 张喆，贾明. 不完全契约及关系契约视角下的 PPP 最优控制权配置探讨 [J]. 外国经济与管理，2009.

[81] 张玉萍，张能福. 企业柔性战略及其价值分析 [J]. 当代经济，2008. 12：28-30.

[82] K. N. Jha, K. C. Iyer. Commitment, coordination, competence and the iron triangle [J]. Interna-tional Journal of Project Management, 2007, 25 (5): 527-540.

[83] 金立印. 服务供应链管理、顾客满意与企业绩效 [J]. 中国管理科学，2006，14 (2)：100-106.

[84] Mile R. E., S. C. C., Meyer A. D. Organizational strtegy, structure, and process [J]. Academy of Management Review, 1978. 3 (3): 546-568.

[85] 张辰彦，吴冰，刘仲英. 企业知识管理系统柔性与环境不确定性的匹配度计算模型 [J]. 管理学报，2007，(4)：393-397.

[86] 王益谊，席酉民，毕鹏程. 组织环境的不确定性研究综述 [J]. 管理工程学报，2005，(1)：46-50.

[87] Jung Sik Jeong, P. H. Customer orientation and performance outcomes in supply chain management [J]. Journal of Enterprise Information Management, 2007. 20 (5): 578-594.

[88] 蒋峦，谢卫红，蓝海林. 组织柔性结构的演进及其演进的理论诠释 [J]. 中国软科学，2005 (3)：84-88.

[89] Krause DR, Handfield RB, Tyler B B. The Relationships between Supplier Development, Commitment,

Social Capital Accumulation and Performance Improvement [J]. Journal of Operations Management, 2007, 25 (2): 525-545.

[90] 武志伟，陈莹．关系专用性投资、关系质量与合作绩效 [J]. 2008，27 (5)：33-37.

[91] Anderson J A, Faff R W. Point and Figure Charting: A Computational Methodology and Trading Rule Performance in the S&P 500 Futures Market [J]. International Review of Financial Analysis, 2008, 17 (1): 198-217.

[92] 陈伟，张旭梅．供应链中企业组织学习能力对合作绩效的影响——以知识获取为中介变量的实证研究 [J]. 商业经济与管理，2009 (8)：37-40.

[93] Bradach JL, Ecclesr G. Price. Authority and Trust: From Ideal Types to Plural Forms [J]. Annual Review of Sociology, 2002, 15: 97-118.

[94] 杨水利，郑建志，李韬奋．动态能力关系质量与合作绩效实证研究 [J]. 经济管理，2008，30 (19-20)：133-138.

[95] Brennan D R, Turnbull PW, Wilson D T. Dyadic adaptation in business-to-business markets [J]. Journal of Marketing, 2003, 27 (11 /12): 1636-1665.

[96] Gulati R, Lawrence P R, Phanish P. Adaptation in Vertical Relationships: Beyond Incentive Conflict [J]. Strategic Management Journal, 2005, 26: 415-440.

[97] Srinivasan R, Brush T. H. Supplier Performance in Vertical Alliances: The Effects of Self-enforcing Agreements and Enforceable Contracts [J]. Organization Science. 2006, 17 (4): 436-452.

[98] 宋常，郭天明．企业间合作绩效及其影响机制研究 [J]. 财经问题研究，2007，(4)：87-91.

[99] 向源江．供需双方合作行为对合作绩效的影响路径研究（硕士论文） [D]. 哈尔滨：哈尔滨工业大学，2010.

[100] 马敬仁，杨卓如．现代政府绩效评价：中国问题与策略 [J]. 行政与法，2005，(8)：15-17.

[101] 陈艳，安海宁，徐占功．基于标杆法得精益建筑供应链绩效评价 [J]. 企业经济，2013，(1)：59-62.

[102] 任志涛，李夏冰．基于共生理论的公私伙伴关系主体行为特征差异性研 [J]. 中国工程管理论坛论文集，2014：512-514.

[103] 闫东玲．中国保险市场与资本市场互动机制与模式研究 [M]. 天津：天津大学出版社，2013.

[104] 叶晓甦，邓云．伙伴关系视角的 PPP 基础设施项目可持续性实现途径研究 [J]. 科技管理研究，2014，12：189-193.

[105] 梁时娟，张子龙，王守清．中、英、日、韩 PPP 项目模式的政府管理比较研究 [J]. 项目管理技术，2013，11 (5)：17-21.

[106] 孙慧，孙晓鹏，范志清．PPP 项目中再谈判关键影响因素的研究 [J]. 国际经济合作，2010 (3)：58-61.

[107] Tewari G, Youll J, Maes P. Personalized location based brokering using an agent-based intermediary architecture [J]. Decision Support System, 2003, 34 (2): 127-137.

[108] Hellmannt, Purim. Venture capital and the professionalization of start-up firms: Empirical evidence [J]. Journal of Finance, 2002, 57 (1): 169-197.

[109] 乐琦，樊治平．基于悲观度的双边匹配决策问题研究 [J]. 管理科学，2012，25 (2)：112-120.

[110] 陈希，樊治平，韩菁．考虑关联性指标的双边匹配决策方法 [J]. 运筹与管理，2012，21 (6)：94-99.

[111] 王朔，李西平，王新．基于双边匹配理论的人员——岗位适配性研究 [J]. 人力资源管理，2013，(6)：343-347.

[112] Korkmaz I, Gokcen H, Cetinyokus T. An analytic hierarchy process and two-sided matching based decision support system for military personnel assignment [J]. Information Sciences, 2008, 178 (4, 15): 2915-2927.

[113] 李兆明，孙伟成．基于演化博弈的 PPP 项目监管行为研究 [J]. 项目管理技术，2014，12 (1)：32-34.

[114] 王守清，柯永建．特许经营项目融资［M］. 北京：清华大学出版社，2008.

[115] 甘琳，傅鸿源，刘贵文．基于项目可持续性表现评价模型的公私合作制模式［J］. 城市发展研究，2010，17（2）：104-109.

[116] 柯永建，王守清，陈炳泉．英法海峡隧道的失败对 PPP 项目风险分担的启示［J］. 土木工程学报，2008，41（12）：97-102.

[117] 任志涛．基础设施领域市场化的价格规制研究［J］. 价格理论与实践，2004，11：36-37.

[118] Elitzur R，Gavious A. A Multi-Period Game Theoretic Model of Venture Capitalists and Entrepreneurs [J]. European Journal of Research，2003，2（144）：440-453.

[119] Foros O. Strategic Investments with Spillovers，Vertical Integration and Foreclosure in the Broadband Access Market [J]. International Journal of Industry Organization，2004，22（1）：1-24.

[120] Kondaurova I，Weisman D L. Incentives for Non-price Discrimination [J]. Information Economics and Policy，2003，15（2）：147-171.

[121] Cave M，Prosperetti L. European Telecommunications Infrastructures [J]. Oxford Review of Economic Policy，2001，17（4）：416-431.

[122] 任志涛．构建和谐社会中国新农村基础设施建设必要性分析［J］. 建筑经济，2007，7：27-29.

[123] Weisman D L，Kang J. Incentives for Discrimination When Upstream Monopolists Participate in Downstream Market [J]. Journal of Regulatory Economics，2001，20（2）：125-139.

[124] Stiger. G J. The Theory of Economic Regulation [J]. Bell Journal of Economics，1971，2：3-21.

[125] ［美］ 科斯，哈特，斯蒂格利茨．契约经济学［M］. 李风圣译，北京：经济科学出版社，1999.

[126] Tirole J. The Institutional Infrastructure of Competition Policy [C]. IDEI Working Paper，1999.

[127] Weisman D，Williams M. The Costs and Benefits of Long-distance Entry：Regulation and Non-Price Discrimination [J]. Review of Industrial Organization，2001，3（2）：275-282.

[128] Vogelsang I. Incentive Regulation and Competition in Public Utility Markets：A 20 Years Perspective [J]. Journal of Regulatory Economics，2002，22（1）：5-17.

[129] 周耀东．管制激励的合约分析（博士论文）［D］. 北京：中国人民大学，2002.

[130] Marcel Boyer. Competition and the Reform of Incentive Schemes in the Regulated Sector [J]. Journal of Public Economics，2003，87（9）：1253-1281.

[131] Laffont J J. Incentives and Political Economy [M]. Oxford University Press，2000.

[132] Jean-Jacques Laffont，David Martimort. The Theory of Incentives：The Principle-Agent Model [M]. China People' s University Press，2002.

[133] Eragas H，J Small. Price Caps and Rate of Return Regulation [C]. CRNEC Working Paper，2001.

[134] Coase S. Welfare Consequences of Tight Price Cap Regulation [J]. Bulletin of Economic Research，1998，50（1）：105-16.

[135] 袁持平．政府管制的经济分析［M］. 北京：人民出版社，2005

[136] 任志涛，张世英．基础设施公私伙伴关系的激励机制［J］. 西北农林科技大学学报，2005，2：57-59.

[137] Eragas H & J Small. Price Caps and Rate of Return Regulation [C]. CRNEC. Working Paper，2001.

[138] Ian，B. The Regulation of Water Services in the UK [J]. Utilities Policy，2013，24：310-319.

[139] Napel，SG and Olderhaver. A Dynamic Perspective on Minimum Quality Standards under Cournot Competition [J]. Journal of Regulatory Economics，2011，39：29-49.

附 录

您好：

我们是天津城建大学PPP项目课题组，非常感谢您在百忙之中为我们填写问卷！本问卷旨在学术研究，您无需填写单位名称和您的姓名，我们对您的回答会严格保密。此次的调查问卷会占用您宝贵的几分钟时间，问卷包括PPP项目失败预警、合作治理及互动机制、合作治理及信任机制和政府监管这四个方面，分为打分题、选择题和问答题三个部分，请您认真填写，您的信息将会对我们的研究带来巨大的帮助。我们会在问卷回收完成后汇总整理成一份问卷调查结果报告，如果您希望获得我们的问卷调查结果报告，请在问卷填写结束后留下您的联系方式，我们会发一份问卷调查结果报告到您指定的地址当中。

再次感谢您的配合！

第一部分 打分题

本部分采用1—5分打分法，一点也不重要——1分，不太重要——2分，一般重要——3分，重要——4分，非常重要——5分。

公共部门在选择私营部门时有以下11种考虑因素，请您为每种因素的重要程度打分：

编号	因素名称	评分	备注
1	经济实力	□5 □4 □3 □2 □1	
2	资信等级	□5 □4 □3 □2 □1	
3	融资能力	□5 □4 □3 □2 □1	
4	管理水平	□5 □4 □3 □2 □1	
5	运营水平	□5 □4 □3 □2 □1	
6	技术能力	□5 □4 □3 □2 □1	
7	项目经验	□5 □4 □3 □2 □1	
8	成本控制能力	□5 □4 □3 □2 □1	
9	质量保证水平	□5 □4 □3 □2 □1	
10	建设周期	□5 □4 □3 □2 □1	
11	风险应对	□5 □4 □3 □2 □1	

私人部门选择PPP项目时有以下11种关注因素，请您为每种因素的重要程度打分：

编号	因素名称	评分	备注
1	投资环境	□5 □4 □3 □2 □1	
2	保证与担保	□5 □4 □3 □2 □1	
3	社会环境	□5 □4 □3 □2 □1	
4	项目回收资金能力	□5 □4 □3 □2 □1	
5	特许权力	□5 □4 □3 □2 □1	
6	政府的信用	□5 □4 □3 □2 □1	
7	项目投资的后勤保障	□5 □4 □3 □2 □1	
8	政治环境	□5 □4 □3 □2 □1	
9	投标环境	□5 □4 □3 □2 □1	
10	建设难度	□5 □4 □3 □2 □1	
11	投资回报率	□5 □4 □3 □2 □1	

PPP 项目的合作绩效评价指标有以下 20 种，请您为这些指标的重要程度打分：

编号	因素名称	评分	备注
1	宏观政治稳定性	□5 □4 □3 □2 □1	
2	行业政策支持	□5 □4 □3 □2 □1	
3	项目资金到位率	□5 □4 □3 □2 □1	
4	技术安全、可靠、经济	□5 □4 □3 □2 □1	
5	招标的公开、公平、公正	□5 □4 □3 □2 □1	
6	质量检验	□5 □4 □3 □2 □1	
7	成本控制	□5 □4 □3 □2 □1	
8	政治环境	□5 □4 □3 □2 □1	
9	投标环境	□5 □4 □3 □2 □1	
10	建设难度	□5 □4 □3 □2 □1	
11	投资回报率	□5 □4 □3 □2 □1	
12	安全控制	□5 □4 □3 □2 □1	
13	政策支持度	□5 □4 □3 □2 □1	
14	政府运营监管	□5 □4 □3 □2 □1	
15	合同履约率	□5 □4 □3 □2 □1	
16	工期控制能力	□5 □4 □3 □2 □1	
17	成本控制能力	□5 □4 □3 □2 □1	
18	质量保障能力	□5 □4 □3 □2 □1	
19	风险控制能力	□5 □4 □3 □2 □1	
20	运营技术可靠度	□5 □4 □3 □2 □1	

引起再谈判的关键因素有以下10种，请您为这10种关键因素的重要程度打分：

编号	因素名称	评分	备注
1	国家宏观政治、经济、法律环境	□5 □4 □3 □2 □1	
2	特许权合同是否完善	□5 □4 □3 □2 □1	
3	监管机制是否合理	□5 □4 □3 □2 □1	
4	激励机制	□5 □4 □3 □2 □1	
5	合理的风险分担机制	□5 □4 □3 □2 □1	
6	及时有效的沟通	□5 □4 □3 □2 □1	
7	合理的价格	□5 □4 □3 □2 □1	
8	应急预案	□5 □4 □3 □2 □1	
9	公众的满意度	□5 □4 □3 □2 □1	
10	政府的规制	□5 □4 □3 □2 □1	

公私双方建立信任机制有以下7种影响因素，请您为每种影响因素的重要程度打分：

编号	因素名称	评分	备注
1	公私伙伴关系应对市场风险的能力	□5 □4 □3 □2 □1	
2	公私双方具有良好的声誉	□5 □4 □3 □2 □1	
3	合作双方具有很强的社会责任感	□5 □4 □3 □2 □1	
4	合作者自身的服务能力	□5 □4 □3 □2 □1	
5	合作双方相关人员能够分享最新的信息	□5 □4 □3 □2 □1	
6	双方可以通过沟通解决争议或冲突	□5 □4 □3 □2 □1	
7	合作一方会考虑对方利益做出重大决策	□5 □4 □3 □2 □1	

城市基础设施PPP模式政府监管体系有多个监管指标，请您对每个监管指标的重要程度进行打分：

一级指标	评分	二级指标	评分
监管立法	□5 □4 □3 □2 □1		
监管机构设置	□5 □4 □3 □2 □1		
监管方式	□5 □4 □3 □2 □1		
监管立法	□5 □4 □3 □2 □1	市场准入	□5 □4 □3 □2 □1
		服务价格	□5 □4 □3 □2 □1
		普遍服务	□5 □4 □3 □2 □1
		社会影响	□5 □4 □3 □2 □1
		市场退出	□5 □4 □3 □2 □1
		建设阶段	□5 □4 □3 □2 □1
		PPP 项目公司财务	□5 □4 □3 □2 □1
		PPP 项目运营过程	□5 □4 □3 □2 □1
		政府行为	□5 □4 □3 □2 □1
		PPP 合同内容	□5 □4 □3 □2 □1
		服务质量	□5 □4 □3 □2 □1
		工程质量	□5 □4 □3 □2 □1
		合同执行情况	□5 □4 □3 □2 □1
监管机构设置	□5 □4 □3 □2 □1	听证制度	□5 □4 □3 □2 □1
		政务信息公开	□5 □4 □3 □2 □1
		社会中介组织参与	□5 □4 □3 □2 □1
监管后评估	□5 □4 □3 □2 □1	项目目标的评估	□5 □4 □3 □2 □1
		技术经济的评估	□5 □4 □3 □2 □1
		项目影响的评估	□5 □4 □3 □2 □1
		项目可持续性评估	□5 □4 □3 □2 □1
		项目国民经济评估	□5 □4 □3 □2 □1

第二部分　选择题（单选）

1. 城市基础设施 PPP 模式中政府采购及政府监管方面的立法应该采取的适应方式：

□国家统一立法　□各个部门单独立法　□各个领域单独立法

□其他__________

2. 政府监管机构应该设置的适应方式是：

□设定特定产业监管机构

□针对相关行业，设立一个综合性的监管机构

□不设监管机构，监管权由主管部门行使

□其他__________

3. 我国价格监管应该采取的方式是：

□价格上限机制　□价格上限机制与成本加成机制相结合

□成本加成机制　□不同阶段采用不同价格监管方式

4. 城市基础设施PPP模式运作阶段中，哪一阶段为重点监管阶段：

□项目准备阶段　□招投标阶段　□融资阶段　□实施阶段

5. 政府寻租问题在城市基础设施PPP模式中已成为一个影响PPP项目能否成功实施的影响因素，影响政府寻租偏好的因素有（多选）：

□项目规模（如投资金额）　□项目所在地区　□项目性质

□项目回报方式　□项目运营时限　□项目牵扯部门数量

6. 城市基础设施PPP模式政府监管信息化的必要性：

□很有必要　□没必要　□分尖端逐步公开　□分内容公开

如果你想获得该问卷的调查报告，请填写您的E-mail地址